O CONSUMIDOR
NO DIREITO ANGOLANO

RAÚL CARLOS DE FREITAS RODRIGUES
Mestre em Ciências Jurídicas

O CONSUMIDOR
NO DIREITO ANGOLANO

O CONSUMIDOR NO DIREITO ANGOLANO

AUTOR
RAÚL CARLOS DE FREITAS RODRIGUES

EDITOR
EDIÇÕES ALMEDINA, SA
Av. Fernão Magalhães, n.º 584, 5.º Andar
3000-174 Coimbra
Tel.: 239 851 904
Fax: 239 851 901
www.almedina.net
editora@almedina.net

PRÉ-IMPRESSÃO | IMPRESSÃO | ACABAMENTO
G.C. – GRÁFICA DE COIMBRA, LDA.
Palheira – Assafarge
3001-453 Coimbra
producao@graficadecoimbra.pt

Novembro, 2009

DEPÓSITO LEGAL
301502/09

Os dados e as opiniões inseridos na presente publicação
são da exclusiva responsabilidade do(s) seu(s) autor(es).

Toda a reprodução desta obra, por fotocópia ou outro qualquer
processo, sem prévia autorização escrita do Editor, é ilícita
e passível de procedimento judicial contra o infractor.

Biblioteca Nacional de Portugal – Catalogação na Publicação

RODRIGUES, Raúl Carlos de Freitas

O consumidor no direito angolano.
(Estudos de direito africano)
ISBN 978-972-40-3894-0

CDU 346
     366

*Aos meus filhos António Luís e Ihola Elisângela
na esperança do reencontro no futuro*

PREFÁCIO

Raúl Rodrigues abalança-se a uma exposição de vasto âmbito, em que foca os principais capítulos do Direito do Consumidor. Baseia-se como não podia de ser na lei angolana, porque um estudo de Direito tem de ser situado, mas manifesta um notável conhecimento da evolução geral em outras ordens jurídicas. É de salientar particularmente o domínio das fontes legais e doutrinárias em Portugal e no Brasil, que refere com propriedade, superando as óbvias dificuldades de acesso aos textos. Neste sentido, o estudo que realiza ultrapassa a valia do contributo que traz ao conhecimento e análise da situação angolana, para representar por acréscimo um contributo ao diálogo e coordenação jurídica entre os ordenamentos dos países de língua portuguesa. É outra faceta a assinalar no seu trabalho.

O autor não se limita à mera exposição da Lei de Defesa do Consumidor (LDC) de Angola. Procura captar-lhe o sentido, afrontando problemas técnicos e éticos que concorrem para o seu enquadramento. Manifesta-o logo na própria identificação deste ramo do Direito como Direito do Consumidor e não Direito do Consumo. Aplaudimos porque não podemos esquecer que a vulnerabilidade do consumidor está na origem da própria formação deste ramo do Direito[1]; mas que o Autor prolonga na distinção entre hipossuficiência e vulnerabilidade, pois pode haver vulnerabilidade onde não há hipossuficiência, e essas situações devem ser compreendidas também no âmbito do Direito do Consumidor.

De facto, o Direito do Consumidor é antes de mais uma manifestação da magna questão da Justiça do conteúdo das situações jurídicas. Contrariando aqueles que pretendem reduzir o Direito a uma técnica

---

[1] Quaisquer que sejam as motivações do legislador, mesmo que este seja historicamente mais sensível à preocupação de atrair os consumidores ao mercado para assegurar a fluidez deste que à protecção do consumidor como tal.

asséptica e neutral, a Justiça retorna sempre, porque sem ela o Direito perde a sua própria finalidade.

As intervenções da Justiça são muitas e cada vez mais numerosas, a começar pelo domínio dos contratos. Trata-se então da Justiça comutativa, que tem numerosas manifestações na disciplina legal. Aqui, é chamada a intervir, justamente para combater as consequências da vulnerabilidade do consumidor. Se este ficar abandonado ao *pacta sunt servanda* será sacrificado, porque o egoísmo humano funciona sempre em detrimento dos mais fracos. A lei tem então de intervir, para compensar a desigualdade de posições dos contraentes.

O que a lei combate é provavelmente o *desequilíbrio de posições das partes*. Protege a parte vulnerável, que doutro modo poderá ficar sujeita a cláusulas que desequilibrariam a relação.

Esse desequilíbrio é na lei combatido de um modo dominante: o enunciado de cláusulas proibidas e a cominação da nulidade destas. De facto, muitas delas têm ostensivamente na sua base um desequilíbrio que se condena: por exemplo, quando o fornecedor se reserva faculdades que o contrato recusa ao consumidor. Mas o desequilíbrio é igualmente combatido pela positiva, quando se concedem pelo contrário ao consumidor "privilégios" que se não atribuem ao fornecedor. Não se viola a Justiça quando as regras que assim procedem procuram equilibrar a vulnerabilidade estrutural do consumidor, substituindo a igualdade formal dos contraentes por uma igualdade substancial.

A LDC refere expressamente como seu objectivo alcançar o equilíbrio contratual (arts. 16 § 1/2 e § 3). Mas recorre também a outras expressões que traduzem a mesma aspiração de justiça ou justa medida, por exemplo, quando refere os usos, resultados e riscos que "razoavelmente" se esperam da relação (art. 10 §§ 3 e 4).

Raúl Rodrigues desenvolve por isso o exame das "Cláusulas abusivas" (art. 16), dos "Contratos de adesão" (art. 19) e das "Práticas abusivas" (art. 22). É uma matéria que exige arrumação, porque, embora sob epígrafes diferentes, a questão substancial é a mesma. O objectivo é sempre evitar que o equilíbrio contratual se quebre pelo elo mais fraco, que é o do consumidor.

Por outro lado, isso não torna o Direito do Consumidor um Direito unilateral e sectário, porque não abandona completamente o fornecedor. É assim que o art. 16 § 2.º, na sequência da previsão da nulidade da cláusula abusiva, dispõe que esta não invalida o contrato, "excepto quando da sua ausência, apesar dos esforços de integração, decorrer ónus excessivo a qualquer das partes". Também o justo interesse do fornecedor não é desprezado.

Outras vertentes há ainda que explorar. Raúl Rodrigues procura as origens do Direito do Consumidor e encontra-as em intervenções em defesa do público. O trânsito do *público* para o *consumidor* dá-se efectivamente numa segunda fase, que é aquela em que nos encontramos. A justificação é apontada na vulnerabilidade própria do consumidor. Mas este mesmo fenómeno nos deve levar a meditar sobre o verdadeiro âmbito do círculo de sujeitos que se protege. As preocupações éticas que emergem do Direito Civil levam a perguntar até que ponto regras integradas no Direito do Consumidor não são afinal justificadas para todos, e não simplesmente para os consumidores. Quer dizer: se, num movimento inverso, não devemos afinal generalizar ao público o que foi introduzido sob o lema da defesa do consumidor.

Isto nos leva a distinguir. Há uma parte no Direito do Consumidor que é constituída por regras universais de Justiça. Estas são por natureza válidas para todos. E há outra parte que se baseia numa vulnerabilidade específica do consumidor e portanto só a este respeita.

Deste modo se desemboca na questão da natureza do Direito do Consumidor. Raúl Rodrigues aborda-a, chegando à conclusão que consideramos correcta: a de que o Direito do Consumidor é Direito Civil. Como temos defendido [2], o Direito Civil é o Direito Comum do homem comum, e nada há mais comum na humanidade que o consumo.

Assim sendo, a questão da vantagem ou não de se elaborar um Código do Consumidor fica aplanada. O Autor conclui que não há necessidade desse código, particularmente em países na situação legislativa pouco densa de Angola neste domínio. Não vemos como não lhe dar razão.

Conviria então distinguir dentro do acervo do Direito do Consumidor a parte que é dirigida ao público em geral e aquela que atende especificamente ao consumidor.

A primeira deverá ser integrada sem mais na lei civil, e nomeadamente no próprio Código Civil. Quanto à matéria respeitante propriamente

---

[2] *Direito Civil e Direito do Consumidor, in* Themis – "Código Civil Português – Evolução e perspectivas actuais", edição especial da Revista da Faculdade de Direito da Universidade Nova de Lisboa, Almedina, 2008, 165-182; e *in* "Estudos de Direito do Consumidor", Centro de Direito do Consumo – FDUC, n.º 8, Coimbra, 2006/07, 29-49.

ao consumidor, também participa da natureza de Direito Civil, porque a superação de desigualdades entre as partes que contratam é matéria de Direito Civil. Mas sistematicamente haverá de novo que distinguir. Os princípios fundamentais devem constar do próprio Código Civil. A começar pela noção de consumidor, prosseguindo pelos princípios fundamentais sobre informação, cláusulas abusivas, responsabilidade do fornecedor, resolução dos contratos (arrependimento) e assim por diante. Mas há depois todos os desenvolvimentos que estas matérias suscitam, como a especificação da informação a prestar, as regras e organizações de tutela e assim por diante. Estas especificações não são compatíveis com a índole perene e a estabilidade dum Código Civil. Devem constar de leis complementares.

Mas não perdem com isso a natureza de Direito Civil. Muitos institutos do Direito Civil são complementados por leis avulsas: basta pensar no arrendamento. O mesmo há que fazer no âmbito do Direito do Consumidor.

É exemplar neste domínio a Reforma do Direito das Obrigações do Código Civil alemão (BGB). A matéria do Direito do Consumidor é inserida no Código Civil, a começar pela própria noção de consumidor. No Livro do Direito das Obrigações regulam-se as matérias comuns mas especifica-se quando necessário o referente ao consumidor. Manteve-se a coerência e unidade do sistema, enriquecendo-o com a tutela do consumidor. Mas pressupõe-se que permanecem em vigor leis complementares, por exemplo, as que dão o regime concreto dos contratos a distância, na tutela da posição do consumidor.

Está assim aberta com este livro uma base sólida para o desenvolvimento ou o futuro do Direito do Consumidor em Angola, no qual auguramos que o Autor continuará a participar. Há que adaptar os princípios gerais às condições particulares de Angola, distinguir dentro do Direito do Consumidor o que deve ser referido ao público em geral do que se justifica especificamente pela vulnerabilidade do consumidor e prosseguir no aprofundamento técnico-científico de matérias integradas neste sector: seja o caso do direito de arrependimento, que necessita de uma explicação coerente para encontrar o seu lugar no sistema.

É um grande programa. Há que felicitar o Autor por ter endireitado com o seu estudo as veredas a percorrer.

Prof. Doutor J. Oliveira Ascensão

ABREVIATURAS

BFDUC	– Boletim da Faculdade de Direito da Universidade de Coimbra
CEE	– Comunidade Económica Europeia
DIR. NAC.	– Direcção Nacional
DR	– Diário da República
EDC	– Estudos de Defesa do Consumidor
EIDC	– Estudos do Instituto de Direito do Consumo
EUA	– Estados Unidos da América
FDUC	– Faculdade de Direito da Universidade de Coimbra
FDUL	– Faculdade de Direito da Universidade de Lisboa
INADEC	– Instituto Nacional de Defesa do Consumidor
INAPEM	– Instituto Nacional de Apoio às Pequenas e Médias Empresas
IOCU	– Internacional Office of Consumers Union
LCGC	– Lei das Cláusulas Gerais dos Contratos
LDC	– Lei de Defesa do Consumidor
LGDCU	– Ley General para la Defensa de Consumidors e Usuários
OMC	– Organização Mundial do Comércio
PRESILD	– Programa de Reestruturação do Sistema de Logística e Distribuição de Produtos Essenciais
RPDC	– Revista Portuguesa de Direito do Consumo
UE	– União Europeia

CAPÍTULO I
INTRODUÇÃO

1. Considerações iniciais

Passados apenas quatro anos da publicação da LDC, já se revela crescente o interesse para enfrentarmos as controvérsias nascidas em torno desta disciplina. Mudaram-se as ideias, os comportamentos, a realidade social, entretanto surgiram novas questões a serem resolvidas.

Subordinados a estas circunstâncias, entendeu-se escolher o presente tema face à evolução que desponta e se enraíza no contexto socio-económico, terminado o conflito militar.

Na verdade, a actual lógica de consumo, claramente influenciada pela expansão dos variados sectores de actividade económica, aprofunda as diferenças entre fornecedor e consumidor numa sociedade marcada por graves distorções entre estes dois pólos da relação.

Em razão desta encruzilhada, floresceu e tem vindo a aumentar uma atmosfera prenhe de entraves para o consumidor/cidadão. Deste relevante problema, resultou a fatal intervenção do Estado mediante instrumentos jurídicos de protecção da parte menos favorecida, o consumidor. Consagraram-se, assim, novos mecanismos legais de interferência nas desigualdades impostas às relações de consumo, desde já intimamente atrelados à ascensão da colectividade consumidora. Estes constituem, sem dúvida, os propósitos dominantes de nossa pesquisa.

2. Objectivos a alcançar

A investigação em torno da defesa do consumidor é um desafio de muitas etapas e detalhadas análises. Por isso, o nosso trabalho não é mais do que a procura das questões de maior relevância nesta matéria, com as insuficiências e limitações de nossa formação académica, no escopo de fazer nascer novas mentalidades, interesses e opiniões no acidentado caminho para a melhor qualidade de vida dos angolanos.

Resta claro que este material se encontra em contínua construção e a sua utilidade transcende o interesse individual, nesta nova etapa de redução das desigualdades sociais.

3. Divisão do tema

Com estes propósitos, primeiramente (Capítulo II) tecem-se considerações a respeito da progressiva evolução histórica da defesa dos interesses dos consumidores a nível mundial, declarada consequência da Revolução Industrial nos EUA e na Europa Ocidental.

Daqui advêm as causas, sobretudo a partir dos anos 60, para o reconhecimento dos direitos básicos do consumidor em diferentes países e a nível de organizações internacionais.

Ainda neste contexto, abordam-se os iniciais passos de natureza normativa no nosso país, nos parâmetros do frágil sistema protectivo então vigente.

No Capítulo III fazem-se notar as decisivas inovações do ponto de vista legal em benefício dos consumidores, por força do novo regime estatuído na Lei de Revisão Constitucional de 1992. Assim, de entre outros consideráveis avanços, destaca-se a publicação da LDC, composta de um complexo normativo especial destinado a contrariar os desequilíbrios exteriorizados pelo fornecedor na órbita dos vínculos de consumo. Na sequência, examinam-se os componentes das relações de consumo, onde se elevam as discussões de escola sobre a noção de consumidor, bem como da posição por nós adoptada. Existem problemas conceptuais subjacentes à definição, cuja lógica é indispensável compreender para se delimitar o exacto campo de aplicação da lei.

Outra nota principal nesta pesquisa gravita em torno do Anteprojecto de Constituição, cuja estrutura legal, em sede dos direitos fundamentais, garante protecção aos interesses económicos dos consumidores. Desnecessário se torna afirmar que a entrada em vigor da nova Constituição reflectir-se-á no mercado de consumo.

No Capítulo IV começamos por conhecer a atitude do legislador para regularizar a aquisição de bens ou serviços nas áreas urbana e rural. Concomitantemente, demonstra-se a forte influência do mercado paralelo na economia formal, em virtude dos seus efeitos nas relações de consumo. É preciso levar em conta estas manifestações no contexto actual. Efectivamente, neste campo, verificam-se com nitidez as ocasiões mais numerosas de desprotecção do consumidor e não podemos fechar os olhos à realidade. Por isso mesmo, há motivos para justificar a importância de associar esta questão ao debate.

Num segundo momento, fazem-se observações sobre o concurso do Estado na distribuição de bens de consumo essenciais, o qual tem como fim satisfazer necessidades humanas específicas. Deixa-se claro que o legal propósito perturba o sector privado, bem como o particular domínio das relações entre o frágil consumidor e o gigantesco fornecedor.

No plano seguinte destaca-se igualmente a matéria dos contratos à distância nas relações de consumo, influenciados na actualidade pelas tecnologias de informação. Porém, o legislador, apesar de admitir a sua existência, não criou mecanismos jurídicos para solucionar este novo desafio intensamente gerador de conflitos.

Outras considerações são reflectidas na afirmação da cidadania, propiciada pela recente LDC. Na verdade, o consumidor deve ser visto para além do elo final da cadeia produtiva, pois, antes disso, é um cidadão.

A informação e publicidade, identificadas como a espinha dorsal de todo o sistema protectivo, são questões desenvolvidas no Capítulo V. Tratamos de analisar os dispositivos legais que exigem do fornecedor o dever de informar de maneira ostensiva, clara e inequívoca, através do rótulo, mensagem publicitária ou de modo verbal.

O campo de estudo alargou-se à publicidade ilícita. Reuniram-se assim razões para falar de seu alcance e consequências nas relações de consumo. Antes disso, abordamos a necessidade de prover o consumidor de conhecimentos mediante programas de aprendizagem contínua e acesso a outros materiais pedagógicos.

No Capítulo VI, merecem especial reflexão os contratos de massa e as preocupações do legislador perante a generalizada aceitação de cláusulas gerais na *praxis* negocial. Associada a este fenómeno, advém a tendência para situações abusivas. O regime protectivo vem justamente sanar estes excessos.

De seguida, evidenciam-se os vícios e defeitos de qualquer natureza no produto, a par da consequente responsabilidade objectiva do fornecedor. Neste debate, não se deixa de analisar o termo de garantia, o direito de arrependimento e a inversão do ónus probatório em benefício do consumidor.

Outro subsídio para a discussão é desenvolvido no Capítulo VII. Aqui faz-se referência aos mecanismos administrativos e de prevenção judicial, bem como aos de carácter sancionatório contra as violações do regime de defesa do consumidor, resultantes da intervenção de entidades competentes.

Depois, revelou-se necessário dizer algumas palavras sobre a autonomia do Direito do Consumidor (Capítulo VIII). Critica-se e, por fim, justifica-se a recusa da elaboração de um código especial. A nossa posição está dirigida para a inclusão de suas matérias no Código Civil.

Finalmente, em síntese, elaboramos as conclusões (Capítulo IX) dos aspectos mais pertinentes deste trabalho.

CAPÍTULO II
BREVES NOTAS HISTÓRICAS
DA DEFESA DO CONSUMIDOR

1. Aspectos gerais

A evidência de acções embrionárias tendentes à protecção dos interesses da colectividade consumidora encontra-se nos finais do século XIX.

Entretanto, foi nos primórdios do século passado que a defesa dos interesses dos consumidores justificou a atenção social. De início, foram mais relevantes medidas de reflexos protectivos na melhoria do padrão de vida do cidadão comum; primeiramente nos Estados Unidos da América e depois, seguindo o exemplo, nos países mais industrializados do ocidente europeu[1].

---

[1] Há estudos que defendem não ser este assunto recente. Referimo-nos à regulamentação da qualidade e da responsabilidade do vendedor pelo serviço prestado ou produto, expresso no Código de Hamurábi (Babilónia); a disciplina jurídica sobre esta matéria ganhou consagração legal no Sagrado Código de Manu (Índia – Século XIII a.C.), mediante normas específicas sobre a responsabilidade pelos vícios da coisa; no Direito Justinianeu, o vendedor ressarcia o comprador mesmo sem ter conhecido o defeito do bem; sublinhe-se também a repressão às práticas comerciais fraudulentas na Idade Média. Veja-se, entre outros, Cláudio Petrini Belmonte, *A Redução do Negócio Jurídico e a Protecção dos Consumidores – Uma Perspectiva Luso-Brasileira*, Boletim da Faculdade de Direito, Stvdia Ivridica, 74, Universidade de Coimbra, Coimbra Editora, p. 84. Porém, essas disposições legais "... tratavam o consumidor como qualquer outro contratante civil ou comercial ...". Veja-se Eduardo António Klausner, *Direitos do Consumidor No Mercosul e Na União Europeia, Acesso e Efectividade*, Curitiba, Juruá Editora, 2006, p. 38. Jean Calais-Auloy e Frank Steinmetz sustentam que no Direito Romano e no Direito Antigo existiam regras tendentes à defesa dos clientes: *Droit de la Consommation*, Dalloz, 5ª Edition 2000, p. 1; João Calvão da Silva, *Responsabilidade Civil do Produtor*, Colecção Teses, Almedina, 1999, p. 28 nota (1). Por conseguinte, nos remotíssimos

Notadamente, no começo do século XX, o acelerado crescimento do capitalismo industrial naqueles Estados propiciou o surgimento de leis esparsas que, naquele contexto, visaram diminuir o desequilíbrio contratual entre produtor e consumidor do produto final na vida quotidiana.

Estas iniciativas tiveram a finalidade de velar pela saúde pública por meio da fiscalização dos produtos, além de punir os actos desonestos e injustos contra a desprotegida massa emergente de consumidores[2].

Apesar de se tratar de normas de protecção mínima, podemos citá--las como precursoras das actuais políticas de protecção e defesa dos consumidores em todo o mundo, voltadas para o bem-estar dos diversos segmentos das populações.

2. Antecedentes históricos do direito do consumidor

2.1. Nos Estados Unidos

O fenómeno da defesa do consumidor foi algo descurado nos primeiros tempos. Com a chegada da Revolução Industrial lentamente ajustou-se ao curso da modernidade e constituiu-se forte razão para considerar o consumidor parte vital do sistema económico[3].

Das primeiras referências que formam a ossatura do actual direito de protecção do consumidor, constituem destaques históricos as intervenções estatais na economia norte-americana[4]. Como diz Botana Garcia, este país foi pioneiro na defesa dos consumidores[5].

---

tempos, bem antes do Direito do Consumidor alcançar os níveis actuais, havia certas regras destinadas a protegê-lo, ainda que de maneira indirecta ou incipiente.

[2] Cfr. Luís Manuel Teles de Menezes Leitão, *O Direito do Consumo: Autonomização e Configuração Dogmática*, EIDC, Volume I, Almedina, 2002, p. 16.

[3] Cfr. Alberto Regueira, *Defesa da Concorrência e Defesa do Consumidor*, Mesa Redonda, "A Concorrência e os Consumidores", Série "Estudos e Documentos", Lisboa, 2001, p. 17.

[4] Este país alcançou mais cedo um avançado nível de industrialização; de consequência, também foi berço dos inevitáveis conflitos de interesses e das eficazes reacções dos consumidores. São ilações que se retiram de Jorge Pegado Liz, *Introdução ao Direito e à Política de Consumo*, Editorial Notícias, 1999, p. 29.

[5] *Noción de Consumidor en el Derecho Comparado*, RPDC, Dezembro de 1997, n.º 12, p. 354.

Neste âmbito, em 1906, promulgaram-se pela primeira vez normativas de índole administrativa "que instituíram um sistema de fiscalização da carne e das substâncias alimentares e farmacêuticas"[6,7].

Outros actos legislativos afins centraram-se na batalha contra as dominantes práticas mercantis fraudulentas, mediante uma lei publicada em 1872; no estabelecimento da Comissão do Comércio entre Estados (Lei Federal de 1887) para reger e fiscalizar as fraudes negociais nos transportes ferroviários; bem como na significativa constituição da *Federal Trade Comission* em 1914, no destacado propósito de instituir normas contra as formas monopolistas de domínio do mercado e defesa dos interesses dos consumidores[8]. Reconhece-se ainda, naquela data, a virtualidade desta instituição na salvaguarda das regras da concorrência e na luta contra os métodos de comércio desleais[9].

Com o exposto, resulta reconhecer que de início a dinâmica modernização industrial deu causa a instrumentos legais com algum impacto no mercado de bens de consumo, sem por isso constituírem a melhor forma de defesa do consumidor.

Em todo o caso, no contínuo desenvolvimento legislativo, os EUA, em 1938, estabeleceram normas impeditivas da publicidade enganosa na venda de bens alimentares, medicamentos e cosméticos. No ano seguinte, impuseram a obrigatoriedade da etiquetagem das lãs; depois, tal exigência estendeu-se à generalidade dos têxteis.

---

[6] Cfr Luiz Menezes Leitão, *ob. cit.*, p. 16.

[7] O norte-americano Upton Beall Sinclair, através do seu livro "The Jungle", de 1905, teve grande influência na publicação destas duas leis federais. Naquela obra de ficção descreveu as precárias condições de higiene nas indústrias de carne; cfr Luís Manuel Teles de Menezes Leitão, *ob. cit.*, p. 16.

[8] Veja-se, Cláudio Petrini Belmonte, ob. cit., p. 89 (nota 279); Castello de Campos Pereira, *A Inversão do Ónus da Prova como Instrumento de Efectividade na Prestação da Tutela Jurisdicional dos Interesses dos Consumidores*, Revista da Faculdade de Direito, USP, S. Paulo V.97, 2002, p. 385, (nota 30). Comenta também Carlos Ferreira de Almeida que em 1916, mediante actividade jurisprudencial, iniciou-se a abordagem "...dum dever geral de diligência (*duty of care*) e inversão do ónus da prova, em matéria de responsabilidade do produtor por prejuízos causados aos consumidores"; cfr. *Os Direitos dos Consumidores*, Livraria Almedina, Coimbra-1982, p. 34.

[9] A promoção de medidas de defesa da concorrência era um meio indirecto de protecção do consumidor. Neste mesmo sentido, Carlos Ferreira de Almeida, ob. cit., pp. 72-73. Pode-se porém afirmar que os fundamentos ideológicos que alicerçavam as políticas da concorrência eram (e são), basicamente, os que informavam o liberalismo económico. Daí concluir-se que a protecção do consumidor era mínima.

Outro inédito destaque foi o transcendente papel da jurisprudência estado-unidense, decorrente do conceituado sistema anglo-saxónico, na árdua aplicação do Direito em benefício do consumidor. Sem ela, jamais se teriam desenvolvido os fundamentais instrumentos de sustentação dos direitos e interesses do consumidor[10].

Por sua vez, tem-se em conta o voluntarismo de algumas representações sociais norte-americanas na laboriosa tarefa de verificar as mercadorias objecto de comércio[11]. Nesse sentido, passo de crucial importância registou-se em 1891 com a fundação da *"Consumers League"* por um movimento de consumidores[12]. Era a expressão visível do culminar de vários esforços da sociedade organizada, a confirmar nessa época a diminuta segurança jurídica das concepções legais traçadas pelo poder público. Resta notar que aquela atitude histórica espalhou-se ao longo do século XX para todo o mundo.

2.2. *Na Europa*

No continente europeu, as leis pioneiras, embora indirectas, de satisfação dos direitos dos consumidores surgiram de maneira geral na Inglaterra através do *Sale of Goods Act*, de 1893. Tal diploma deu expres-

---

[10] Este espírito de protecção ficou bem marcado na elaboração de matérias sobre a responsabilidade sem culpa. Aponta isso Lídia Margarida Bandeira da Silva, *A Responsabilidade Civil do Produtor pelos Danos Causados por Produtos Defeituosos*, Faculdade de Direito da Universidade de Lisboa, 1998/1999, p. 20.

[11] Jorge Pegado Liz faz referência à criação, em 1929, de uma "...primeira instituição de interesse público de carácter científico e técnico...", denominada *Consumers Research In*, que divulgava os resultados da sua actividade num periódico, o *Consumer Bulletin*, sendo aquela financiada unicamente pelos consumidores. Outra organização inspirada em fins substancialmente mais alargados surgiu em 1936, a *Consumers Union of the United States*, composta de associados individuais com vínculo à *Consumer's Report's*, que imprimiu mais de um milhão de exemplares na divulgação de matérias informativas diversas (situação do mercado, a qualidade e preços dos produtos); pela primeira vez efectuaram-se trabalhos nos seus próprios laboratórios para fazer testes comparativos de produtos, a fim de serem publicados. Mais detalhes em *Introdução ao Direito e à Política de Consumo*, Notícias Editorial, 1999, pp. 29 e ss.; cfr. também Cláudio Petrini Belmonte, *ob. cit.*, p. 89 (nota 278).

[12] Cfr. José Geraldo Brito Filomeno, *Manual de Direitos do Consumidor*, 6ª Edição, S. Paulo, Atlas, 2003, p. 26.

são legal às complexidades do contrato de compra e venda de coisas corpóreas. Outra específica contribuição foi protagonizada pela jurisprudência inglesa mediante a inversão do ónus da prova em matéria de responsabilidade civil do produtor (1932)[13]. Estes valiosos subsídios foram ponto de partida para futuras construções jurídicas nos demais Estados, em sede da defesa do consumidor.

Em França, a institucionalização das primeiras regras protectoras não tiveram finalidades distintas dos restantes países. Com efeito, na sua génese, as disposições legais tinham cariz penal. A lei de 1 de Agosto de 1905 claramente formulava este propósito. O seu texto destinava-se a reprimir as adulterações de produtos alimentares[14].

Na Alemanha, "...nos primeiros decénios do século XX a doutrina comercialista... já havia detectado a questão central do problema que enfrenta hoje a protecção do consumidor"[15]. A referência é a lei sobre a concorrência desleal de 1909. Tal acto normativo não disciplinava matérias de directa defesa dos consumidores. Na verdade, só o fazia reflexamente, pois cuidava de impedir as distorções causadas pela concorrência[16].

Em suma, a conjuntura económica em fins do século XIX e início do XX (até sensivelmente à década de 30), foi um período de acentuado predomínio dos instrumentos legais para conter as infracções à saúde pública, à concorrência e à competitividade desenfreada, nomeadamente nos países mais desenvolvidos, de economia de mercado.

Em seu bojo existiam regras e inovações que difundiram os seus efeitos mais no sentido de tutelar o público em geral, numa certa linha de repressão das condutas lesivas e desleais dos produtores e interme-

---

[13] Carlos Alberto Bittar, *Direitos do Consumidor*, S. Paulo, Forense Universitária, 1991, p. 13; Carlos Ferreira de Almeida, *Os Direitos dos Consumidores*, Livraria Almedina, Coimbra, 1982, p. 33. Sobre esta matéria, ensina ainda Carlos Ferreira de Almeida, que em 1844 nasceu nos arredores de Manchester o cooperativismo de consumo, fundado por 28 operários tecelães; cfr. *Direito do Consumo*, Almedina, 1995 – 2005, p. 15 (nota 2) e p. 59.

[14] Carlos Ferreira de Almeida, *Os Direitos dos Consumidores*, Livraria Almedina, Coimbra, 1982, p. 31.

[15] Silney Alves Tadeu, *Sugestões a um Direito do Consumidor Unitário*, Revista de Direito do Consumidor, 48, Ano 12, Outubro – Dezembro de 2003, Editora Revista dos Tribunais, p. 238.

[16] Carlos Alberto Bittar, *Direitos do Consumidor*, S. Paulo, Forense Universitária, 1991, p. 12.

diários[17]. Manifestamente, ainda não se tinha desenvolvido uma infra-estrutura legislativa operacional encarnada na efectiva protecção do consumidor contra o latente poder dos produtores e fornecedores de bens e serviços.

2.3. A expansão histórica depois de 1945

O direito do consumidor pertence a um passado recente da cultura humana. Os registos de uma evolução gradual localizam-se depois da Grande Depressão[18] (década de 30). Porém, as alternativas mais ousadas aconteceram depois do término da traumática experiência da Segunda Guerra Mundial[19]. Num ritmo frenético de grande desenvolvimento económico, de internacionalização da economia e de grandes fusões empresariais, incrementou-se a produção em massa, bem como o comércio em geral. Conforme lembra Elsa Dias de Oliveira, entrou-se no que se tem chamado "sociedade de consumo" ou de abundância[20].

Ao lado de tal êxito, mas diante do iminente perigo, os próprios Estados e movimentos associativos de defesa dos consumidores na Europa, sob influência norte-americana, iniciaram protestos contra os desequilíbrios contratuais no mercado de consumo, face à expressiva debilidade do cidadão[21,22].

---

[17] Cfr Luís Manuel Teles de Menezes Leitão, *ob. cit.*, p. 16.

[18] Com a revolução industrial e as célebres concepções de natureza liberal que sustentaram os ambientes político, económico e jurídico dos séculos XIX e XX, surgiu uma nova visão capitalista e expansionista. Nesse sentido, nasceram os monopólios com métodos de restrição da produção, a fim de controlarem o mercado e lograrem altos lucros. Assim sobreveio a Grande Depressão (iniciada em 1929), cujo resultado foi a retracção geral na economia e um elevado grau de desemprego.

[19] Esta posição é sustentada por Cláudio Petrini Belmonte, *ob. cit.*, p. 84 e ss.; Luís Manuel Teles de Menezes Leitão, *ob. cit.*, p. 16; Mesa Redonda, *A Concorrência e os Consumidores*, Conselho Económico-social, Série "Estudos e Documentos", Lisboa, 2001, p. 18.

[20] *A Protecção dos Consumidores nos Contratos Celebrados através da Internet, Contributo para uma análise numa perspectiva material e internacional privatista*, Almedina, 2002, p. 25.

[21] Veja-se Eduardo António Klausner, *Direitos do Consumidor no Mercosul e na União Europeia, Acesso e Efectividade*, Curitiba, Juruá Editora, 2006, pp. 38-39.

[22] A respeito disso, há quem afirme que "um movimento associativo muito activo na Europa, …" teve "…aparecimento tardio em relação ao que já se constatava nos

Como é sabido, o recrudescimento do espírito associativo europeu e estado-unidense fez surgir e desenvolver movimentos específicos de defesa dos consumidores, ora transformados em úteis instrumentos de pressão da sociedade civil[23].

Neste domínio, são conhecidos os exemplos norte-americanos irradiados para além fronteiras. Ressaltam-se os escopos das suas emblemáticas associações como guardiãs dos interesses dos cidadãos face à hegemonia do produtor/distribuidor[24].

Tomada em linha de conta esta desigualdade, dá-se ênfase ao protagonismo das representações sociais na Europa industrializada. Assim, na Inglaterra foi criada a *Consummers Association* em 1957: contava com mais de 2 milhões de associados e laboratórios para provas de produtos de consumo, cujos resultados eram publicados na revista *Wich*. Na Alemanha, data de 1953 a Federação das Uniões dos Consumidores. Destaca-se em França a *Union Fedérale de la Consommation (UFC)*, fundada em 1951, e, anos depois, a *Organization Génerale des Consommateurs* (1959)[25].

Nesta multiplicidade de vozes associativas, teve impacto o nascimento, em 1947, de um dos primeiros grupos organizados de consumidores na Europa, o *Conselho Dinamarquês dos Consumidores*. O seu trabalho influenciou enormemente os poderes públicos na Dinamarca.

Um movimento paralelo estabeleceu-se nos restantes países nórdicos; assim, fundaram-se organizações na Noruega (1953), Suécia (1956) e Finlândia.

Estados-Unidos…"; cfr. Sandrina Laurentino, Estudos de Direito do Consumidor, Centro de Direito do Consumo, Faculdade de Direito, Universidade de Coimbra, N.º 2 – Coimbra, 2000, p. 416. Porém, em nosso entender, admite-se que o ambiente histórico do pós-guerra, envolvo de situações bastante dramáticas, constituiu inicialmente um poderoso obstáculo para o avanço e disseminação de movimentos específicos de protecção do consumidor na Europa.

[23] Amplas considerações sobre o desempenho dos movimentos de consumidores em grande parte do mundo são tecidas por Jorge Pegado Liz, *ob. cit.*, pp. 37 e ss.

[24] Destaca-se o *Council on Consumers Information*, ente privado para informação dos consumidores. Jorge Pegado Liz, *Introdução ao Direito e à Política de Consumo...*, p. 31 (nota 37).

[25] Sobre o nascimento e actividades das organizações de consumidores na Europa, veja-se Jorge Liz Pegado, *Introdução ao Direito...*, pp. 37 e ss.

Ainda na década de 50, no meio desta intensa mobilização, fundou-se na Itália a *Unione Nazionale Consumatori* (1955). Naquela época, criaram-se entidades similares na Bélgica, Áustria e Holanda (1957)[26].

Em síntese, o surgimento avassalador de organizações em defesa dos consumidores impôs a entrada destas matérias na pauta do debate público e a obtenção de reconhecimento universal. Esta participação popular directa contribuiu para que se evidenciassem os males ligados ao progresso com a massificação da produção e do comércio, fenómeno que desnudou o colossal desequilíbrio nas relações de consumo.

Na verdade, a carência de procedimentos eficazes à segurança, saúde e legítimos interesses do consumidor comprometeram as suas próprias necessidades, mercê de um mercado de consumo socialmente injusto.

Decididamente, a força destes factos conduziram o mundo a trilhar novos caminhos.

2.4. *As décadas seguintes*

I. A partir da década de 60 firmaram-se propícios motivos, reflexo do modelo político e socio-económico então adoptado, para clamar a aplicação de uma disciplina protectiva do consumidor[27,28].

Inequivocamente, este decénio e os seguintes foram um marco histórico mundial em defesa do mais fraco – o consumidor. Na realidade, a esfera em que se moviam as principais preocupações dos consumidores alterou-se substancialmente. Haja em vista a imensa produção legislativa nos ordenamentos jurídicos internos[29] e, sobretudo, a nível supranacional, a que se veio a somar o valor de uma opinião pública activa.

---

[26] Cumpre anotarem-se as eficientes acções de que resultaram associações de consumidores no Japão (1961), Canadá e Austrália, Islândia, Irlanda e Nova Zelândia.

[27] Cunha Rodrigues dá ênfase a esta problemática de forma pormenorizada; cfr. Estudos do Direito do Consumidor, Centro de Direito do Consumo, Faculdade de Direito, Universidade de Coimbra, N.º 1 – Coimbra, 1999, pp. 47 e ss.; cfr também Adelaide Menezes Leitão, EIDC, Volume II, Instituto de Direito do Consumo, Universidade de Lisboa, Almedina, 2005, pp. 119-120.

[28] Neste mesmo sentido, Adelaide Menezes Leitão, *ob. cit.*, p. 119.

[29] Os poderes públicos nacionais implementaram específicas normas e medidas dotadas de carácter interventivo para protegerem economicamente os consumidores. Assim, são dignas de destaque as providências legislativas nos seguintes países:

Inglaterra: Merece ser destacado o informe Molony, elaborado por um comité oficialmente designado em 1962. Tinha como objecto preparar projectos de normas protectoras dos direitos dos consumidores e, nesta tarefa, deu origem à constituição do *National Consumer Council* (1963). Ademais, criaram-se outras disposições, constantes de vários diplomas tais como o *Misrepresentation Act* (1967), o *Medicins Act* e o *Trade Description Act*, ambos de 1968, o *Fair Trading Act* (1973) e o *Consumer Safety Act* (1978).

No mesmo sentido, aprovaram-se outros diplomas legais, a exemplo o *Unfair Contract Terms Act* (1977) e o *Sale of goods Act* 1979. Este concentrou num só documento as modificações ocorridas ao longo dos anos no texto de 1893.

Neste rumo, constata-se a preocupação estatal por um lado, no bem-estar dos seus cidadãos, e de outro, em dar resposta às pressões exercidas pelas organizações de consumidores.

França: Inicialmente sobressaiu uma lei de repressão à publicidade enganosa (2 de Julho de 1963). Depois, evidenciou-se a lei de orientação do comércio e artesanato (Lei Royer), de 27 de Dezembro de 1973, que protege os consumidores contra a publicidade ilícita e faculta às associações de consumidores a iniciativa de moverem acções civis. Alguns exemplos de actividade legislativa manifestaram-se em torno da problemática dos contratos de adesão. Esta iniciativa foi depois reforçada pelo Decreto 464, de 24 de Março de 1978, que também dispôs sobre o controlo das cláusulas abusivas.

Por outro lado, através da Lei n.º 23, de 10 de Janeiro de 1978, estabeleceram-se medidas repressivas às fraudes e falsificação de produtos e serviços. Os dois últimos diplomas tomaram a denominação de "Lei Scrivener" (apelido da então Secretária de Estado do Consumo).

Entretanto, de âmbito mais relevante, aponta-se a criação da Lei sobre a protecção e informação dos consumidores de produtos e serviços em 10 de Janeiro em 1978 e, mais tarde, do Conselho Nacional do Consumo (12 de Julho de 1983), para apoio ao Ministério de tutela. Reconhece-se também o desempenho da jurisprudência francesa na protecção ao consumidor.

EUA: Em 1971, a administração Nixon deu a conhecer um *Buyer's Bill of Rights* e, sobretudo, criou um rol de agências governamentais para defesa dos consumidores.

Alemanha: Contribuição importante foi manifestada em 1971 mediante um primeiro texto sobre as relações de consumo. Além disso, introduziram-se parâmetros legais, em 1973, para regular a concorrência, que reflexamente protegiam o consumidor (modificou-se a lei da concorrência de 1957). Anos antes, em 1965, conferiram-se poderes às organizações de consumidores para intentar acções contra actos desleais dos produtores/ /distribuidores. Por outro lado, em 9 de Dezembro de 1976, publicou-se uma lei para regulamentar as condições gerais dos negócios.

Demais Países: A Áustria publicou a Lei de Defesa do Consumidor em Março de 1978; depois, seguiram-se Israel (1981), Portugal (1981) e Espanha (1984). Este último país instituiu, por Decreto publicado em 22 de Junho de 1983, disciplina repressiva contra as infracções à produção agro-alimentar, com impacto na protecção do consumidor. Sobre

Os primeiros sinais da atenção global para esta causa iniciaram-se com o nascimento, em 1960, da IOCU (*International Office of Consumers Union*), sedeada em Haia[30], cuja iniciativa é atribuída a um grupo de cinco associações de consumidores dos Estados Unidos, Austrália, Holanda, Reino Unido e Bélgica[31].

Os seus objectivos e funcionamento (até aos dias de hoje) visam resguardar os direitos e interesses dos consumidores a nível mundial, consubstanciados no fortalecimento e facilidade de divulgação de conteúdos informativos, na aprendizagem social, nos testes comparativos dos novos produtos, entre outros. A IOCU mantém, nesta data, vínculos estreitos com as Nações Unidas[32].

Foi neste persistente contexto, de base firme da consciência colectiva, que ocorreu a notável mensagem do Presidente John Fitzgerald Kennedy, no Congresso dos E.U.A. em 15 de Março de 1962, tida como um dos fundamentais pilares de sustentação dos direitos dos consumidores.

Todo o protagonismo subsequente ficou impregnado nestas palavras: "Somos todos, por definição, consumidores"[33]. Abriu-se assim uma perspectiva surpreendentemente nova sobre a protecção do consumidor.

---

a adopção de leis nesta matéria em diferentes países, veja-se Cláudio Petrini Belmonte, *ob. cit.*, pp. 88 e ss., Luís Manuel Menezes Leitão, EIDC, Volume I, Instituto do Direito do Consumidor, FDUL, Almedina, 2002, pp. 17-18 e Carlos Ferreira de Almeida, *Os Direitos dos Consumidores*, pp. 31 e ss.

[30] Carlos Ferreira de Almeida, *Direito do Consumo*, 1955-2005, p. 15, nota 3.

[31] Esta organização internacional expandiu-se e conta hoje com inúmeras associações de países de vários pontos do mundo; cfr. Jorge Pegado Liz, *ob. cit.*, p. 40.

[32] A CEE criou em 1962 o BEUC (*Bureau Europeén des Unions des Consummateurs*), organismo de ampla actividade nestas matérias no espaço comunitário europeu. Visa influenciar as políticas de defesa do consumidor e realiza campanhas e estudos nesse sentido. Para mais detalhes sobre a IOCU e o BEUC, cfr. Jorge Pegado Liz, *ob. cit.*, pp. 40-41.

[33] Conforme traduz Carlos Ferreira de Almeida: "...consumidores somos todos nós...". Mais aclara que a simples possibilidade de transpor um texto de uma língua para outra revela sempre um distanciamento do sentido original; cfr. *Direito do Consumo*, Almedina, 1955 – 2005, p. 44 e nota 157; valorizando esta afirmação, Dário Moura Vicente livremente projecta a singular expressão nos seguintes termos: "...consumidores (...) somos afinal todos nós...," *Arbitragem de Conflitos de Consumo: Da Lei n.º 31/86 ao Anteprojecto de Código do Consumidor*, EIDC, Volume III, Instituto de Direito do Consumo, FDUL, Almedina, 2006, p. 76; porém, vale a repercussão dada, que, sob todo o poderoso simbolismo norte-americano, foi como um convite a dizer: todos devemos pensar nesta questão.

As ferramentas básicas lançadas na sua comunicação foram no sentido de romper com os esquemas tradicionais, precisamente para dotar o consumidor de um sistema protectivo adequado, mediante a consagração de "...determinados direitos fundamentais...", isto é, "...o direito à segurança, à informação, à escolha e a ser ouvido"[34]. Por meio disso, ficou consolidado o Direito do Consumidor nos Estados Unidos[35].

Àquele especial catálogo de direitos seguiram-se políticas de ordem pública nos EUA[36], com larga repercussão na Europa[37,38,39]. Abriu-se então

---

[34] Cfr., entre outros, Claúdio Petrini Belmonte, *ob. cit.*, p. 85 e Jorge Pegado Liz, *Qualidade, Segurança e Responsabilidade Social*, RPDC, Junho de 1997, n.º 10, p. 51.

[35] Neste ambiente histórico, emergem as acções de Ralph Nader, figura marcante e activa no seio do movimento social norte-americano para a defesa dos interesses dos consumidores. Veja-se uma breve referência em Jorge Pegado Liz, *Introdução ao Direito...*, pp. 30-31.

[36] Regista-se, particularmente, a criação de um *Consumer Advisory Council,* em Julho de 1962. Destaca-se também a actuação do presidente Johnson (fez uma segunda comunicação no Congresso norte-americano em 16/2/1967) na eficaz recomendação para se implementar leis protectivas do consumidor. Por outro lado, aprovaram-se instrumentos jurídicos, tais como o *Uniforme Receptive Trade Practices Act* (1964) e o *Uniform Consumer Credit Code* (1967), em razão do destacado papel de influentes organizações com fins de defesa dos interesses dos consumidores. Para maiores desenvolvimentos, veja-se Jorge Pegado Liz, *Introdução ao Direito de Consumo...*, pp. 31e ss. Como nos diz Cláudio Petrini Belmonte, naquela época variadas medidas governamentais foram postas a vigorar. Aponta aquele autor: o *Nacional Traffic and Motor Vehicle Safety Act*, de 1966; o *Fair Packaging and Labelling Act*, em 1966; o *Wholesale Meat Act*, em 1967; o *Consummer Protection Credit Act*, de 1968; veja-se *ob. cit.*, p. 89; cfr. também Eduardo Antônio Klausner, *ob. cit.*, p. 40.

[37] Na esteira desta influência, é importante recordar que em 1968 o Japão publicou a Lei de Tutela dos Consumidores; cfr. Claúdio Petrini Belmonte, *ob. cit.*, p. 85. O mesmo exemplo seguiu o México ao aprovar a Lei Federal para Tutela dos Consumidores em 18 de Dezembro de 1975; cfr. Luís Manuel Teles de Menezes Leitão, EIDC, Volume I..., p. 18. Entretanto, os efeitos das iniciativas norte-americanas na Europa chegam aos dias de hoje, pois "...as regras mais actuais estão calcadas nos casos e statut law..." dos EUA; cfr. Ada Pellegrini Grinover, Revista da Faculdade de Direito, Universidade de S. Paulo, volume 91, 1996, p. 165.

[38] Ainda naquela década (1969), a Alemanha Federal, a Bélgica, a França, os EUA e a Holanda criaram a OCDE, entidade que deu ênfase à exposição de matérias nesta específica área para os Estados membros.

[39] As primeiras obras com larga influência nos direitos do consumidor foram escritas a partir desta década para diante; veja-se Carlos Ferreira de Almeida, *Direito do Consumo*, p. 26, nota 6.

espaço para o aprofundamento das discussões em torno destas matérias. Foi a partir desta época que se radicalizaram critérios seguros para o Direito do Consumidor existir com objecto, métodos, a par de objectivos claros e definidos.

A esta luz, da década de 70 em diante, diz-nos Pegado Liz que na Europa "...se inicia o processo das alterações normativas que viria a culminar... com a adopção de legislação conducente a uma protecção e defesa acrescidas dos consumidores..."[40].

Assim, merece inicial relevo a criação na Suécia (1971) do *Ombudsman* (Provedor de Justiça dos consumidores), com poderes públicos a nível administrativo e processual[41].

II. Outra distinção no plano histórico aconteceu no cenário comunitário europeu. Com efeito, através de uma Resolução, o Conselho da Europa estabeleceu a denominada "Carta do Consumidor", em 17 de Maio de 1973, logo seguida de uma recomendação para a implementar[42].

Naquele instrumento jurídico reconheceram-se os princípios fundamentais dos Direitos dos Consumidores[43].

---

[40] RPDC, Junho de 1997, n.º 10, p. 51. Veja-se também Gerard Cas e Didier Ferrier, *Traité de Droit de la Consommation*, Presses Universitaire de France, 1re Edition, 1986, p. 1.

[41] Este órgão especializado apareceu depois na Noruega (1972), Dinamarca (1974), Finlândia (1978) e Bélgica; semelhante instituição pública foi criada em 1973 na Grã-Bretanha, com a denominação de *Director-General of Fair Trading*; cfr. Cláudio Petrini Belmonte, ob. cit., p. 86. Paralelamente, os Estados nórdicos instituíram tribunais especiais (Juizado do Consumo e a Corte do Mercado); cfr Eduardo António Klauner, ob. cit., p. 40.

Notadamente, o Direito dos Consumidores naqueles países muito cedo ocupou lugar privilegiado face à "sociedade de abundância" e seus riscos. Pode-se então afirmar que a preocupação com o aspecto social deste fenómeno precede as grandes iniciativas tomadas na União Europeia.

[42] Cfr. Carlos Ferreira de Almeida, *Os Direitos dos Consumidores...*, p. 36.

[43] Por sua vez, inspirado na aprovação da Carta do Consumidor, o Conselho da CEE adoptou uma outra Resolução (14 de Abril de 1975) que apresentou um programa preliminar para a defesa dos consumidores. Este diploma legal funda-se nos cinco princípios fundamentais anteriormente declarados; cfr. Cláudio Petrini Belmonte, ob. cit., p. 87. Mais tarde, entrou em vigor um Segundo programa da CEE para uma Política de Protecção e de Informação dos Consumidores, através de uma Resolução de 19.05.1981; cfr. Sara Larcher, *Contratos Celebrados Através da Internet: Garantias...*, EIDC, Volume II..., p. 145, nota 12.

A lograr esta conquista, identificaram-se os objectivos da política de protecção do consumidor apoiados basicamente em cinco direitos fundamentais expressos na singular Carta: 1) a protecção e assistência; 2) a defesa contra danos nos interesses económicos; 3) a reparação dos prejuízos sofridos; 4) a informação e a educação; e 5) a representação e consulta[44,45].

Com o triunfo deste novo Direito, deflagrou uma verdadeira evolução legislativa de âmbito transnacional que definiu normas comuns aplicáveis aos Estados membros[46].

Na verdade, aos direitos fundamentais percutidos na Carta de Defesa dos Consumidores juntaram-se diversas medidas legais, com especial destaque para as reguladoras da publicidade enganosa (Novembro de 1975) e da responsabilidade civil do produtor (Janeiro de 1977)[47,48].

---

[44] Cfr., entre outros, Carlos Ferreira de Almeida, *Os Direitos dos Consumidores...*, pp. 36-37 e Jorge Pegado Liz, *Introdução ao Direito e à Política de Consumo...*, p. 101.

[45] A poderosa relação dinâmica entre um direito protector e as reivindicações de uma maior transparência no mercado europeu forçaram, 10 anos mais tarde, a ampliação destes direitos, acrescendo-se três outros objectivos, como aponta Sandrina Laurentino: "Os produtos na comunidade devem corresponder às normas de saúde e de segurança aceitáveis, os consumidores devem estar em condições de beneficiar do mercado comum, os interesses dos consumidores devem ser tomados em consideração nas outras políticas comunitárias" (Resolução de 23 de Junho de 1986), *ob. cit.*, p. 417; cfr. Carlos Ferreira Almeida, *Os Direitos dos Consumidores...*, pp. 38-39.

[46] A inédita elevação dos princípios de defesa dos consumidores a nível constitucional nos vários Estados membros visou a efectiva materialização dos direitos previstos na mencionada Carta.

[47] Cfr. Cláudio Petrini Belmonte, *ob. cit.*, pp. 92-93.

[48] Depois desta etapa profícua, a Comunidade Europeia lançou mão a uma quantidade de directivas, diante da diversidade das legislações nacionais, com temas de equilíbrio entre produtor/fornecedor e consumidor. Neste propósito, oferecem-se como exemplos as Directivas: 84/450/CEE, de 10 de Setembro, acerca da publicidade enganosa (alterada em 23/10/97); 85/374/CEE de 25.07 (responsabilidade decorrente dos produtos defeituosos); 85/577/CEE, de 20 de Dezembro, relativa à protecção dos consumidores nos contratos negociados fora do estabelecimento comercial; 87/102/CEE, de 12 de Setembro, alterada pela directiva 98/7/CEE, de 22 de Fevereiro (Crédito ao Consumo); 93/13/CE de 5 de Abril (cláusulas abusivas nos contratos celebrados com consumidores); 97/7/CE de 30 de Junho (contratos celebrados à distância); e 1999/44/CE, de 25 de Maio, do Parlamento Europeu e do Conselho da União Europeia sobre a conformidade que se exige aos bens na relação de consumo. Para informação mais alargada, veja-se Sara Larcher, *Contratos Celebrados Através da Internet: Garantias dos Consumidores Contra Vícios na Compra e Venda de Bens de Consumo*, Separata da obra "Estudos do Instituto de Direito

Acentue-se que o despontar da mobilização geral no continente europeu com a finalidade de guiar e proteger o consumidor surge em reposta à grande evolução do sistema industrial, tomada em conta a onda compulsiva para consumir. O aspecto social deste fenómeno incentivou a cooperação entre os países europeus no campo da defesa do

---

do Consumo – Vol. II", Almedina, 2005, pp. 145-146. Cláudio Petrini Belmonte, *ob. cit.*, p. 94. Ana M. Guerra Martins, EIDC, Volume I..., pp. 80 e ss..

A importância da defesa do consumidor tem outros registos a nível europeu. Invoca-se, por exemplo, a Resolução do Conselho de Ministros, de 19 de Maio de 1981, que implementou diversas medidas num segundo programa de defesa dos interesses dos consumidores. O Tratado de Maastrich (7 de Fevereiro de 1992) que, dentro das amplas alterações trazidas para a Europa (transformou a CEE em UE), deu cobertura firme à protecção do consumidor e poderes para a UE regular sobre a matéria. Para outros desenvolvimentos, veja-se Jorge Pegado Liz, *Introdução ao Direito e à política de Consumo*, pp. 119 e ss. e in *Contratos de Consumo, Uma Perspectiva Comunitária de Defesa dos Consumidores*, Centro de Informação Jacques Delors, Lisboa, 1998, p. 32; cfr. também Luís Manuel Teles de Menezes Leitão, EIDC, Volume I, Almedina, Coimbra, 2002, pp. 72 e ss. O Tratado de Amesterdão (Junho de 1997), surgido em função das readaptações da UE, dá renovada preponderância ao sistema de protecção do consumidor e destaca o seu direito à informação; veja-se Cláudio Petrini Belmonte, *ob. cit.*, pp. 93-94 e Luís Manuel Teles de Menezes Leitão, *ob. cit.*, pp. 75 e ss.

No entanto, nos dias de hoje transpõem-se para os ordenamentos jurídicos nacionais uma imensidão de Directivas da UE, o que leva a diminuir a eficácia de protecção ao consumidor, perante "...a proliferação legislativa a que se tem assistido, a qual apresenta inconvenientes vários, desde logo pela *dispersão e falta de unidade* de que dá mostra"; cfr. José Mouraz Lopes, *O Estado do Direito do Consumidor*, Sub Judice, justiça e sociedade, n.º 24, Janeiro/ Março 2003, p. 10.

Por outro lado, no quadro das temáticas sobre a protecção do consumidor europeu, existem divergências interpretativas quanto ao seu reconhecimento no texto original do Tratado de Roma (25 de Março de 1957), que instituiu a Comunidade Económica Europeia. Deste modo, Jorge Pegado Liz defende não se detectar um critério exacto de cláusulas protectivas nos textos daquele magno convénio. Ana Guerra Martins, peremptoriamente afirma que este Tratado "...não dispunha de normas referentes à política de consumo..." (EIDC, Volume I, Almedina, Coimbra, 2002, p. 63). De contrário, Cláudio Petrini Belmonte diz existir preocupação em resguardar os interesses dos consumidores. Nas suas palavras, há a "...outorga de total supedâneo para que se busque a protecção dos consumidores... inclusive por exaltar e proporcionar a concorrência nos mercados"; cfr. *Introdução ao Direito e à Política do Consumo*, pp. 99-100 e in *Redução do Negócio*..., p. 93, respectivamente. Pensamos que esta última opinião preenche tão-somente um anseio político dos subscritores do Tratado, mas não é um objectivo essencial. À luz disso, demonstra-se um grau de superficialidade com a identificada matéria. Assim, aproximamo-nos da visão de Jorge Pegado Liz.

consumidor e a implementação de políticas comuns para alcançar melhores resultados neste domínio.

Na verdade, tornou-se uma exigência indispensável para os critérios da integração económica; porém, resta claro o seguinte: se as medidas proteccionistas publicadas no contexto supranacional contrariarem os níveis alcançados em cada Estado membro, resultará um sério prejuízo para os consumidores que poderão ter maior protecção nos sistemas nacionais.

III. Paralelamente à iniciativa europeia na década de 80, a Assembleia Geral das Nações Unidas adoptou por consenso a Resolução 39/248 de 16 de Abril de 1985 (Anexo 3)[49]. Surgiram, pela primeira vez, preceitos específicos de efectiva defesa dos interesses dos consumidores no espaço mundial, com parâmetros de utilidade incontestável[50,51].

Tal acto normativo foi de encontro aos anseios de justiça, particularmente nos Estados africanos e noutros países em desenvolvimento que amiúde enfrentam desequilíbrios no jogo de forças entre fornecedores e consumidores.

A aprovação destas directrizes foi o reconhecimento e aceitação da necessidade dos Estados membros desenvolverem e reforçarem políticas firmes de protecção do consumidor. Esta Resolução tem por objectivo alertar os legisladores nacionais a: instituírem um padrão justo e razoável de protecção à saúde e segurança do cidadão enquanto consumidor; proibirem as práticas comerciais abusivas que afectem os consumidores; facilitarem o acesso destes a mecanismos reparatórios céleres face aos danos sofridos, associada a uma informação adequada sobre produtos e serviços; bem como promoverem a educação em matérias de consumo[52].

---

[49] Esta organização supranacional, no processo de aprimoramento paulatino dos seus objectivos nesta matéria, deu causa a que o seu Conselho Económico e Social aprovasse a Resolução 1999/7, de 26 de Julho; cfr. Eduardo António Klausner, *ob. cit.*, p. 40.

[50] Cláudio Petrini Belmonte faz referências a duas anteriores resoluções das Nações Unidas sobre estas matérias, com os n.º(s) 2.542, de 11 de Dezembro de 1969 e 1981/62; cfr. *ob. cit.*, p. 95.

[51] O pioneirismo na adopção de uma disciplina jurídica de protecção ao consumidor a nível das Nações Unidas data de 1963, quando foi criado o *Codex Alimentarius Internacional* (sede em Roma). No seu escopo, destacam-se, entre outras, as medidas contra a comercialização de produtos alimentares suspeitos e impróprios para consumo; cfr. *Comércio em Angola, 31 anos de metamorfoses e evolução*, Publicação abc Comercial e Associados, Lda, 2006, p. 3.

[52] Veja-se breves apontamentos de Eduardo António Klausner, ob. cit., p. 40.

As assinaladas iniciativas institucionais propiciam uma tendência de mudança de natureza humanista, contribuindo sobremaneira para novas configurações no campo das decisões políticas à escala mundial.

Avançando no tempo, tem destaque o desenvolvimento de medidas de protecção ao consumidor no continente africano mediante actos normativos com raízes nas concepções jurídicas europeias e, particularmente, na actividade institucional desenvolvida nas Nações Unidas.

Em decorrência disso, realizou-se a Conferência Africana sobre a protecção do consumidor em 2006 (28 de Abril a 2 de Maio)[53].

Nesta, formularam-se estratégias para os países africanos, ainda num estádio recuado de desenvolvimento industrial, traçaram-se políticas relacionadas com as necessidades e interesses dos consumidores; tudo, evidentemente, sob a luz da nova economia global e liberalizada, na senda das resoluções das Nações Unidas[54]. Os resultados obtidos naqueles dias de debate estão impregnados de orientações para corrigir os desequilíbrios e promover a justiça social nas relações jurídicas de consumo. Assim, cada Governo deverá estabelecer como prioridade a protecção dos consumidores, apresentando-se este novo fenómeno como inevitável e irreversível. No nosso entender, foram ampliadas as condições para emergir uma sociedade civil organizada, ao lado do poder político e económico, visando suprimir os entraves às realizações do consumidor na busca do seu bem-estar.

Ainda nesta perspectiva, aponta-se a importância conferida aos consumidores da América Latina, com realce para as regras estatais adoptadas e a actividade do Mercosul, a partir dos anos 80[55].

---

[53] No âmbito das mudanças prognosticadas, as Nações Unidas promoveram as Conferências de Dakar e Kadoma, onde se discutiu o estado geral de protecção do consumidor em África e fez-se uma avaliação importante das directrizes daquela organização internacional constantes na Resolução 39/248, de 9 de Abril de 1985. Por seu turno, em Harare, foi adoptada, em Maio de 1996, uma lei modelo para África em matéria de protecção ao consumidor; cfr. Publicação do Instituto Nacional da Defesa do Consumidor "INADEC", República de Angola, 2006, p. 1.

[54] A falta de legislação para as relações de consumo e a consequente inexistência de direitos específicos dos consumidores na maioria dos países africanos, coloca Angola no topo destas iniciativas, impelida a desenvolver instrumentos operacionais e capacidade institucional para habilitar os angolanos a tornarem-se consumidores críticos.

[55] Para outros aprofundamentos, veja-se Eduardo António Klausner, *ob. cit.*, pp. 40 e ss..

Por outro lado, vagarosamente evolui o movimento de protecção ao consumidor nos países de opção marxista, tanto naqueles que mantêm esta linha ideológica como nos recém-convertidos aos princípios da economia de mercado[56].

Não desejamos encerrar estas linhas sem mencionar os corpos normativos estatais que sistematizaram ou compilaram o material jurídico disperso e fragmentado sobre a protecção do consumidor. Falamos dos Códigos de Defesa do Consumidor cuja iniciativa coube ao Brasil. Assim, desde 1990, a protecção do consumidor é objecto de disciplina autónoma, graças à codificação destas matérias. Semelhante procedimento foi seguido em França (1993); com o mesmo propósito, Portugal elaborou o Anteprojecto do Código do Consumidor. A Bélgica criou uma comissão para o mesmo fim e concluído o trabalho de oito longos anos, aguarda implementação. Porém, a Holanda (1992) e a Alemanha integraram estas matérias nos respectivos Códigos Civis[57]. Na globalidade, os legisladores dos sobreditos Estados visam pôr termo à dispersão e falta de unidade dos textos legais sobre os direitos dos consumidores.

Além disso, a finalidade das anunciadas intervenções legislativas destina-se a reforçar as políticas públicas em defesa daqueles frágeis sujeitos e o fácil acesso ao conhecimento jurídico pelos operadores do direito.

3. Angola – Evolução Histórica

3.1. *Antes de 11 de Novembro de 1975*

Historicamente, a protecção do consumidor angolano está ligada a um percurso lento e gradual de implantação de mudanças, mensuradas nos modelos políticos e socio-económicos instaurados pelo legislador.

---

[56] Cunha Rodrigues esclarece que o direito de protecção ao consumidor nas economias planificadas vai sendo uma realidade incontornável; cfr. Estudos do Direito do Consumidor, Centro de Direito do Consumidor, n.º 1, 1999, p. 46.

[57] Cfr. José Oliveira Ascensão, *O Anteprojecto do Código do Consumidor e a Publicidade*, EIDC, Volume III, Instituto de Direito do Consumo, FDUL, p. 9 e p. 13 ss. e António Pinto Monteiro, EDC, n.º 4 – Coimbra 2002, Publicação do Centro de Direito do Consumo, pp. 130-131.

Mas, sem dúvidas, neste processo de evolução tem de se tomar por base algumas medidas governamentais portuguesas no período anterior ao ano de 1975. Assim, de entre outras normas de ordem pública, figuram: o Decreto-Lei 41 204, de 27 de Julho de 1954, que condensou a legislação até então dispersa sobre crimes contra a saúde pública e delitos anti-económicos, bem como a Lei n.º 1/72, de 24 de Março, estabelecedora das bases sobre a defesa da concorrência. No entanto, esta última nunca foi regulamentada[58].

De outro lado, não se afasta a incidência de normas aparentemente proteccionistas no Código Penal de 1886 (ainda vigente em Angola) contra determinadas práticas comerciais ilícitas. Disposições sobre a matéria são previstas nos artigos 248.º e 251.º: proíbem a venda ou exposição de substâncias venenosas e abortivas, bem como a alteração à genuinidade dos produtos alimentícios destinados ao consumo público, respectivamente. A par destes dispositivos, cita-se também o artigo 275.º (Recusa da venda de géneros para uso público) e o artigo 456.º (Fraude nas vendas).

Outras previsões normativas são identificadas no Código Civil de 1966. Por exemplo, apontam-se os artigos 227.º, 239.º e 762.º n.º 2, entre outros, que nos conduzem ao princípio da boa-fé; o artigo 334.º aplicável aos casos de abuso do direito, bem como o artigo 437.º (alteração anormal das circunstâncias do contrato) e os artigos 500.º e seguintes (responsabilidade sem culpa).

Como se observa, são normas esporádicas e pouco direccionadas a resolver os desafios diários na sociedade de consumo.

Na realidade, não existia um compromisso do Estado, directo e efectivo, com a defesa do consumidor no território português. Com efeito, as hipóteses de protecção do consumidor não se encontravam presentes, afora isolados dispositivos, sendo então estes uma excepção[59].

---

[58] Cfr. Mesa Redonda, *A Concorrência e os Consumidores*, Série "Estudos e Documentos", Conselho Económico e Social, Lisboa, 2001, p. 36 e Carlos Ferreira de Almeida, *Os Direitos dos Consumidores...*, ob. cit., p. 41.

[59] Como nos dizem Jorge Morais Carvalho e Maria França Gouveia, "A defesa do Consumidor antes da Revolução de 1974 era incipiente em Portugal." in *Conflitos de Consumo*, Almedina, 2006, p. 14, nota 7. No entanto, genericamente, fazemos referência a algumas intervenções administrativas através dos seguintes diplomas: Decreto-Lei n.º 30 175, de 29 /8/1940 (Regula a venda de produtos com a designação de café); o Diploma Legislativo n.º 4 163, de 30 de Setembro de 1971, que regulamenta o fabrico e comer-

Mas, em contraponto a esta letárgica atitude normativa, despontou um movimento que, em Fevereiro de 1974, criou a Associação Portuguesa para a Defesa do Consumidor, com posições bem definidas em torno dos objectivos já iniciados noutros Estados europeus[60]. Esta conquista social foi o presságio de cruciais mudanças pela apropriação efectiva por todos do conjunto de direitos políticos, civis, sociais e económicos.

3.2. Após a independência nacional

I. A legislação proclamada depois da Independência Nacional não dignificou as matérias de defesa dos direitos e interesses dos consumidores. Em termos enfáticos, o legislador limitou-se a dizer, no artigo 58.º da Lei Constitucional de 11 de Novembro de 1975, que as leis e regulamentos já existentes podem vigorar "...desde que não contrariem o espírito (da dita lei) e o processo revolucionário angolano". Este aspecto repercutiu-se sobre a ordem jurídica angolana.

Na verdade, a etapa que vai de 1975-1984 caracterizou-se pela monopolização pelo Governo do sistema de aprovisionamento, bem como pelo exercício do comércio de bens e serviços[61]. Entre aquelas duas datas publicou-se o Decreto Executivo n.º 12/1979, de 23 de Agosto, que impôs a primeira troca de alvarás comerciais; também se promulgou o Decreto n.º 28/82, de 12 de Maio, cujos preceitos regularam o licenciamento de

---

cialização das bebidas fermentadas e seus derivados, com exclusão do vinho e da cerveja; Decreto n.º 66/75, de 25 de Janeiro, que regula os serviços a prestar pelo ramo de Hotelaria e Similares; o Diploma Legislativo n.º 1624, de 7 de Março de 1945, sobre a actividade da Indústria de Panificação. A rigorosidade dos seus dispositivos alcançava pormenores como a espécie de etiqueta aposta nos sacos (artigo 31.º), o revestimento das paredes dos locais de fabrico de pão (artigo 48.º), etc.

[60] Cfr. Jorge Pegado Liz, *Introdução ao Direito e a Política de Consumo...*, p. 67. Porém, estas novas tendências não alcançaram Angola, não sendo alheio a isso o turbulento período nascido na primavera de Abril de 1974. Entretanto, só em 1981 foi criado o Instituto Nacional de Defesa do Consumidor em Portugal.

[61] Criaram-se as empresas públicas de abastecimento "EMPA", com vocação grossista, importadora, retalhista e de gestão da rede de hotéis, restaurantes e similares. Naquele período, também nasceram 131 unidades económicas estatais para garantir o sistema de abastecimento de alimentos, vestuário e os transportes públicos; cfr. *Comércio em Angola*, *ob. cit.*, p. 13.

toda a actividade comercial e de prestação de serviços mercantis; ademais, adoptou-se o Regime de Preços Fixados e mais tarde, da margem de lucro na comercialização de bens e serviços[62]. Porém, como diz Carlos Feijó, "...o sector público representava 70% do universo empresarial..."[63], pelo que a estrutura socio-económica angolana não coincidia, de modo algum, com a tutela dos característicos direitos dos consumidores.

Afere-se, assim, a prevalência exclusiva de formas de acção em nada convergentes com um sistema de defesa dos vulneráveis nas relações jurídicas de consumo. À luz das opções político-ideológicas, distantes da economia de mercado, não existiam pressupostos aptos para fazer desabrochar tais iniciativas. Manifestamente, a expansão tentacular do Estado cedeu lugar à adopção de instrumentos legais e ao estabelecimento de instituições submetidas ao poder central para reger todas as modalidades de consumo[64].

II. Num segundo momento (1985-1995), surge uma nova perspectiva (mesmo no plano constitucional)[65] e dá-se a abolição do monopólio

---

[62] As competências fiscalizadoras eram asseguradas por um Departamento de Controlo instituído pelo Decreto n.º 42/77, de 12 Maio. No ano seguinte, este desempenho foi atribuído à recém-criada Direcção Nacional de Inspecção das Actividades Comerciais, por força do Decreto n.º 85/78, de 1 de Julho. Antes eram titulados pelo Ministério do Comércio Interno.

Depois, face à emergente situação para disciplinar estas actividades, nasce em 1981 a Direcção Nacional de Inspecção e Investigação das Actividades Económicas (Decreto n.º 80/81, de 18 de Setembro), tutelada pelo Ministério do Interior. Portanto, transformou-se aquele serviço numa força policial para aplicar medidas criminais. Como se vê, o consumidor era defendido através de regras administrativas em articulação com determinados organismos de ordem pública para regular a vida económica sectorial.

[63] *Problemas actuais de Direito Público Angolano, Contributos para a sua Compreensão*, Principia, Publicações Universitárias e Científicas, 1ª edição, Outubro 2001, p. 124.

[64] Com clara expressividade, Carlos Ferreira de Almeida oferece breve apontamento sobre a visão dos defensores da economia colectivista relativamente à protecção do consumidor; cfr. *Os Direitos dos Consumidores*, Livraria Almedina, p. 225. De outro lado, posicionando as obras no respectivo tempo em que foram escritas, Nelson Nery Jr. e Comparato Fábio Konder apontavam a inexistência de protecção do consumidor nos países que não perseguiram os princípios da economia de mercado; apud, Eduardo António Klausner, *ob. cit.*, p. 37, nota 38.

[65] Neste plano destaca-se uma primeira revisão constitucional, aprovada pela Lei n.º 12/91, de 6 de Março, que veio a ser aprofundada mediante a Lei de Revisão Constitucional n.º 23/92, de 16 de Setembro, criadoras de premissas constitucionais para implementação dos princípios da economia de mercado.

estatal enunciado no Decreto n.º 28/82, de 12 de Maio. Renasce a privatização da rede comercial a todos os níveis e adoptam-se novas formas sobre o Licenciamento da Actividade Comercial e de Prestação de Serviços Mercantis (Decreto n.º 30-I/92, de 7 de Agosto e n.º 35/98)[66].

Em suma, pelos critérios daquela época, as políticas públicas não construíram medidas governamentais relacionadas com interesses reais e efectivos dos consumidores. Inexistia uma base legal específica; verdade seja dita, somente por via indirecta e diminuta se visualizavam contornos nesse sentido.

De resto, nas descritas fases, os objectivos comuns das instituições estatais eram partilhar responsabilidades na restrita aquisição de um leque insuficiente de produtos (em grande parte importados), à luz de rigorosa racionalização[67].

Com a alteração dos princípios rectores do sistema político e sócio-económico na década de 90 (adopção dos ditames da economia de mercado), fez-se vicejar um modelo de Estado diferente relativamente aos antecedentes imediatos de protecção do consumidor[68]. De facto, as escolhas

---

[66] Assinala-se também a publicação da Lei n.º 05/87, de 23/02/1987 – Regulamento de Sanidade, que reprime o acondicionamento ou armazenamento de produtos alimentícios deteriorados que se apresentam com indícios impróprios para consumo público (artigo 47.º); sanciona a venda de produtos alimentares expostos e desprotegidos de toda e qualquer conspurcação e contaminação (n.º(s) 1 e 2 do artigo 54.º) e proíbe a comercializar, expor a venda ou transportar e deter quantidade de medicamentos, produtos farmacêuticos ou drogas medicinais, sem que para tal esteja competentemente autorizado (n.º(s) 1, 2 e 3 do artigo 66.º . Este diploma legal era uma reacção administrativa às péssimas condições de venda ao consumidor dos variados produtos alimentares. Dá-se também realce à adesão de Angola à Comissão do *Codex Alimentarius Internacional*, em 4 de Janeiro de 1990, como 138.º membro. O objectivo desta organização consiste em proteger a saúde dos consumidores e garantir a aplicação de práticas correctas no comércio alimentar.

No entanto, só em 22 de Março de 2003 (Despacho Conjunto n.º 20/03, dos Ministérios da Agricultura, Comércio, Indústria, Saúde, Pescas e Defesa Nacional) se formalizou a comissão instaladora do Codex Angola e se criou o Comité Nacional por Decreto do Conselho de Ministros n.º 58/03, de 3 de Maio.

[67] Para melhor aprofundamento da abordagem por nós feita, cfr. *ABC Comercial*, 1.º Encontro Nacional Sobre O Comércio Em Angola, Direcção Nacional do Comércio Interno, Ano I, n.º 2, Novembro 2000, pp. 18 ss.

[68] Cfr. Carlos Feijó, *ob. cit.*, p. 126. De um modo geral, o carácter gradual das reformas deu sequência à primeira Lei dos Investimentos Estrangeiros (Lei n.º 13/88 de 16 de Julho), que visou captar meios financeiros, técnicos e humanos para o desenvol-

de novas estratégias de desenvolvimento afastaram os principais "constrangimentos institucionais e políticos", como defende Carlos Feijó[69].

III. O novo horizonte legislativo marcou uma nítida descontinuidade com o passado e foi o embrião das actividades tendentes a proteger o consumidor.

Neste cotejo, surge pela primeira vez um delineamento dos direitos do consumidor para defesa de seus interesses na relação com os fornecedores de energia eléctrica (artigo 12.º da Lei n.º 14-A/96, de 31 de Maio – Lei Geral de Electricidade)[70]. Em abono da verdade, neste instrumento não se distingue o consumidor final ou o que reverte em lucro o consumo de electricidade, mas as medidas contidas na lei, no fim de contas, sempre alcançam o típico consumidor.

Na verdade, ao impor a todos os fornecedores obediência às mesmas regras na prestação daqueles serviços, reconhece-se uma notada contribuição para o mercado das relações de consumo.

Então, de algum modo pode-se afirmar que o quadrante da vida jurídica angolana começou a deslocar-se no tempo a caminho de um direito protectivo de maior significado.

Neste passo, aprova-se a Lei n.º 9/02, de 30 de Julho – Lei Geral da Publicidade, DR n.º 60. Sem hesitações, aqui impõe-se a proibição de comportamentos lesivos dos interesses do consumidor, particularmente

---

vimento da economia. Neste mesmo sentido, definiram-se novos princípios para reger a actividade económica através da Lei n.º 10/88, de 2 de Julho (Lei das Actividades Económicas) e definiram-se critérios para redimensionar o sector empresarial do Estado, mediante o Decreto n.º 34/89, de 15 de Julho. Anos depois, publicou-se a Lei das Privatizações (Lei n.º 10/94, de 31 de Agosto) que permitiu transferir empresas estatais para o sector privado e incentivou o surgimento de formas de associação entre o Estado e particulares.

Estas acções visaram fornecer um quadro jurídico favorável aos objectivos constitucionalmente traçados.

[69] *O Novo Direito da Economia de Angola*, Legislação Básica, Almedina, 2005, pp. 10 ss.

[70] O artigo 12.º da Lei Geral de Electricidade (Secção II – Consumidor), descreve os direitos de beneficiário de energia eléctrica (al. a)), tida como serviço público essencial. Aquele preceito confere ainda o direito de ser indemnizado pelo fornecedor por danos causados pela falta de qualidade e continuidade do bem, embora aponte algumas excepções (al. b)); o direito à não discriminação frente a outros consumidores da mesma classe de consumo (al. c)); e o direito à informação sobre as medidas gerais de segurança e exigências técnicas no uso das instalações eléctricas (al. d)).

nos artigos 12.º e 17.º⁷¹. Mas, francamente, isso não era suficiente. Exigia-
-se fixar uma definição de consumidor com fronteiras delimitadas e firmes.
Sem ignorar, porém, a necessidade de se instituir uma disciplina regulativa
para encarar e resolver as múltiplas questões suscitadas nas relações de
consumo. Inequivocamente, naquela data, o consumidor desconhecia
os seus amplos direitos. Não havia base legal para concretizá-los nem se
faziam distinções pertinentes e precisas, viáveis a dotá-lo de instrumentos
específicos de protecção. O tratamento ainda era indiferenciado.

Por isso, no quadro dos ampliados e reconhecidos direitos estabelecidos pelas Nações Unidas, cria-se a Lei n.º 15/03, de 22 de Julho,
sobre a Defesa do Consumidor[72]. A situação toma novo rumo. Este diploma
legal consagra e estabelece um amplo regime jurídico em defesa do consumidor (nomeadamente Princípios Gerais, Direitos do Consumidor, Prevenção e Reparação de danos, Protecção Contratual, Práticas Comerciais
e Defesa do Consumidor em juízo)[73]. Então, como se observa, esta é a verdadeira origem dos direitos básicos do consumidor em Angola. Escusado
será acrescentar que a indicada lei é uma valiosa base, no respeitante à
precedente legislação nestas matérias, pois são normas que criam direitos
cuja natureza admite larga interpretação, força aplicativa e têm extensa
influência em todo o campo negocial[74]. De um modo geral, é uma

---

[71] O artigo 12.º veda a publicidade que atenta contra os direitos do consumidor; o artigo 17.º inibe comportamentos publicitários prejudiciais à saúde e segurança do consumidor, em virtude de inexistente ou insuficiente informação sobre a perigosidade dos produtos, bem como actos atentatórios ao ambiente. Nesta etapa instituiu-se também a Lei de Bases das Telecomunicações (Lei n.º 8/01 de11 de Maio), que enfatiza a necessidade de um quadro legal para assegurar a prestação de serviços com qualidade e preços acessíveis aos usuários.

[72] A nova Lei de Defesa do Consumidor foi inspirada nas correspondentes leis portuguesa e brasileira.

[73] Em reforço das medidas proteccionistas dos consumidores e para se concretizar esses objectivos, publicou-se o Decreto n.º 94/02, de 14 de Dezembro, que estabelece regras da importação, entrada, uso e produção de qualquer variedade de sementes e grãos transgénicos ou organismos geneticamente modificados. Também está na forja um Anteprojecto sobre Rotulagem e Especificações Técnicas dos Produtos.

[74] O sentido pleno destas afirmações é corroborado por Luís Menezes Leitão quando manifesta que "o desenvolvimento legislativo da protecção do consumidor tem vindo, porém, a perturbar a tradicional quietude do Direito Civil nestas matérias..."; in Estudos em Homenagem ao Professor Doutor Inocêncio Galvão Telles, Volume I, Direito Privado e Vária [separata], Almedina, p. 263.

evolução que se opera no direito privado, intimamente relacionada com o momento vivido pela sociedade angolana, tendo especial incidência numa área social revestida de enorme sensibilidade, a do consumo.

Outro avanço significativo foi a criação da Lei das Cláusulas Gerais dos Contratos (Lei n.º 4/03, de 18 de Fevereiro), cuja finalidade visa regular os contratos pré-elaborados, nos quais há a predominância exclusiva de singular vontade dirigida a uma indeterminada colectividade de pessoas. Versa aspectos relevantes contra as desigualdades nas relações de consumo e na contratação privada em geral. Na verdade, tem ampla aplicação, nomeadamente quando observamos que a sociedade contemporânea é uma sociedade de massas, na qual se destacam os contratos pré-redigidos, onde se reduz ou neutraliza a possibilidades de prévia negociação das condições contratuais.

Porém, a nítida orientação proteccionista do consumidor no cenário económico angolano face à frenética abertura do mercado animou o legislador a criar, anos antes, o Instituto Nacional de Defesa do Consumidor (INADEC), através do Decreto n.º 5/97, de 25 de Julho (DR n.º 35, I Série), do Conselho de Ministros[75]. Tutelado pelo Ministério do Comércio, destina-se a promover a política de salvaguarda dos direitos dos consumidores. Este órgão especializado tem em sua nova função estruturas para exercer e sustentar os específicos fins de controlo público do fornecedor.

Desde então, surgiu a primeira Federação Angolana de Associação de Consumidores (FAAC), publicada no Diário da República, III Série, n.º 26 de Abril de 2003.

Tal instituição está ligada a diferentes associações de consumidores, sem contudo manterem qualquer vínculo jurídico com a dita federação, a exemplo a Associação de Defesa do Consumidor (ADECOR).

Assim, o movimento associativo está a dar os primeiros passos; mas, a sensibilidade de recepção ou a potência para divulgar as suas acções aguarda directas e convincentes práticas junto das largas camadas de consumidores.

---

[75] Porém, somente em 2003 (Decreto n.º 9/03, de 3 de Março, DR n.º 17, I Série) foi aprovado o estatuto orgânico do INADEC. De consequência, para prestar um melhor serviço ao consumidor, foram criados os Núcleos Provinciais do Instituto Nacional de Defesa do Consumidor (NP/INADEC), ao abrigo do Decreto Executivo n.º 98/05, de 24 de Outubro, DR n.º 127, I Série, com dependência directa da Direcção Nacional, perseguindo os mesmos fins a nível provincial.

CAPÍTULO III
O ESTADO E A DEFESA DO CONSUMIDOR

1. Breve relato

Nos nossos dias, os desequilíbrios nas relações de consumo não trazem somente efeitos de natureza económica, mas principalmente de âmbito social. Estes são fortemente influenciados pelo capitalismo vigente, reflexo do processo de globalização enfrentado na sociedade contemporânea.

O aludido fenómeno tornou-se latente em Angola logo após o fim do conflito armado. Recorde-se que o mercado interno era antes restrito à venda de produtos essenciais. Por ser assim, o consumidor, privado de exercer os seus direitos por razões históricas e sem cultura do consumo, não se apresenta capaz de desempenhar papel actuante contra prejudiciais desequilíbrios, cada vez mais dramáticos. Na realidade, o movimento geral de liberalização das políticas comerciais, recentemente iniciado, activa e desata tensões sociais, de forte repercussão nos interesses socio--económicos da massa geral de consumidores.

Derivado desses factores histórico-sociais, surge o legislador a incentivar mudanças de mentalidade diante dos persistentes desequilíbrios, para, mediante vantagens estabelecidas na ordem jurídica, suprir as específicas debilidades do consumidor na prática quotidiana.

Importa então dizer que, em decorrência do seu primitivo desenvolvimento industrial, Angola se encontra em estágio embrionário no respeitante à tutela das situações jurídicas de consumo. No entanto, pressupostos nocivos resultantes do designado mercado global sobressaem no nosso país com tamanha inquietação nos últimos anos e alcançam violentamente os menos aptos por natureza – os assinalados consumidores finais.

Mas voltando mais atrás, após a Independência Nacional, o consumidor era defendido com fortes medidas criminais, através da Lei dos Crimes Contra a Economia[76]. Nesta, enunciavam-se regras de salvaguarda da saúde pública e dos delitos anti-económicos, no demarcado âmbito da comercialização de bens e serviços.

Porém, depois de 1992 (IIª República), começou a surgir na nossa ordem jurídica o carácter despenalizado dos crimes económicos. Assim, a reacção penal tornou-se um meio de último recurso em sede da intervenção do Estado nas relações de consumo.

Apesar desta nova mentalidade apresentar características fundamentalmente diversas daquelas isoladas manifestações de protecção, deixou inteiramente de lado a inscrição nominativa dos Direitos do Consumidor na actual Lei Constitucional.

Como consequência, o texto daquela lei não positivou directamente normas sobre relações de consumo.

Não obstante, a Lei Fundamental propicia a todos os cidadãos existência digna, ao proteger o bem estar e sua qualidade de vida (artigo 9.º), os interesses económicos (artigo 10.º), a vida privada (artigo 20.º), a integridade física (artigo 22.º , n.º 1), o direito a um ambiente saudável (artigo 24.º , n.º 1), a participação em associações (artigo 32.º, n.º 1), a possibilidade de instar as autoridades judiciais por lesão de seus direitos (artigo 43.º), a protecção à saúde e segurança física (artigo 47.º, n.º(s) 1 e 2), bem como o direito a instrução (artigo 49.º , n.º 1). Por conseguinte, as inferências sobre a defesa do consumidor são traçadas a partir destes preceitos.

Decerto, pode-se encontrar larga invocação em outras normas constitucionais se afastarmos os apriorismos formalistas na base de uma ilação lógica.

Na verdade, os textos legais assumem, por força da interpretação, contornos que jamais os elaboradores seriam capazes de prever.

---

[76] Para o efeito, criou-se a Lei n.º 57/76, de 3 de Julho. Mais tarde, este diploma legal foi considerado insuficiente e inadequado e passou a vigorar a Lei n.º 9/89, de 11 de Dezembro (Lei dos Crimes Contra a Economia). Naquele momento particularmente difícil, o Estado impôs sérias medidas penais contra os comportamentos anti-económicos. Porém, o cenário nacional do pós-guerra impôs modificações profundas no país. Assim, aprovou-se a Lei n.º 13/03, de 10 de Junho (revogação parcial da anterior), que deu ênfase a medidas punitivas mais brandas, privilegiando as penas de multa.

Assim, dentro do espírito contemplado na Lei Fundamental, não se afasta a incidência de normas proteccionistas do consumidor[77], ainda que estas tenham uma disciplina traçada por legislação especial.

1.1. *A nova realidade da protecção do consumidor angolano*

O alarme indicativo de mudanças à vista, como já afirmado, verificou-se com a aprovação da Lei de Revisão Constitucional n.º 23/92, de 16 de Setembro. Esta contém os grandes pontos de apoio em benefício da génese e evolução do direito do consumidor.

Daqui deflagraram uma multiplicidade de iniciativas para limitar eventuais abusos nas relações de consumo e, gradualmente, começou-se a falar em "sociedade de consumo"[78].

Nesta senda, entrou em vigor a Lei n.º 15/03, de 22 de Julho (Lei de Defesa do Consumidor), poderoso instrumento de protecção do consumidor a nível nacional e local.

O sistema de protecção instituído está composto de um complexo normativo especial em que se define um regime próprio para a defesa do consumidor. Neste são fixados os princípios básicos, os bens jurídicos a proteger, o sistema institucional de controlo e fiscalização, bem como o sistema privado de defesa; vedam-se condutas e disposições contratuais consideradas abusivas e reprimem-se todas as práticas contratuais atentatórias dos interesses dos consumidores; prevêem-se mecanismos individuais e colectivos de reacção possível, para além de se instituírem meios processuais mais adequados a recuperar o equilíbrio social em que se legitimam órgãos públicos e associações para o seu exercício; em consequência, são enunciadas e ordenadas medidas punitivas contra os efeitos dos abusos e lesões do consumidor e é tornada factível a percepção de indemnização pelo lesado, formulando-se feição própria à responsabilidade civil nas relações de consumo.

---

[77] Dá-se como exemplos os artigos 18.º (que inibe as desigualdades sociais) e 136.º n.º 2, que configura uma tutela específica da Procuradoria-Geral da República em defesa dos interesses determinados por Lei.

[78] Recorde-se que o movimento associativo em defesa do consumidor surgiu muito antes da aprovação da identificada Lei de Defesa do Consumidor. Isto foi possível graças às marcantes alterações à Lei Constitucional que permitiram publicar pela primeira vez em Angola a Lei das Associações (Lei n.º 14/91, de 11 de Maio).

Assim, os constantes desequilíbrios que a massa geral de consumidores, principalmente os menos avisados, sofre pelos reflexos negativos decorrentes das desigualdades fácticas, tem agora um complexo de normas que sujeita as entidades públicas ou privadas, na qualidade de fornecedores de bens e serviços, a pautarem as suas acções de acordo com os princípios éticos da honestidade, lealdade e boa fé.

A lei estabelece normas cogentes, ou seja, inderrogáveis por vontade das partes e a sanção é a nulidade do acto.

Verifica-se ainda no regime normativo, o respeito pela vida, saúde e segurança física; o incentivo à educação, a par da correspondente divulgação das regras proteccionistas; a obrigatoriedade de informação adequada e clara sobre as características, qualidade, composição, preço, garantia, prazo de validade dos produtos e serviços, bem como a técnica de inversão do ónus da prova em proveito do consumidor; é igualmente disciplinada a publicidade de produtos e são defnidos e regulados os contratos padronizados, sem rejeitar a modificação de cláusulas onerosas.

Não se limita o legislador às supramencionadas situações jurídicas, pois também faz consignar no seu texto normas que acolhem outros direitos reconhecidos aos consumidores, decorrentes de tratados, convenções, regulamentos administrativos e dos derivados de princípios gerais de direito, analogia e equidade (n.º 2 do artigo 4.º).

Em suma, o estabelecimento das medidas descritas fez nascer normas e princípios próprios, dada a peculiaridade deste novo Direito, a fim de se alcançar uma realidade social mais justa. Pois, as "...suas regras tutelares configuram contrapartida à liberdade irrestrita do mercado, na exacta medida do espaço de humanização dos sujeitos consumidores"[79].

1.2. *A relevância social da protecção do consumidor*

I. A nossa LDC não visa assegurar a neutralidade, mas a equivalência nas relações de consumo. Dos seus princípios, depreende-se nitidamente a orientação proteccionista do consumidor. Porém, em regra, a força para propósitos económicos é um potencial meio vulgarmente utilizado pelo fornecedor. Este usa-o, vezes sem conta, nas relações com a parte mais

---

[79] Veja-se Paulo Luiz Netto Lobo, in Estudos de Direito do Consumidor, Centro de Direito do Consumo, FDUC, n.º 3, Coimbra, 2001, p. 25.

débil, a ponto de manipular as suas necessidades humanas. Claramente, este poderio económico leva o interesse do consumidor a ser sacrificado.

Isto impõe a necessidade de neutralizar a sua vulnerabilidade, mediante protecção jurídica, justamente para superar a franca desigualdade no mercado[80]. Este é o papel da lei: limitar os fortes em defesa dos mais fracos, mesmo quando a contraparte está constituída para prestar serviços públicos, como se infere do n.º 6 do artigo 3.º da LDC[81].

Todavia, nesta relação de opostos (fornecedor/consumidor) se explica que a debilidade não é socio-económica, mas jurídica. Ela "...provém da falta de capacidade efectiva de negociações, isto é, de incidência no clausulado do contrato"[82] na aplicação da LDC como meio eficaz de protecção da parte vulnerável. Na aplicação da LDC como meio eficaz de protecção da parte vulnerável, tem-se então em vista o negócio jurídico, enquanto relação de consumo. Este entendimento fixa-se naquele consumidor padrão, que está no fim da cadeia produtiva, cuja fraqueza ou ignorância, do ponto de vista jurídico, justifica ter o benefício da lei.

Com efeito, a finalidade é tutelar juridicamente as deficiências negociais do consumidor face à real superioridade do fornecedor[83].

Sobre esse aspecto, há quem revele que, em dado momento histórico (na segunda metade do século XX), os textos legais, no tocante às controvérsias de consumo, "...referem-se paradoxalmente a indivíduos portadores de um estado jurídico forte e uma condição económica, cultural e social cheia de fragilidades"[84].

---

[80] Curiosamente, a LDC angolana, em momento algum faz referência expressa ao princípio da vulnerabilidade; porém, de maneira implícita, subentende-se a sua presença em todo o contexto normativo.

[81] O legislador também se refere à possibilidade de pessoas jurídicas de direito público poderem exercer o papel de fornecedor, razão pela qual as sujeita a todo o conteúdo normativo da LDC.

[82] Cfr. Ruy Rosado de Aguiar Júnior, in Revista de Direito do Consumidor, Ano 12, Outubro – Dezembro de 2003, Editora Revista dos Tribunais, p. 243.

[83] Vê-se no preâmbulo da LDC que a primeira preocupação do legislador foi tutelar esse fim: "O estabelecimento de uma política dinâmica que promova os interesses dos consumidores no mercado..."; mais pretendeu criar "...um sistema de protecção do consumidor em que se especifique as responsabilidades dos fornecedores para assegurar que os bens e serviços satisfaçam os requisitos normais de consumo, durabilidade, utilização e fiabilidade e sejam aptos para o fim a que se destinam...". É uma novidade que altera as bases do nosso direito e supera velhos princípios do ordenamento jurídico.

[84] Cunha Rodrigues, in Estudos de Direito do Consumidor, Centro de Direito do Consumo, n.º 1, Coimbra, 1999, p. 57.

Não se questiona este raciocínio, quando colocados frente aos propósitos políticos do legislador no pós – IIª Guerra Mundial. Já atrás se evidenciou a deflagração naquela época de uma verdadeira revolução de âmbito normativo em defesa do consumidor. No entanto, seja como for, o espectro da infidelidade do fornecedor sempre paira nos negócios de consumo e os inexoráveis desequilíbrios seguramente não deixaram de ter grande intensidade, apesar de confortados no facto de existir o modelo de Estado Social, em sintonia com uma dimensão de justiça contratual susceptível de corrigir as situações de desamparo dos consumidores.

Além disso, não nos devemos abstrair do facto de, na prática rotineira, o destinatário final dos bens e serviços não ter condições de conhecer o negócio, encontrando-se sob esse directo efeito em qualquer ambiente económico, independentemente da posição (privilegiada ou não) de cada parte envolvida.

Por seu turno, no direito comparado (o brasileiro) não passa despercebido aos nossos sentidos o perigoso encosto da "hipossuficiência"[85] à vulnerabilidade.

Obviamente, há que ponderar a interpretação teleológica dos dispositivos da LDC, de modo a não enfraquecê-los. Neste rumo, não suscita controvérsia dizer que o consumidor é o pólo frágil do conflito com os fornecedores. Mas, o requisito de reconhecimento do princípio da vulnerabilidade, no âmbito de incidência da LDC, encara-se no significativo fundamento da falta de conhecimentos específicos da parte mais débil, retirando-se daí a existência do regime protectivo.

II. Declaradamente, a opção do legislador tem como escopo prioritário defender a manifesta desigualdade negocial do consumidor[86], podendo dizer-se, com Cláudio Castello de Campos Pereira, que "na vulnerabilidade do consumidor está, portanto, fundada a necessidade da regulação (e intervenção) estatal nas relações de consumo"[87].

Porém, colocar o consumidor na posição de hipossuficiente nas relações de consumo, de modo condizente com a sua vulnerabilidade

---

[85] Diz-nos Ada Pellegrini Grinover que o vocábulo foi trazido a estas matérias pelo direito italiano; apud, José Fernando Simão, *ob. cit.*, p. 33 nota 12.

[86] Cfr., especialmente, os n.º(s) 1 e 2 do artigo 2.º da LDC.

[87] Cfr. Cláudio Castello de Campos Pereira, *A Inversão do Ónus da Prova como Instrumento de Efectividade na Prestação da Tutela Jurisdicional dos Interesses dos Consumidores*, Revista da Faculdade de Direito, S. Paulo, Volume 97, 2002, p. 387.

jurídica, é assemelhar as duas terminologias[88,89], de modo a transportar os direitos do consumidor para outro contexto, modificando-se os limites do sistema protectivo.

Por isso, na contenção destes excessos, há que defender "...que as expressões vulnerabilidade e hipossuficiência não se confundem"[90]. Na verdade, podemos até dizer que o irmão dilecto da vulnerabilidade é a hipossuficiência, pois estão "...aproximadas pela constatação de desvantagem do consumidor em relação ao fornecedor"[91]. Todavia, a hipossuficiência "...está relacionada com certos consumidores específicos"[92]. Ou seja, eventualmente coincide a situação de desequilíbrio negocial do consumidor com a sua fraqueza económica[93], pois esta "...corresponde à característica restrita aos consumidores que além de presumivelmente vulneráveis, vêem-se agravadas nessa situação por sua individual condição de carência cultural, material ou, como ocorre com frequência

---

[88] Infere-se esta falta de distinção, por exemplo, na obra de Cláudia Lima Marques, Contratos no Código de Defesa do Consumidor, *O Novo Regime das Relações Contratuais*, 5ª Edição, revista, actualizada e ampliada, Editora Revista dos Tribunais, 2006, p. 886. O mesmo se verifica em algumas instâncias jurídicas europeias; cfr. Jorge Pegado Liz, *Introdução ao Direito...*, ob. cit., p. 222 nota 464. Para melhores comentários sobre esta questão, cfr. André Gustavo C. de Andrade, *A Inversão do Ónus da Prova no Código de Defesa do Consumidor – o momento em que se opera a inversão e outras questões*, Revista do Consumidor, 48, Ano 12, Outubro – Dezembro de 2003, Editora Revista dos Tribunais, pp. 90-91. De contrário, consideramos ser equivalente a "vulnerabilidade", os termos empregues por Thierry Bourgoignie ("a parte contratante mais fraca"); ou a palavra "fraqueza" utilizada por Jean Calais Aulois, bem como a expressão mencionada por Carlos Ferreira de Almeida ("pessoas débeis"); cfr. Jorge Pegado Liz, *Introdução ao Direito do Consumo...*, ob. cit., p. 221-222 nota 464.

[89] Repare-se que os doutrinadores europeus ignoram esta figura nas suas reflexões sobre a matéria. Em nosso ver, consideram-na distante deste Direito. Concordamos plenamente, como se observa nas nossas considerações. No entanto, dá-se conta que num país de elevada pobreza, pode haver a tendência para assemelhá-la à vulnerabilidade. Daqui a nossa acentuada preocupação em face do perigo de se ver afectada a fisionomia do Direito do Consumidor.

[90] Cfr. José Fernando Simão, *Vícios do Produto no Novo Código Civil e no Código de Defesa do Consumidor, Responsabilidade Civil*, S. Paulo, Atlas S.A., 2003, p. 32; Cláudio Castello de Campos Pereira, ob. cit., p. 392.

[91] Cfr. Cláudio Castello de Campos Pereira, *ob. cit.*, p. 392.

[92] Cfr. José Fernando Simão, *ob. cit.*, p. 32.

[93] Também são da mesma opinião Rizzato Nunes e António Gidi, *apud* José Fernando Simão, *ob. cit.*, p. 33.

ambas..."[94]. Este avizinhamento não constitui factor para aferir a mesma realidade na problemática do consumidor[95].

Outras posições não vinculam a hipossuficiência ao desequilíbrio económico entre os contratantes, "mas fundamentalmente com o monopólio, pelo fornecedor, da informação"[96,97]. Na verdade, em si mesma e de maneira restrita, a hipossuficiência situa-se tão só no âmbito da "...pessoa economicamente fraca..."[98] ou "...de parcos recursos económicos..."[99]. Ao ampliar o vocábulo para sentidos mais genéricos, corre-se o risco de retirar eficácia à protecção do consumidor propriamente dito. No entanto, é irrecusável que a falta de informação é o fulcro da fragilidade da parte mais desfavorecida, porém vista na esfera da vulnerabilidade negocial. Certamente, um nível reduzido ou nulo de informação torna impotente o consumidor quanto às suas pretensões[100], o que acarreta menor qualidade de vida e bem estar. Nesta perspectiva, ser vulnerável é não ter condição para dialogar com o fornecedor; ou seja, é estar desprovido de conhecimentos especializados a respeito de determinado produto ou serviço. Esta situação privilegia o fornecedor que subordina o consumidor às suas exigências. Enfim, a hipossuficiência

---

[94] Este trecho é parte da sentença publicada no Caderno Jurídico da Escola Paulista da Magistratura e vem descrito em José Fernando Simão, *ob. cit.*, p. 32.

[95] Como nos dizem Alperim & Chase: "O direito do consumidor não inclui o direito da pobreza..."; *apud* Carlos Ferreira de Almeida, *Direito do Consumo*, *ob. cit.*, p. 28, nota 59.

[96] Cruz e Tucci, *apud* Cláudio Castello de Campos Pereira, *ob. cit.*, p. 392.

[97] Diz-se que a vulnerabilidade pode ser técnica, científica e fáctica, para além de jurídica; cfr. Eduardo António Clauner, *ob. cit.*, p. 43. Somos da opinião de que a densidade da vulnerabilidade jurídica consome a técnica e científica. Porém, a fáctica já emerge da superioridade económica do fornecedor da relação de consumo e aproxima-se da hipossuficiência. Cláudia Lima Marques fala-nos da vulnerabilidade informacional; cfr. *Contratos no Código de Defesa do Consumidor...*, *ob. cit.*, pp. 320 ss. Para nós, o desequilíbrio informacional enquadra-se visivelmente na vulnerabilidade jurídica.

[98] André Gustavo C. de Andrade, Revista do Direito do Consumidor, 48, Editora Revista dos Tribunais, Ano 12, Outubro – Dezembro, 2003, p. 90.

[99] André Gustavo C. de Andrade, *ob. cit.*, p. 90.

[100] A deficiente informação tem mais a ver com a enorme dificuldade do consumidor do dia a dia em obter respostas satisfatórias para efectivação dos seus direitos, face à quantidade excessiva, complexa e não menos escrupulosa de material divulgado sobre bens e serviços, sem conteúdo verdadeiramente útil; cfr. neste sentido, Eduardo Lourenço, *Dever de Informar e Ser Informado, Comunicação e Defesa do Consumidor*, Faculdade de Direito, Instituto Jurídico da Comunicação, Universidade de Coimbra, 1996, p. 98.

haverá de ser encontrada na fraca condição económica do adquirente, mas esta não é relevante na relação jurídica de consumo[101], apesar de se mostrar parente preferido da vulnerabilidade.

Tal projecção alcança a pessoa física, sendo também de atender o ente abstracto juridicamente vulnerável.

Contudo, revela-se indefensável a hipótese de a LDC proteger a pequena ou micro empresa (em regra condicionadas financeiramente) que na sua actividade principal adquire produtos para fins lucrativos num grande centro comercial. De facto, está-se perante um adquirente profissional, capaz de encontrar no direito comum providências para reparar possíveis danos. Efectivamente, as contingências económicas de um sujeito desta natureza não podem justificar a invocação da tutela protectiva prevista na LDC, por inexistir uma relação jurídica de consumo[102].

2. A defesa do consumidor no anteprojecto da Constituição

Em Angola surgiram novos desafios que apelam à redefinição das políticas públicas nas relações de consumo contemporâneas. Em face disso, sobreveio a necessidade do Anteprojecto da Constituição reconhecer a vulnerabilidade do consumidor[103]. Demonstra-se assim, a preocupação

---

[101] Ada Pellegrini Grinover diverge desta posição; no entanto, estreita a hipossuficiência à falta de condições económicas para pagar as despesas judiciais do processo; *apud* José Fernando Simões, *ob. cit.*, p. 33, nota 12. É uma posição excessivamente redutora do termo e acaba por indiferenciá-lo da natureza económica da relação de consumo. Não obstante, para aquela específica situação, existe o direito da assistência judiciária e concomitantemente a isenção do pagamento de despesas judiciais. Mas, logicamente, são questões distintas da vulnerabilidade por nós defendida.

Há quem fale da existência de uma hipossuficiência jurídica do consumidor; veja-se Suzana Maria Pimenta Catta Preta Federighi, *Publicidade Abusiva, Incitação à Violência*, Editora Juarez de Oliveira, 1999, p. 53. A nosso ver, esta é mais uma forma de apresentar a falta de recursos financeiros para sustentar a lide em Juízo.

[102] Deste juízo, o renomado mestre João Calvão da Silva segue, pelo menos de maneira aparente, a posição da LDC proteger a parte "...débil economicamente..."; cfr. *Responsabilidade Civil do Produtor*, Almedina, Coimbra, 1990, p. 60; cfr. ainda autor citado, *Compra e Venda de Coisas Defeituosas, Conformidade e Segurança*, 4ª Edição, Almedina, 2006, p. 119.

[103] A par da vulnerabilidade, José Carlos Vieira de Andrade constata a subalternidade do consumidor no conflito com o fornecedor, produtor ou prestador; cfr. *Os Direitos*

do poder legiferante em assegurar o equilíbrio de forças no circuito económico diante da especialização profissional do fornecedor[104,105].

Como observa Eike Von Hippel: "Quem em direito reflectir sobre a defesa dos mais fracos, depara imediatamente com o tema da Defesa do Consumidor"[106]. O Anteprojecto consolida esta posição. Marcadamente, promove a justiça social, ao adoptar disposições de natureza protectora neste domínio – disposições essas que encontram pleno resguardo e tutela em normativas constitucionais.

Com efeito, a protecção do consumidor é citada em quatro oportunidades distintas. Primeiramente, no Capítulo I do Título II, que trata dos Direitos, Liberdades e Garantias Fundamentais (artigo 41.º – Direitos dos Consumidores).

O n.º 1 deste artigo (Capítulo I – Direitos e Liberdades Individuais e Colectivas) consagra diferentes aspectos específicos de protecção: qualidade dos produtos de consumo, educação, formação, bem como a saúde, respeito pelos interesses económicos e a indemnização de danos.

Por seu turno, o n.º 2 sujeita a publicidade a não conter mensagens atentatórias dos direitos dos consumidores. Por fim, o n.º 3 valora a necessidade de protecção do consumidor, de acordo com o fixado na lei.

Assim, potencia-se o reconhecimento de circunstâncias bem definidas, permitindo-se ao intérprete examinar o seu conteúdo como um padrão fixo de inexorável aplicação. A coerência desta reflexão advém do significativo confinamento a que se remetem outros bens protegidos por norma constitucional, face à protecção dos direitos, liberdades e garantias do consumidor[107].

---

dos Consumidores como Direitos Fundamentais na Constituição Portuguesa de 1976, EDC, Centro de Direito do Consumo, Faculdade de Direito, Universidade de Coimbra, n.º 5, 2003, p. 143.

[104] A situação em Angola já nos leva a reconhecer que certos grupos de consumidores devem ser considerados hipervulneráveis, pois a sua qualidade de vida está comprometida perante as difíceis condições que lhes impõe o mercado, terminado o último ciclo de guerra.

[105] Cumpre aqui realçar as palavras do professor António Pinto Monteiro: "Proteger o consumidor vem sendo uma das grandes "cruzadas" dos tempos modernos" – *Comunicação e Defesa do Consumidor*, Conclusões do Congresso, Comunicação e Defesa do Consumidor, Instituto Jurídico da Comunicação, Faculdade de Direito, Universidade de Coimbra, 1996, p. 489.

[106] Apud Jorge Pegado Liz, *Conflitos de Consumo, uma Perspectiva Comunitária de Defesa dos Consumidores*, Prémio Jacques Delors, Melhor Estudo Académico sobre Temas Comunitários, Centro de Informação Jacques Delors, Lisboa, 1998, p. 21.

[107] Neste sentido, cfr. José Carlos Vieira de Andrade, *ob. cit.*, pp. 153-154.

Por outro lado, o artigo 84.º (Capítulo III, Garantias dos Direitos e Liberdades Fundamentais) tutela o direito de acção popular. Assim, os direitos especiais do consumidor são assegurados por si próprio ou mediante entidade associativa especializada nestas matérias. Ambos estão habilitados a mover acção judicial para verem ressarcidos eventuais prejuízos; configura-se, portanto, uma tutela reparatória de direitos transindividuais, por representarem interesses de uma pluralidade indeterminada de pessoas. Por via disso, aponta-se uma nova etapa de protecção jurídica dos interesses difusos, sobretudo no respeitante aos direitos dos consumidores[108].

A terceira vez que o Anteprojecto menciona de maneira explícita a defesa do consumidor é quando trata dos Princípios Fundamentais da Organização Económica (alínea h) do n.º 1 do artigo 112.º)[109]. Neste âmbito, dá uma dimensão valorativa à eficaz protecção do consumidor e à defesa do ambiente. Este imperativo constitui critério legal na adopção de políticas de ordem económica, pautadas pelos princípios basilares da dignidade humana e da justiça social. Assim, a defesa do consumidor deve ser observada no exercício de qualquer actividade económica, impondo-se o respeito pelos valores transcendentes, seja da personalidade humana seja da vida societária, para manutenção do real equilíbrio na sociedade.[110]

---

[108] Suscitada esta questão, abre-se outra perspectiva no futuro, pela significativa protecção já dada na LDC relativamente aos direitos homogéneos, colectivos e difusos (alínea f) do n.º 1 do artigo 4.º).

[109] A importância e premência, para nos conduzir a um desenvolvimento economicamente equilibrado, foram valorizadas no Anteprojecto de Constituição, ao inserir "Os Direitos e Deveres Económicos, Sociais e Culturais" (Título III). São um conjunto de direitos de terceira geração, de concepção moderna, que cristalizam as nossas futuras opções nestas matérias. Pormenorizando este entendimento, há quem apropriadamente os denomina de "direitos de circunstância", direitos que, elaborados pelo poder constituinte, ingressam no conjunto de direitos fundamentais; cfr. José Carlos Vieira de Andrade, *Os Direitos dos Consumidores como Direitos Fundamentais na Constituição Portuguesa de 1976*, EDC, Centro de Direito do Consumo, n.º 5, Coimbra, 2003, p. 142. Nesta perspectiva, Norberto Bobbio apresenta a seguinte ordem de institucionalização dos direitos fundamentais: primeiramente os direitos de liberdade; mais tarde, os direitos políticos; por fim, os direitos sociais e económicos; cfr. Paulo Luiz Netto Lôbo, *Informação como Direito Fundamental do Consumidor*, EDC, Centro de Direito de Consumo, FDUC, N.º 3, Coimbra, 2001, p. 27.

[110] Segue-se referir que o Anteprojecto prevê assegurar a existência digna a todos ao garantir o abastecimento básico em alimentação, água potável e energia eléctrica (alínea g) n.º 1 do artigo 112.º).

Neste sentido, justamente para salvaguardar a ideia essencial do legislador, o insigne Professor Gomes Canotilho considera terem tais direitos (no conjunto dos outros direitos constantes no indicado artigo) "...a mesma densidade subjectiva dos direitos, liberdades e garantias"[111]. Desta forma, há paridade hierárquico-normativa entre aqueles direitos no plano constitucional[112].

Porém, aquele respeitado autor sempre nos diz que a protecção jurídica destes direitos "...suscita um problema de operatividade prática bastante mais complexo do que o respeitante aos direitos, liberdades e garantias..."[113]. Fica assim evidenciada a dependência da sua aplicabilidade da ressonância de vários factores necessariamente intrínsecos às concretizações económicas e socio-culturais de cada Estado[114,115].

Por último, o artigo 132.º (Política Comercial), no universo dos seus diferentes objectivos, salvaguarda a protecção e defesa do consumidor.

Por conseguinte, o interesse pelos problemas dos consumidores constitui aspecto importante no processo de desenvolvimento económico de Angola, tanto no quadro conceptual como no de implementação das matérias de política comercial, para se alcançar o equilíbrio de forças nas relações de consumo[116,117].

---

[111] Cfr. José Joaquim Gomes Canotilho, *Direito Constitucional*, 4ª edição, Almedina, Coimbra, 1987, p. 511. Veja-se também José Carlos Vieira de Andrade, EDC, Centro de Direito do Consumo, Faculdade de Direito, Universidade de Coimbra, 2003, p. 149.

[112] Para outras considerações, cfr. Adelaide Menezes Leitão, *Tutela do Consumo e Procedimento Administrativo*, EIDC, Instituto de Direito do Consumo, Faculdade de Direito, Universidade de Lisboa, Volume II, p. 126.

[113] *Ob. cit.*, pp. 509-510.

[114] Cfr. a excelente análise do distinto Professor José Joaquim Gomes Canotilho, *ob. cit.*, p. 510 e ss.

[115] Nesta confluência de ilações, certo é que estes direitos não são "...considerados como "direitos naturais", isto é, como manifestações primárias da dignidade da pessoa humana, válidas em todos os tempos, para qualquer indivíduo, por ser pessoa..."; cfr., para outras análises, José Carlos Vieira de Andrade, EDC, Publicação do Centro de Direito do Consumo, Faculdade de Direito, Universidade de Coimbra, n.º 5, Coimbra, 2003, pp. 141 e 148. Contudo, está claramente entendido que a protecção ao consumidor não pode ser uma manifestação de "embelezamento" do texto constitucional.

[116] Angola, no final da década de 80, iniciou reformas na Política Comercial, no quadro da liberalização da economia. A estratégia adoptada persegue os objectivos de gradual crescimento económico e de concretização da sua estrutura. A primeira refere-se

O Anteprojecto tem ainda a virtude de incorporar normas adequadas à satisfação das necessidades dos cidadãos, do respeito e garantia dos direitos fundamentais, da igualdade e justiça social, da concorrência leal, da livre iniciativa económica e do direito de associação, entre outros.

2.1. *Reflexos futuros*

A perspectiva de protecção do consumidor no plano constitucional visa, principalmente, assegurar o bem estar dos cidadãos segundo os ideais de convivência. Junto do tradicional rol dos direitos fundamentais e na perspectiva do direito a constituir, surge agora uma nova tendência: a de proteger o segmento mais débil da sociedade no terreno das relações de consumo.

Notadamente, a configuração do consumidor como sujeito de direitos constitucionais, permitir-nos-á no futuro "...falar numa Constituição do Consumo"[118].

Na verdade, a acção política do Estado orientada economicamente tem na base o fenómeno do consumo.

De consequência, o alcance da garantia constitucional penetra no conjunto dos outros direitos e nos planos inferiores da pirâmide jurídica, criando um espaço mais favorável à função da lei do consumidor.

Em síntese, três aspectos têm singular importância: primeiro, a elevação da defesa do consumidor a princípio constitucional coloca esta

---

ao incremento do comércio externo e da economia em geral. Os objectivos estruturantes assentam em mudanças fundamentais no sistema do comércio para o exterior. Neste contexto, e porque Angola é um país monoprodutor (petróleo), existe um Programa de Relançamento da Actividade Económica direccionado para o bem estar das populações, principalmente no respeitante à segurança alimentar. Para mais aprofundamentos, veja-se *Política Comercial de Angola*, IX Seminário Nacional do Comércio em Angola de 19 de Maio de 2006.

[117] No sentido da reorientação das estratégias que se impõem na actividade comercial, foi aprovada a Lei n.º 1/07, de 14 de Maio (DR n.º 58, I Série). O objecto e âmbito de aplicação visam criar um quadro legal que vise favorecer "... o ordenamento e modernização das infraestruturas comerciais, proteger a livre e leal concorrência entre comerciantes e salvaguardar os direitos dos consumidores estabelecidos por lei" (artigo 1.º).

[118] A expressão encontra-se em Adelaide Menezes Leitão, *Tutela do Consumo e Procedimento Administrativo*, EIDC, Volume III, Instituto de Direito do Consumo, FDUL, Almedina, 2005, p. 126.

matéria num lugar proeminente na economia nacional; segundo, qualquer norma contrária à defesa do consumidor é inconstitucional[119]. Por último, e mais relevante, os efeitos desta consagração constitucional reflectir-se--ão nos interesses de ordem individual contidos no Direito Privado[120].

3. A tríade: consumidor, fornecedor, relação de consumo

O nosso regime normativo estipulou os destinatários principais de seus preceitos: consumidor e fornecedor. Obviamente, a estruturação legal das normas gravita em torno daqueles dois partícipes na relação de consumo.

Assim, a chave para identificar os componentes da relação jurídica de consumo está no domínio dos seus conceitos[121]. Com efeito, ensina o emérito Professor José de Oliveira Ascensão: "Há definições que são indispensáveis para se compreender a matéria regulada"[122]. É um entendimento que reportamos acertado. Sob esse ponto de vista, a qualificação de consumidor é encontrada na relação com o fornecedor[123]. Eles são as fontes da relação de consumo, e desta junção (e só dela) se podem extrair as premissas para construir os conceitos dos intervenientes nos negócios de consumo.

---

[119] Em todo o caso, deixa-se aqui uma breve análise: todas as vezes que a interpretação de uma norma de defesa do consumidor for conduzida no sentido de colidir com os direitos fundamentais naturais, aqueles do tipo originário, tem ela de ser feita de maneira restrita. Aliás, Carlos Ferreira de Almeida, vai mais longe, e nesta intersecção de posições, entende que não se devem tratar "...os direitos fundamentais como tema específico do direito de consumo"; cfr. *Direito do Consumo*, Almedina, 1955-2005, p. 58.

[120] Comunga a mesma opinião Cláudia Lima Marques, *Contratos no Código de Defesa do Consumidor. O Novo Regime das Relações Contratuais*, 5ª Edição, revista, actualizada e ampliada, Editora Revista dos Tribunais, 2006, p. 59.

[121] Como observam Jean Calais-Auloy e Frank Steinmetz: "Définir ces deux catégories, permet à fois de comprende la philosophie de la matiére et d'en tracer des limits"; cfr. *Droit de la Consummation*, Dalloz, 5 Édition, 2000, p. 3.

[122] Cfr. EIDC, *O Anteprojecto do Código do Consumidor e a Publicidade*, Instituto de Direito do Consumidor, Volume III, Faculdade de Direito, Universidade de Lisboa, Almedina, 2006, p. 15. Nesse mesmo sentido, António Pinto Monteiro, EDC, Centro de Direito do Consumo, Faculdade de Direito, Universidade de Coimbra, n.º 4, Coimbra, 2002, p. 133 e Botana Garcia, *Noción de Consumidor En El Derecho Comparado*, RPDC, Dezembro de 1997, n.º 12, p. 355.

[123] Esta é a opinião adoptada, entre outros, por Carlos Ferreira de Almeida, *Os Direitos dos Consumidores*, Almedina, Coimbra, 1982, p. 214.

A) *Critério conceitual de consumidor*[124]

I. A exacta definição legal exige de nós um desmembramento do n.º 1 do artigo 3.º, observando-o por três ângulos: 1) *Consumidor é toda a pessoa física ou jurídica*; 2) *a quem sejam fornecidos bens e serviços ou transmitidos quaisquer direitos e que os utiliza como destinatário final*; 3) *por quem exerce uma actividade económica que vise a obtenção de lucros*.

Evidentemente, a nossa lei parte da premissa do consumidor deter a posição de sujeito activo naquela específica relação de consumo.

Neste passo, dentro de um conceito diferenciado previsto no n.º 1 do artigo 3.º da LDC[125], destaca-se inicialmente a expressão "Consumidor é toda a pessoa física ou jurídica...". A regra consagra de maneira exacta que o vínculo de consumo é estabelecido por um consumidor individualmente considerado. Num primeiro momento, fala-se daquela faixa de pessoas em sentido natural, os seres humanos enquanto tal. Fica assim evidenciado, pela literalidade da lei, tratar-se de uma criatura da espécie humana. Esta pode exercer os direitos outorgados por lei e daqui deriva a especial protecção no ciclo económico.

Como nota, ressalta-se a exclusão do trabalhador do rol de sujeitos activos da relação de consumo (n.º 4 do artigo 3.º, *in fine*).

Realmente, o texto e demais legislação sobre matérias de consumo não se coadunam com os fins e propósitos do vínculo laboral. Nem seria

---

[124] O conceito de consumidor foi primeiramente abordado pelas ciências económicas. Nestas diz-se consumidor aquele destinatário de toda a produção de bens; cfr. Botana Garcia, *Noción de Consumidor En El Derecho Comparado*, RPDC, Dezembro de 1997, n.º 12, p. 354. Carlos Ferreira de Almeida vai mais longe e afirma que "Consumo" e "Consumidor" são encarados com objecto próprio da economia política, quando muito da sociologia, mais adequados todavia a preocupações do quotidiano não normativo e livro de divulgação pedagógica"; cfr. *Os Direitos dos Consumidores*, Livraria Almedina, Coimbra, 1982, p. 207. Por conseguinte, na economia, a noção tem uma natureza conceptual unívoca; contudo, no Direito tem uma natureza conceptual em maior ou menor extensão, de atenção aos valores e objectivos reflectidos em cada ordenamento jurídico. Permite-se, porém, afirmar que a economia não deixa de ser das maiores influenciadoras no desenvolvimento jurídico destas matérias.

[125] N.º 1 do artigo 3.º (Definições e âmbito): *"Consumidor é toda a pessoa física ou jurídica a quem sejam fornecidos bens e serviços ou transmitidos quaisquer direitos e que os utiliza como destinatário final, por quem exerce uma actividade económica que vise a obtenção de lucros"*.

atendível, por exemplo, submeter o trabalho intelectual à tutela dos direitos do consumidor. Neste domínio, vem à tona com especial destaque a protecção da parte economicamente mais débil (o trabalhador), mas ao abrigo das normas do Direito do Trabalho[126].

Depois, a noção legal reconhece a pessoa jurídica como consumidora, por via da reunião de pessoas singulares ou colectivas para legalmente constituírem entidade distinta daquelas que a compõem (sociedade) ou, as formadas por um conjunto de bens (fundação); ambas, em sentido juridicamente considerado. São beneficiárias do complexo normativo e, nestes detalhes, se prevê o benefício de todo o sistema protectivo, verificada a sua autêntica vulnerabilidade[127].

Implica isto que "toda" a pessoa jurídica, ainda que seja uma empresa de grande dimensão, é aceite como consumidora, se enquadrável na definição legal[128]. Mas não é bem assim. A questão suscita controvérsia.

---

[126] Em abono desta posição, veja-se António Lemos Monteiro Fernandes, *Direito do Trabalho, I – Introdução. Relações Individuais de Trabalho*, 6ª Edição, Almedina, Coimbra, 1987, p. 12.

[127] Entretanto, diga-se de passagem que a lei portuguesa sobre esta matéria exclui da noção de consumidor a pessoa jurídica. A mesma opção foi tomada nas Directivas da União Europeia (UE); cfr. João Calvão da Silva, *Compra e Venda de Coisas Defeituosas, Conformidade e Segurança*, 4ª Edição Revista e Aumentada, Almedina, 2006, pp. 117-118.

[128] Paulo Duarte contesta esta posição e declara: "Ou se trata de pessoa colectiva cujo fim obriga a uma dedicação exclusiva ao exercício de uma actividade económica e, então, por força do princípio da especialidade do fim, deve liminarmente pôr-se de parte a hipótese de se estar perante um consumidor"; apud Sara Lancher, *Contratos Celebrados Através da Internet: Garantias dos Consumidores Contra Vícios na Compra e Venda de Bens de Consumo*, EIDC, Instituto de Direito do Consumo, Faculdade de Direito, Universidade de Lisboa, Almedina, Volume II, 2007, p. 155, nota 48. Pois bem, os entes colectivos de grande porte têm o seu especial escopo firmemente delineado, assim como poder económico e negocial para influenciar os fornecedores. Por força disso, João Calvão da Silva oferece um exemplo (mudando o que deve ser mudado) ajustado à discussão; cfr. *Compra e Venda de Coisas Defeituosas, ob. cit.*, p. 120.

Deste entendimento, é que "...parte da doutrina tem vindo a excluir as pessoas colectivas da noção de consumidor"; cfr. Sara Larcher, *ob. cit.*, p. 154. Exactamente, esta é a posição tomada por Elsa Dias Oliveira a respeito da noção de consumidor disposta no Anteprojecto do Código do Consumidor Português; veja-se *Práticas Comerciais Proibidas* EIDC, Volume III, Instituto do Direito do Consumo, Faculdade de Direito, Universidade de Lisboa, Almedina, 2006, p. 176. Porém, somos de seguir a opção do legislador brasileiro, que conferiu protecção legal em diploma específico para as micro-empresas no

De início, a opção legislativa afigura-se demasiado alargada, mas logo de seguida este critério é clarificado pelos actos do ente abstracto. Os bens ou serviços devem ter como destino uma utilização final. É a contrapartida expressa na norma e o fundamento principiológico da figura do consumidor, como veremos em breve.

Mas sempre devemos recordar que o amparo jurídico das regras contidas na LDC resulta da expressiva noção de consumidor, do seu objectivo precípuo, não se impondo forçar uma interpretação distante da vontade do legislador[129,130], embora a sua aplicação exija apreciações precisas no caso concreto. De resto, este novo Direito tem, na sua raiz, a protecção efectiva da parte mais fraca.

Com isto, conclui-se então que a pessoa jurídica é guindada à posição de consumidora por definição legal, adquirindo direitos e protecção naquela específica relação de consumo.

Nesta ampla concepção, o legislador funda o seu ponto de vista naquele sujeito activo "...a quem sejam fornecidos bens e serviços ou transmitidos quaisquer direitos e que os utiliza como destinatário final..." (n.º 1 do artigo 3.º).

O objecto (bem/serviço/ direitos) é que aproxima e faz nascer a relação de consumo. A actividade de fornecimento alcança "qualquer" produto (adquirido, utilizado) ou serviços prestados. Por esta forma, os serviços estendem-se aos órgãos públicos, por si ou por empresas concessionárias, sejam ou não serviços públicos essenciais e mesmo os de natureza puramente administrativa (n.º 6 do artigo 3.º). Para este fim, os conceitos

---

âmbito da sua actividade económica. Veja-se Tiago Machado Freitas, *ob. cit.*, pp. 409-410 e notas 31-32. Contudo, não deixa de ser válida a hipótese de tratar estas situações à luz de um sentido de equidade. Neste sentido, Jorge Pegado Liz, *Introdução ao Direito...*, *ob. cit.*, p. 218.

[129] Como observa João Calvão da Silva, o alargamento do campo das relações de consumo "...corresponderia a estender este novo direito em construção para fora das suas fronteiras naturais, com perda da sua unidade, da sua coerência interna e da sua especificidade, na gula de procurar equivaler-se ao Direito Civil, a fazer lembrar a rã que quis ser boi", *ob. cit.*, p. 40.

[130] No caso presente, há quem defenda que ao incorporar-se no conceito a protecção às pessoas jurídicas, reflexivamente se alcança o consumidor pessoa física. Para outros desenvolvimentos, cfr. Tiago Machado de Freitas, *A Extensão do Conceito de Consumidor em Face dos Diferentes Sistemas de Protecção Adotados por Brasil e Portugal*, EDC, Centro de Direito do Consumo, Faculdade de Direito, Universidade de Coimbra, n.º 5, Coimbra, 2003, pp. 402 e ss.

oferecidos nos n.º(s) 4 e 5 do artigo 3.º da LDC determinam a incidência da norma a todas as relações de consumo. A lei só expurga a prática habitual de uma profissão ou comércio e a actividade de carácter laboral.

Verifica-se então que a palavra "qualquer" vem a significar a totalidade, excepto o expressamente previsto no assinalado artigo.

Entretanto, há quem sugira que a transmissão de direitos é consequência ou resultado produzido por uma relação jurídica. Nesta razão, não se justifica a inclusão no texto da norma[131].

A nossa opinião é no sentido de não questionarmos a tríplice distinção feita pelo legislador, pois certamente soluciona alguns impasses de interpretação no caso concreto.

Nestes termos, não restam dúvidas estar o consumidor ou utente de serviço público beneficiado da tutela da LDC quando ocorra uma relação classificada como de consumo (n.º 6 do artigo 3.º)[132].

Notemos, enfim, que todos os bens, serviços e direitos são o objecto do vínculo negocial. O legislador identifica o "bem" sobre o qual recai o interesse do consumidor. Em sua terminologia ampla e flexível, envolve tanto os do sector primário (agricultura), como os resultantes da actividade ou transformação económica (n.º 3 do artigo 3.º). A par disso, fixa o conceito de serviço a ser prestado no mercado de consumo, mediante remuneração. Este tanto pode ser de carácter público como privado, excepto os decorrentes das relações laborais, como já observamos noutro lugar (n.º 4 do artigo 3.º).

II. De outro lado, como por mais de uma vez se disse, o regime da LDC absorve e restringe-se às relações com os *consumidores finais*. Eis o cerne da questão: conhecer até onde se delimita o subconceito *destinatário final*.

---

[131] Cfr. João Calvão da Silva, *apud* Paulo Duarte, EIDC, Instituto de Direito do Consumo, Volume II, p. 171, nota 104. Contudo, entendimentos contrários enquadram a mencionada expressão para várias operações negociais realizadas no comércio jurídico quando submetidos à LDC; cfr. João Calvão da Silva, *ob. cit.*, p. 171 e Jorge Pegado Liz, *Introdução ao Direito...*, p. 187.

[132] Carlos Ferreira de Almeida tece considerações contrárias a este respeito e entende que não existe acto de consumo na relação entre consumidor e prestador de serviços públicos; cfr. *Os Direitos dos Consumidores*, Livraria Almedina, Coimbra, 1982, p. 209. Não compartilhamos esta ideia. Seguramente os serviços públicos hospitalares prestados a um paciente satisfazem necessidades ligadas à sua sobrevivência, localizando aqui um destinatário final de certo produto ou serviço.

A este respeito, a doutrina comparada divide-se, basicamente, em duas correntes: a finalista e a maximalista.

Para os primeiros, a LDC somente tutela aquele que finda a relação de consumo. Assim, considera consumidor "...o destinatário fáctico e económico do bem ou serviço, seja ele pessoa jurídica ou física"[133]. Aquele que dá uso imediato e final a bens ou serviços [134].

Segundo esta concepção, o requisito do reconhecimento do específico consumidor obriga a uma interpretação da norma dirigida a conhecer o fim dado ao produto ou serviço. Resultante disso, o consumidor por excelência distingue-se no facto de adquirir ou contratar serviços para suprir uma necessidade própria ou do agregado familiar (destinatário final). Em si mesmo, é um entendimento restritivo, que repele incondicionalmente outras camadas de consumidores quando actuam fora do exercício da actividade profissional ou de empresa. Neste caso, o bem adquirido não corresponde à área de sua especialidade nem está na faixa dos seus especiais conhecimentos técnico-profissionais[135].

Em nossa opinião, é de afastar o sentido limitativo à generalidade das situações em que os bens ou serviços são juridicamente consumíveis.

Os maximalistas, por outro lado, alargam o conceito de consumidor àquele adquirente do produto ou serviço colocado em seu trabalho. À partida, basta retirar o bem (serviço) do mercado (destinatário fáctico). Logo, o uso ou utilização destes fornecimentos podem ser dirigidos para fins lucrativos, se não forem incorporados no processo produtivo[136].

---

[133] Cláudia Lima Marques, *Contratos no Código de Defesa do Consumidor*, ob. cit., pp. 303-304.

[134] Tem sido longa a controvérsia doutrinária; porém, pouco a pouco a teoria finalista optou por um abrandamento das suas rígidas posições e hoje dá guarida à aplicação da Lei do Consumidor às pessoas jurídicas que findam o uso ou aquisição dos produtos.

[135] Neste sentido, Cas e Ferrier, *apud* Jorge Pegado Liz, *Introdução ao Direito e à Política do Consumo*, ob. cit., p. 193 nota 374. Entendimento semelhante tem a jurisprudência francesa nos casos em que o profissional contrata serviços diversos da sua especial actividade; cfr. Cláudia Lima Marques, *Contratos no Código de Defesa do Consumidor...*, ob. cit., pp. 307-308.

[136] Cabe aqui referir o exemplo dado por Luís Cláudio Carvalho de Almeida, sobre o profissional que instala um aparelho de música no seu local de comércio para os clientes desfrutarem um ambiente mais harmonioso. No caso, para os maximalistas, a compra do dito objecto de som pelo profissional é uma relação de consumo, apesar da finalidade dada não deixar de ser um serviço prestado ao cliente; cfr., para mais aprofundamento, *Papel do Ministério Público na Defesa do Consumidor, em busca da eficácia social das*

Neste caso, as normas da LDC devem aplicar-se a uma pluralidade de sujeitos que estabeleçam com o fornecedor uma transacção comercial, sem ter em conta o destino dado ao bem ou serviço[137]. A contento disso, a parte activa (adquirente, cliente, utente ou aderente), sendo ou não o elo final da cadeia produtiva, é consumidora, mesmo quando a aquisição do bem ou serviço concorra colateralmente para a obtenção de melhores níveis económicos na sua actividade.

Assim, a protecção do consumidor estende-se a outras relações não padronizadas como de consumo. Disto ocorre a atribuição de excessivos direitos a quem se serve dos produtos como meio de lucro. Por conseguinte, optar pela visão ainda mais ampla (maximalista) tem como efeito um desdobramento do subconceito destinatário final, cujo resultado seria absorver operações referentes ao denominado consumo intermédio; ou seja, não correspondentes à directa satisfação das necessidades domésticas.

Actualmente, não há como negar que o entendimento demasiado restritivo tende a deslocar-se para uma fronteira mais moderada; porém, a discussão entre as duas correntes diz respeito às posições adoptadas quanto "...aos factores determinantes da ampliação"[138] do conceito de consumidor. Este é o ponto nevrálgico do debate. Mas sob esta dualidade de pontos de vista, cremos que o sistema protectivo tem como único fim e propósito defender o legítimo destinatário final, não concedendo aplicação das normas especiais à sociedade de consumo como um todo.

Resumindo, no universo de aplicação da lei especial (âmbito subjectivo) estes critérios interpretativos demasiado extensos, se mal ponderados, podem obnubilar as inovações contidas na LDC. Assim, poderá

---

normas de protecção do consumidor, Volume III, Faculdade de Direito de Campos, pp. 70 e ss. Outro exemplo, é o do médico que adquire um esfignomanômetro para medir a tensão arterial dos seus pacientes. O exacto fim é profissional. O instrumento é adquirido para o desempenho de actividade do especialista. Daí acentuar-se que a relação não é de consumo, pois o custo do bem é repassado ao adquirente dos serviços.

[137] Neste sentido, Sandrina Laurentino, *Os Destinatários De Legislação Do Consumidor*, ob. cit., p. 432. Nesta ordem de reflexão e para outros aprofundamentos sobre as teorias finalistas e maximalistas, veja-se, entre outros, Luís Cláudio Carvalho de Almeida, *O Papel do Ministério Público na Defesa do Consumidor*, ob. cit., pp. 71 e ss; Carlos Ferreira de Almeida, *Direito do Consumo*, ob. cit., pp. 18 e ss. e 47 e ss. e José Fernando Simão, *Vícios do Produto no Novo Código de Defesa do Consumidor, Responsabilidade Civil*, S. Paulo, Editora Atlas S.A., 2003, pp. 30-31.

[138] Cfr. Carlos Ferreira de Almeida, *Direito do Consumo...*, ob. cit., p. 18.

esvair-se a pretensão da lei em cumprir a sua verdadeira finalidade social[139], ficando, em contrapartida, reforçada a tutela dos profissionais, não obstante já possuírem legal protecção no direito comum[140].

Sob este efeito, o legislador outorga direitos e protecção no circuito de consumo às pessoas físicas e jurídicas se forem "destinatárias finais" do produto ou serviço. Não é necessário ser adquirente do bem, mas simplesmente utilizador, como consumidor ou usuário final. A operação de consumo deve terminar no consumidor, porque destinatário prático e económico do bem ou serviço. Nestes termos, o adquirente do bem ou serviço fá-lo para uso estritamente próprio ou do agregado familiar. Por conseguinte, a *vexata quaestio* é definir a pessoa física ou jurídica como destinatária final. Este é um ponto chave para caracterizar a relação de consumo e pomo de profunda controvérsia.

Efectivamente, caracteriza-se o destinatário final segundo o seu comportamento no circuito económico. Por outras palavras, conhecer o subconceito *destinatário final* é compreender que o bem ou serviço adquirido não se presta a gerar novo produto. Com propriedade, Carlos Ferreira de Almeida opina "...que não são consumidores aquelas pessoas colectivas que exerçam uma actividade empresarial..."[141]. Do mesmo modo, identifica-se a pessoa física presente no mercado de consumo com os mesmos fins. Aqui se distingue o aspecto fundamental de todo o campo de protecção. Como é percebível, o sentido pleno consiste num destinatário

---

[139] A ilustre autora Cláudia Lima Marques revela que os finalistas estão hoje menos ortodoxos e os maximalistas refrearam os seus impulsos nesta matéria. Dentro ainda destes parâmetros, dá-nos conta do surgimento do *finalismo aprofundado* ou *interpretação finalista aprofundada*. Na sua essência, postula "...uma interpretação do campo de aplicação e das normas da LDC de forma mais subjectiva quanto ao consumidor, porém mais finalista e objectiva quanto à actividade ou ao papel do agente na sociedade de consumo"; cfr. *ob. cit.*, p. 347. Infere-se desta posição uma disciplina nas relações de consumo mais justa e digna de protecção ao consumidor.

Na verdade, a pedra de toque de todo o movimento de evolução jurídica que opera neste campo, diz respeito exactamente à adaptação destas posições aos comandos constitucionais. No entanto, com estas "engenharias", a mais visível consequência poderá ser a incompatibilidade com a Lei Fundamental e os valores que entretecem a protecção constitucional do consumidor, para além de poderem estar em desacordo com o sistema de defesa dos vulneráveis.

[140] A par desta, os profissionais têm o benefício pleno das disposições da Lei Sobre Cláusulas Gerais Dos Contratos (Lei n.º 4/02, de 18 de Fevereiro de 2003, DR n.º 13), em especial das cláusulas absolutas e relativamente proibidas (artigos 10.º e 11.º).

[141] *Direitos dos Consumidores*, Livraria Almedina, Coimbra, 1982, p. 216.

que finda a cadeia produtiva, seja ela pessoa física ou jurídica. Assim, não pode ser tido como consumidor o ente, colectivo ou singular, adquirente de bens ou serviços considerados como utilidades de produção, mesmo quando não destinados aos fins principais da sua actividade, mas tenham por objecto o estabelecimento de nova relação de consumo[142].

Sem dúvida, o uso, a aplicação ou a sorte a dar ao produto ou serviço tem a ver com a sua finalidade[143]: a satisfação imediata de uma necessidade despida de proventos. E, assim, o fornecimento deve ser feito "...por quem exerce uma actividade económica que vise a obtenção de lucros" (n.º 1 do artigo 3.º).

Por conseguinte, identifica-se o sujeito passivo na relação de consumo pelo seu intuito de obter ganho.

III. Neste passo, prende-se a definição com referência ao modo de agir por quem, a título oneroso, estabelece um vínculo jurídico de consumo.

Destas considerações, consigna o preceito o imperativo da actividade lucrativa se desenvolver em âmbito económico. Trata-se, portanto, de verificar que os componentes na relação de consumo se contrapõem pelo facto de um dos lados procurar eventual lucro. Haja então em vista: *a finalidade lucrativa descarta a possibilidade de protecção da LDC.*

Assume relevo, outrossim, o exercício de uma "actividade económica". Face a isto, está-se diante de actos de comércio. À luz do nosso Código Comercial estas acções podem ser praticadas ou não por profissionais[144]. Não se trata, portanto, dum direito exclusivo de comerciantes[145].

---

[142] Os contornos para delimitar o conceito não deixam de ser sinuosos. Esta latente preocupação é visível em António Pinto Monteiro, debruçado sobre questões referentes ao Anteprojecto do Código do Consumidor Português; cfr. *Sobre o Direito do Consumidor em Portugal*, EDC, Centro de Direito do Consumo, Faculdade Direito, Universidade de Coimbra, n.º 4, Coimbra, 2002,p. 131.

[143] Neste sentido, cfr. Sandrina Laurentino, *Os Destinatários da Legislação do Consumidor*, EDC, Centro de Direito do Consumo, Faculdade de Direito, Universidade de Coimbra, n.º 2, Coimbra, 2000, pp. 423-424.

[144] Artigo 1.º do Código Comercial: "A lei comercial rege os actos de comércio, sejam ou não comerciantes as pessoas que neles intervêm...".

[145] O Código Comercial vigente em Angola, aprovado pela Carta de Lei de 28 de Junho de 1888, somente recebeu alterações pontuais nos últimos anos, disciplinando até à presente data os actos de comércio quer objectiva quer subjectivamente considerados. Para mais desenvolvimentos, veja-se, entre outros, José de Oliveira Ascensão, *O Direito*

Contrariamente, a Lei das Actividades Comerciais (n.º 1 do artigo 4.º) enuncia que só as pessoas jurídicas a ela se submetem. Porém, o n.º 1 do seu artigo 15.º dá acesso a pessoas singulares[146]. Assim, somos de entender que as práticas comerciais destas últimas são também reguladas pela dita Lei.

De toda a sorte, as transacções efectuadas por pessoas físicas não exigem o seu carácter profissional. Tal entendimento infere-se da LDC. Ou seja, o negócio jurídico de consumo pode ser estranho à prevalente ocupação profissional do alienante[147]: importante é o acto em si mesmo.

Deste modo, a forma secundária de actividade (traduzida na tendência para a habitualidade ou no quase regular exercício profissional) de fornecimento de bens ou serviços, se gera ganhos, enquadra-se na LDC[148, 149].

Somente está em causa o desempenho de operações no circuito económico com intento lucrativo (ou oneroso).

Introdução e Teoria Geral. Uma Perspectiva Luso-Brasileira, Almedina, Coimbra, p. 344; António Menezes Cordeiro, *Manual de Direito Comercial*, I Volume, 2003, Almedina, Coimbra, pp. 149 e ss.

[146] N.º 1 do artigo 15.º : "Ao abrigo da presente lei, pode exercer actividade comercial, toda a pessoa singular ou colectiva...".

[147] Certa doutrina defende que a exclusão no texto legal do termo "profissional", afasta um manancial de desvantagens para as pessoas colectivas nas relações de consumo; cfr. Tiago Machado de Freitas, *ob. cit.*, pp. 407 e ss. Sublinhe-se também, que a Lei de Defesa do Consumidor espanhola não incluiu a palavra profissional na definição de consumidor; cfr. Gemma A. Botana, *Nócion de Consumidor...*, *ob. cit.*, p. 368.

[148] Deduz-se, data vénia, que o brilhante jurista J. Calais Auloy tem uma visão diferente sobre esta matéria, conforme se observa em Jorge Pegado Liz, *Introdução ao Direito e a Política do Consumo...*, *ob. cit.*, p. 194, nota 775. Mas a nossa realidade tem outros contornos que merecem esta posição do legislador. De resto, os negócios de consumo têm a sua origem estritamente ligada ao comércio (propriamente dito), sendo natural ter em conta as nossas particularidades neste tipo de relações.

[149] Reconhece-se, contudo, que a venda de um bem em segunda mão não é um acto de consumo. Só não será assim se dada pessoa exercer habitualmente a compra para revenda. Veja-se, no mesmo sentido, Paulo Duarte, *O Conceito Jurídico de Consumidor Segundo o Artigo 2.º/1 da Lei de Defesa do Consumidor*, BFDUC, 75, 1999, pp. 674-675. Entretanto, note-se que a Directiva 1999/44/CE do Conselho e do Parlamento Europeu Sobre a Venda de Bens de Consumo e Garantias Associadas e Suas Implicações no Regime Jurídico de Compra e Venda, afasta a hipótese de serem considerados bens de consumo, os adquiridos em segunda mão mediante leilão; cfr. Luís Manuel Teles de Menezes Leitão, Estudos em Homenagem ao Professor Doutor Inocêncio Calvão Telles, Volume I, Direito Privado e Vária, Separata, Almedina, p. 274.

Nesta perspectiva, de ambos os lados da relação de consumo sempre podem estar não profissionais. Todavia, uma das partes (o alienante), não sendo profissional também não é destinatário final. Daí não merecer a tutela da LDC. Na verdade, apenas a contraparte, aquela que finda a cadeia de produção, poderá ver afectada a sua saúde, segurança, qualidade de vida ou arcar com os susceptíveis prejuízos materiais.

Nada disto se fala por obra do acaso.

Realmente, em Angola, inúmeros fornecedores exercem esta actividade como secundária, à margem das suas carreiras profissionais[150]. Praticam-na com habitualidade e rotina; portanto, não se está diante de um qualquer amador no mercado de consumo[151].

De facto, "...não significa que a actividade empreendida pelo vendedor ou fornecedor deva ser a sua profissão exclusiva ou única, sob pena de se limitar demasiado o conceito"[152].

Além disso, aquela espécie de fornecedor alicerça conhecimentos específicos no desenvolvimento da sua contínua e não menos estável actividade económica. De consequência, é fundamental ter em atenção o propósito destas práticas para não confundir comércio e consumo (em sentido jurídico).

Diante desta inegável realidade, o abalizado Professor António Menezes Cordeiro diz-nos "...que os consumidores devem ser protegidos perante entidades que forneçam bens ou serviços "sem carácter profissional..."[153]. Assim, não há margem para interpretação errónea dos

---

[150] No cenário económico angolano, muitos funcionários e estudantes diariamente fazem outros negócios (formalmente habilitados), face às suas dificuldades domésticas.

[151] Anote-se a oportuna intervenção de Guido Alpa, quando nos diz que "...é inoportuno definir-se legalmente consumidor de forma única, para todas as relações de consumo, mas deve-se precisar o conteúdo desta expressão em casos particulares"; apud Cláudia Lima Marques, *Contratos no Código de Defesa do Consumidor*, ob. cit., p. 303, nota (5). Embora exponha em outras palavras, infere-se também esta posição de Paulo Duarte, apud Sara Larcher, *Contratos Celebrados Através da Internet: Garantias dos Consumidores Contra Vícios na Compra e Venda de Bens de Consumo*, EIDC, Volume II, Instituto de Direito do Consumo, Faculdade de Direito, Universidade de Lisboa, Almedina, 2005, p. 163, nota 73.

[152] Cfr. Sara Larcher, *Contratos Celebrados Através da Internet*, EIDC, ob. cit., p. 163.

[153] Cfr. *Tratado de Direito Civil Português*, Parte Geral, Tomo I, 2ª Edição, Livraria Almedina, Coimbra, 2000, p. 462. No mesmo sentido, Jorge Pegado Liz, *Introdução*

parâmetros que cercam o fornecedor. A nossa realidade orienta-nos para esta linha de opinião.

IV. Anote-se, enfim, que o negócio de consumo merece sempre especial cuidado quando se tenta localizar a pessoa do fornecedor em eventual interpretação do n.º 2 do artigo 3.º da Lei do Consumidor.

Noutro ângulo, infere-se da lei a viabilidade do produto ou serviço utilizado nas relações de consumo ser ou não remunerado. Na verdade, "utilizar" não é sinónimo de "comprar". Notadamente, há serviços e produtos divulgados através de mensagens publicitárias ou por meio de promoções de vendas que, não sendo onerosos para o consumidor, se destinam a alcançar ganho económico para o fornecedor[154].

Por conseguinte, o intuito lucrativo do fornecedor nestes negócios não afasta a protecção normativa do consumidor[155], pois realizam-se em função de uma potencial relação de consumo. Aliás, este é o interesse prioritário e a verdadeira finalidade nestes casos.

Feitas estas referências, Carlos Ferreira de Almeida, em interessante análise, elege três critérios comuns para se aferir a noção de consumidor. São eles: o subjectivo, o objectivo e o teleológico[156]. Mais tarde, veio a juntar a estes o elemento relacional[157].

---

ao Direito e à Política de Consumo, ob. cit., p. 189; veja-se também, Teresa Almeida, *apud* Jorge Pegado Liz, ob. cit., p. 189 nota 363.

[154] Neste sentido, partilharmos a posição defendida por Carlos Ferreira de Almeida, que nesta situação formula a existência de um negócio jurídico unilateral; cfr. *Negócio Jurídico de Consumo*, BMJ, N.º C347, Junho, 1995, p. 14.

[155] Jorge Pegado Liz, nas suas reflexões sobre este assunto, tem uma posição diversa, fortalecida na ideia de que o *intuito lucrativo* afasta da esfera do direito do consumidor "...todas as actividades económicas gratuitas ou que não tenham como directa contrapartida o lucro..."; cfr. *Introdução ao Direito e à Política de Consumo*, ob. cit., p. 190. Posição idêntica tem Sara Larcher, *Contratos Celebrados Através da Internet: Garantias dos Consumidores Contra Vícios na Compra e Venda de Bens de Consumo*, EIDC, Volume II, Instituto de Direito do Consumo, Faculdade de Direito, Universidade de Lisboa, Almedina, 2005, p. 163. Já ficou demonstrado que se discorda, porquanto o objecto que o fornecedor tem em vista (intuito) é o lucro.

[156] Cfr. *Os Direitos dos Consumidores*, Livraria Almedina, Coimbra, 1982, pp. 208 e ss..

[157] Cfr. *Direito do Consumo*, ob. cit., p. 29. Contudo, este elemento não é invocado na noção de consumidor da lei portuguesa sobre esta disciplina, repousado no critério "...de que se consideram limitadas definições que se inspirem no direito dos contratos, devendo ser construído um conceito de consumidor que exorbite das relações negociais".

Sob o ponto de vista subjectivo, entende o consumidor como a pessoa titular de direitos. Em seguida, destaca também a possibilidade de se incluírem as pessoas jurídicas despidas de fins lucrativos em dada relação de consumo[158]. Por nossa parte, na órbita subjectiva deve-se incluir o fornecedor. Compreensivamente, há uma relacionação entre ambos, há intersubjectividade, pois com toda a evidência são os protagonistas centrais no final do processo de consumo.

Depois, no aspecto objectivo, faz-se necessário o vínculo entre o consumidor e o bem ou serviço[159], exprimindo a ligação entre o indicado sujeito activo e o objecto para que se cumpram os desígnios legais. Sobre o elemento teleológico, o consumidor é o destinatário final no mercado de consumo. A respeito do elemento relacional, nem sempre previsto em termos normativos, o mesmo representa a directa conexão entre o consumidor e fornecedor; aquele na qualidade de contratante e o segundo, como proporcionador (profissional) dos bens ou serviços[160]. Porém, não custa entender, em sede deste Direito, que nem sempre a protecção se funda no tradicional esquema das relações negociais. Pois, também é consumidor o convidado de uma festa com alimentos deteriorados na origem da aquisição. Aqui também se verifica a tutela por todo o sistema protectivo.

Conforme se depreende, e apesar do autor não pôr fim à discussão, encontram-se ponderadas observações nestas matérias. Não obstante, a multidisciplinaridade deste Direito é indissociável, nos dias de hoje, de outras manifestações capazes de lesar os interesses dos consumidores

---

Luís Manuel Teles de Menezes Leitão, *O Direito do Consumo: Autonomização e Configuração Dogmática*, EIDC, Volume I, Instituto de Direito do Consumo, Faculdade de Direito, Universidade de Lisboa, Almedina, 2002, pp. 20-21.

[158] *Ob. cit.*, p. 216.

[159] No seu estudo, o autor exclui da relação de consumo o utente dos serviços públicos administrativos e afasta a tutela jurisdicional dos interesses do consumidor em matéria ambiental; *ob. cit.*, p. 209. O mesmo autor reforça esta opinião em *Direito do Consumo*, *ob. cit.*, p. 57.

[160] Cfr. *Direito do Consumo*, *ob. cit.*, pp. 35-36. Concernente ainda à noção, António Pinto Monteiro dá conta de outros elementos comuns: "...o seu carácter *dinâmico* (consumidor não é um *status*, mas o sujeito de uma relação jurídica), a *finalidade* ou destino do bem, serviço ou direito (uso não profissional) e a *qualidade* da pessoa que fornece ou transmite (profissional)"; *apud* Elsa Dias Oliveira, *A Protecção dos Consumidores nos Contratos Celebrados Através da Internet, Contributo para uma análise numa perspectiva material e internacional privativista*, Almedina, 2002, p. 50 nota 97.

enquanto destinatários finais, nomeadamente nas relações com a administração pública e em matéria ambiental[161].

Outros reparos se fazem a respeito das aquisições de produtos para uso misto (pessoal e profissional). Nas palavras de João Calvão da Silva "...só haverá contrato de consumo se a coisa comprada for *principalmente ou predominantemente destinada a uso não profissional*"[162]. Há-de corresponder, então, ao preponderante uso dado ao bem adquirido. Por consequência, são as circunstâncias concretas que permitem identificar o fim dominante da actividade exercida sobre o produto obtido.

Por último, o contrato de consumo para revenda constitui, nitidamente, actividade económica do fornecedor com o fim de obter lucro. Melhor dizendo, caso o produto ou serviço seja repassado (desenvolvimento de outra actividade negocial) a terceiros, mediante remuneração, inexiste a figura do consumidor e surge imediatamente a do fornecedor[163].

B) *A noção de consumidor no Direito Comparado*[164]

I. Numa incursão pelo Direito de outros países e especificamente sobre a noção de consumidor, coloca-se logo à partida a questão de não existir "...una definición única del término..."[165]. A razão desta diversidade de noções legais advém do âmbito de incidência do seu conteúdo a outras realidades vividas no contexto económico-social de cada Estado ou bloco regional (UE)[166]. Ademais, mesmo nos ordenamentos jurídicos

---

[161] O fenómeno ambiental, assim como outros bens jurídicos (património arquitectónico, urbanismo) são parte dos direitos do consumidor, conforme nos diz Adelaide Menezes Leitão, *Tutela do Consumo e Procedimento Administrativo*, EIDC, Volume II, Instituto de Direito do Consumo, Faculdade de Direito, Universidade de Lisboa, Almedina, 2005, p. 121.

[162] Para mais desenvolvimentos, veja-se *Compra e Venda de Coisas Defeituosas, Conformidade e Segurança*, 4ª edição, Almedina, 2006, pp. 120-121.

[163] Neste sentido, Cláudia Lima Marques, *Contratos no Código de Defesa do Consumidor, O Novo Regime das Relações Contratuais*, 5ª Edição, revista, actualizada e ampliada, Editora Revista dos Tribunais, S. Paulo, 2006, p. 304.

[164] No plano comparativo, optamos por analisar a relevante matéria no círculo de países da UE, dado o seu avanço nesta disciplina, à luz da exemplar integração comunitária.

[165] Cfr. Gemma A. Botana Garcia, *Noción de Consumidor en el Derecho Comparado*, RPDC, Dezembro, 1997, n.º 12, p. 356; veja-se também Carlos Ferreira de Almeida, *Direito do Consumo*, ob. cit., p. 18.

[166] Depreende-se esta realidade em Jorge Pegado Liz, *Introdução ao Direito e à Política do Consumo*, ob. cit., p. 195.

de diferentes países, não é difícil localizar distintas definições de consumidor[167]. Em grande medida depende do estádio de desenvolvimento económico de cada um deles[168].

Por outro lado, verifica-se em muitos países a opção de não preceituar o conceito de consumidor nas suas Ordens Jurídicas[169].

Reconhece-se, assim, não haver uma resposta unívoca do conceito de consumidor[170], apesar de existirem critérios considerados essenciais para o definir. De resto, a noção "...é apenas um instrumento técnico-jurídico destinado a demarcar a previsão de algumas normas jurídicas"[171].

---

[167] Cfr. Carlos Ferreira de Almeida, *Direito do Consumo*, ob. cit., p. 47.

[168] Já houve quem pretendesse enquadrar a noção de consumidor, partindo de uma premissa económica, sustentado na origem do conceito; cfr. Sandra Laurentino, ob. cit., p. 422. Sob esta visão económica, Norbert Reich define consumidor como sendo "...aquele que, pela alienação da sua força de trabalho, obtém o rendimento de que necessita para reprodução da sua actividade material e espiritual"; *apud* Jorge Pegado Liz, *Introdução ao Direito...*, ob. cit., p. 206, nota 45. É uma concepção doutrinária localizada na sua época, que compara a figura do consumidor à do trabalhador, tida como parte mais frágil na antagónica luta de classes defendida pelas teorias neo-marxistas; cfr. esta posição em Carlos Ferreira de Almeida, *Os Direitos dos Consumidores*, Almedina, Coimbra, 1982, p. 207. Aliás, Norbert Reich em nada justifica que fiquem excluídas da protecção especial da lei do consumidor outros intervenientes no mercado que só retiram o bem de circulação, embora os destinem à sua actividade; cfr. Carlos de Almeida Ferreira, *O Direito do Consumo*, ob. cit., pp. 19-20. Por sua vez, também há quem distinga uma noção concreta e outra abstracta de consumidor (a primeira prefere um conceito restritivo e a segunda admite uma visão mais genérica); veja-se Gemma A. Botana Garcia, ob. cit., p. 356. Jorge Pegado Liz, em apreciação crítica, alude a uma concepção subjectiva (restrita às pessoas físicas) e outra objectiva (constitui fundamento a discordância em excluir as situações de origem não convencional na noção de contrato de consumo); cfr. *Introdução ao Direito...*, ob. cit., p. 209.

[169] Cfr. Jorge Pegado Liz, *Introdução ao Direito e à Política de Consumo*, ob. cit., p. 194. Tome-se, todavia, em atenção a grande diversidade de opiniões doutrinárias e a fixação pela jurisprudência de um conceito exacto de quem é o consumidor. Todavia, Mário Paulo Tenreiro contesta estas posições e perfila um entendimento no sentido da desnecessidade de uma noção única de consumidor, salvo na área dos contratos; *apud* Rui Moreira Chaves, *Regime Jurídico da Publicidade*, Almedina, 1995-2005, p. 96.

[170] Cfr. Carlos Ferreira de Almeida, *Direito do Consumo*, ob. cit., p. 47.

[171] Carlos Ferreira de Almeida, *Direito do Consumo*, ob. cit., p. 45. O conceito de consumidor há muito que se converteu no projecto de uma certa linha de definições académicas; assim, aponta-se a de G. Cornu, como sendo: "o adquirente não-profissional de bens de consumo destinados ao seu uso pessoal; *apud* Jorge Pegado Liz, *Introdução ao Direito...*, ob. cit., p. 202, nota 406.

Bem por isso, dá-se digno destaque à definição de consumidor em alguns Estados europeus.

Assim, verifica-se que na legislação espanhola a defesa dos consumidores e utentes tem um conceito aferido por exclusão[172]. Significativamente, considera-se consumidor aquele a quem é dirigida a oferta de produto ou serviço como destinatário final[173]. Por conseguinte, a lei hispânica viabiliza a defesa de todos os participantes das relações de consumo desde que encerrem o processo económico (independentemente da sua qualidade de empresa ou profissional) e, sem atalhos, aplica-a aos utentes de serviços (veja-se a sua denominação – *Ley General para la Defensa de los Consumidores y Usuários*)[174].

Em Itália, o artigo 2.º estabelece que são consumidores ou usuários as pessoas físicas quando adquirem ou utilizam bens ou serviços sem escopo empresarial ou não actuem ocasionalmente na qualidade de comerciantes. Para estes, a lei considera suficiente o desempenho com fins lucrativos. O assinalado normativo legal, como se pode ver, estende ao usuário a protecção legal dada ao consumidor[175], mas tais direitos ali protegidos excluem as pessoas colectivas.

Entretanto, grande parte dos doutrinadores italianos, especialmente no âmbito da protecção dos consumidores contra as cláusulas abusivas, defende um conceito de relação de consumo mais amplo do que o expresso na lei. Por outras palavras, é guindado à posição de consumidor e merece tutela da lei especial qualquer vulnerável aderente a um contrato[176].

---

[172] Cfr. Gemma A. Botana Garcia, *Nócion de Consumidor en el Derecho Comparado*, ob. cit., pp. 367-368 e Rui Moreira Chaves, ob. cit., p. 104. Pode-se ler o conteúdo do artigo 1.º da Lei espanhola em Teresa de Almeida, *Lei de Defesa do Consumidor Anotada*, 2ª Edição, Revista e Actualizada, 2001, p. 27.

[173] Cfr. Sandrina Laurentino, *Os Destinatários da Legislação do Consumidor*, ob. cit., p. 431. De sorte que, a elasticidade do conceito considera consumidora qualquer empresa, independentemente do seu porte económico; cfr. Gemma A. Botana Garcia, ob. cit., p. 368.

[174] Cfr. Carlos Ferreira de Almeida, *Direito do Consumo*, ob. cit., p. 26; Jorge Pegado Liz, *Introdução ao Direito...*, ob. cit., p. 194.

[175] Thierry Bourgoignie considera que a protecção do consumidor enquanto utente de serviços é válida e de pacífica aceitação. Cfr. Jorge Pegado Liz, *Introdução ao Direito...*, ob. cit., p. 191, nota 366.

[176] Cfr. Carlos Ferreira de Almeida, *Direito do Consumo...*, ob. cit., pp. 34-35.

Decorrente disto, Guido Alpa apresenta um conceito (de consumidor) genérico e de largo alcance, admitindo "qualquer pessoa que faz parte de, ou institui, uma relação jurídica relativa ao consumo"[177].

O Anteprojecto de "Code de la Consommation" Belga de 1995, de igual forma estabelece normas para o equilíbrio entre um profissional e um consumidor (artigo 6.º)[178]. A protecção do último e a atribuição de direitos específicos dependem da existência de uma aquisição ou aproveitamento da utilidade de um bem ou serviço sem alterar a sua substância ou dirigi-lo a um fim comercial.

É uma acepção lata, pois ampliada às pessoas que realizam a venda de um bem em segunda mão. O uso ou aquisição, mesmo não sendo final, em tais circunstâncias, é sempre uma relação de consumo efectuada no interesse de um eventual negócio[179].

Em síntese, vê-se que o Anteprojecto belga afasta a necessidade de aquisição perpétua do bem ou serviço, não a restringindo ao consumidor padrão.

Já os doutrinadores belgas, segundo Cláudia Lima Marques, defendem uma noção subjectiva e limitada de consumidor, sem prejuízo de tutelarem as pessoas jurídicas de fins não lucrativos[180] (posição maximalista).

Assim sendo, o renomado estudioso Thierry Bourgoignie caracteriza o conceito de consumidor levando em consideração somente o destinatário final dos produtos ou serviços que possua, adquira ou utilize para uso próprio, alheio à actividade económica, seja ele pessoa física ou jurídica, sendo contraparte um profissional[181].

Na Alemanha, as relações jurídicas de consumo estão sistematizadas no Código Civil – Reformado. Assim, "Consumidor é toda a pessoa singular que conclua um negócio jurídico com uma finalidade que não lhe possa ser imputada a título empresarial ou de profissional livre"[182]. Tal noção, pertinentemente, não consigna a expressão *destinatário final*, tida

---

[177] Apud Carlos Ferreira de Almeida, *Os Direitos dos Consumidores*, ob. cit., p. 213.
[178] Nesse sentido, cfr. Jorge Pegado Liz, ob. cit., p. 194.
[179] Cfr. Sandra Laurentino, ob. cit., p. 430.
[180] *Os Contratos no Código de Defesa do Consumidor...*, ob. cit., p. 308.
[181] Cfr. Jorge Pegado Liz, *Introdução ao Direito...*, ob. cit., p. 203.
[182] Cfr. António Menezes Cordeiro, *O anteprojecto de Código do Consumidor, O Direito*, Ano 138.º (2006), IV, Almedina, p. 697; veja-se também, Cláudia Lima Marques, ob. cit., p. 310. Para aprofundamento da específica inclusão dos direitos do consumidor no Código Civil alemão, consulte-se a mesma autora, ob. cit., pp. 371 e ss.

de significado mais elástico para os critérios normativos do legislador[183]. Por outro lado, unicamente admite pessoas físicas, impondo que o consumo se restrinja a fins particulares (critério finalista)[184]. Manifestamente, o ente abstracto não é destinatário final de certo produto ou serviço.

Porém, de acordo com este conceito, o Professor António Menezes Cordeiro opina mostrar-se admissível a protecção dos profissionais quando estabelecem uma relação de consumo estranha à sua actividade produtiva[185].

O ilustre autor assegura ainda que o sentido estrito enunciado no conceito do § 13 do Código Civil alemão, nada aceite por ampla doutrina, é ressalvado em legislação avulsa, encontrando aí outras posições acolhedoras de uma noção mais ampla, nomeadamente no crédito ao consumo[186].

No direito francês, o *Code de la Consommation*, apesar de inscrever as relações de consumo no sentido do equilíbrio entre um profissional e um não profissional, não perceitua uma definição de consumidor. Porém, J. Calais Auloy esboça um conceito: "Consumidores são as pessoas físicas ou morais de direito privado que adquiram ou utilizem bens ou serviços para uso não profissional"[187].

Assume relevo, nesta posição doutrinária, a limitação imposta aos entes de direito público exercentes de negócios jurídicos de consumo, pois não constam no rol dos consumidores. De resto, mesmo o consumidor adquirente ou utilizador de bens ou serviços (pessoa física ou moral) só é protegido pela lei especial enquanto elo final da cadeia produtiva.

Não obstante, a jurisprudência francesa, num caso sujeito à sua apreciação, rejeitou aplicar o artigo 35.º da lei sobre cláusulas abusivas[188] contra um profissional (agente imobiliário) que adquirira um produto (sistema de alarme) para uso nas suas instalações, especificamente por actuar numa área incompatível com a sua actividade económica.

---

[183] Cfr. para melhores explicações, Cláudia Lima Marques, *ob. cit.*, p. 316

[184] Cfr. opinião sobre esta específica realidade alemã, em Cláudia Lima Marques, *ob. cit.*, p. 313.

[185] *Ob. cit.*, p. 697.

[186] *Ob. cit.*, p. 697.

[187] Cfr. Jorge Pegado Liz, *ob. cit.*, p. 194, nota 376.

[188] A disciplina do artigo 35.º estava disposta na lei 78-23, de 10 de Janeiro de 1978. Actualmente, no *Code de la Consommation* (compilação de leis avulsas), é o artigo 132-1 que contempla a protecção contra cláusulas abusivas nas relações contratuais entre profissionais e não profissionais ou consumidores; cfr. Cláudia Lima Marques, *ob. cit.*, p. 306.

Obviamente, aquele aresto da *Cour de Cassation* (de 28 de Abril de 1987) trouxe novidade, pois ampliou o campo de protecção das normas ao adquirente profissional, tão-somente por sua ignorância técnica; visou--se encontrar o necessário equilíbrio nas relações de consumo[189].

Este entendimento foi posteriormente rechaçado por aquela excelsa Corte e sobrevieram determinações da inaplicabilidade das normas sobre cláusulas abusivas a relações contratuais conexionadas directamente com a actividade profissional do adquirente. Esta posição perdura até aos dias de hoje[190].

A par disto, a doutrina francesa também trata as pessoas jurídicas como consumidoras quando as relações de consumo se estabelecem fora do âmbito profissional[191].

A respeito da noção de consumidor no Reino Unido, o texto do *Unfair Terms in Consumer Contracts Regulation* (1994) conceptua-o como "uma pessoa agindo com finalidades que estejam fora do seu negócio"[192].

Esta definição fixa-se no sentido da exclusão da tutela normativa a pessoas que ajam em favor de interesses empresariais ou profissionais. Deste modo, o conceito parece admitir o ente colectivo profissional fora do exercício da sua principal actividade económica.

No conceito de consumidor português, a lei protege a pessoa física como adquirente de bens, serviços e direitos a título não-profissional (à semelhança da lei alemã sobre a matéria)[193]. No outro pólo, vincula-se o fornecedor de fins profissionais, abrangendo, inclusive, o Estado e orga-

---

[189] Cfr. Sandrina Laurentino, *ob. cit.*, p. 428.

[190] Cfr. Sandrina Laurentino, *ob. cit.*, pp. 428-429.

[191] Cfr. António Menezes Cordeiro, *ob. cit.*, p. 697; veja-se a posição de Cas e Ferrier neste sentido, *apud* Sara Lancher, *Contratos Celebrados Através da Internet...*, *ob. cit.*, p. 156 nota 51.

[192] Cfr. Jorge Pegado Liz, *Introdução ao Direito...*, *ob. cit.*, p. 194, nota 376.

[193] O artigo 2.º da Lei n.º 24/96, de 31 de Julho, preceitua no seu n.º 1: "Considera--se consumidor todo aquele a quem sejam fornecidos bens, prestados serviços ou transmitidos quaisquer direitos, destinados a uso não profissional, por pessoa que exerça com carácter profissional uma actividade económica que vise a obtenção de lucro"; cfr. Teresa de Almeida, *ob. cit.*, pp. 24-25. Sustentado a sua posição contestatária face ao Anteprojecto de Código do Consumidor português, António Menezes Cordeiro oferece sobre a noção o seguinte: "Diz-se consumidor a pessoa singular ou colectiva que, no seu relacionamento com profissionais, também singulares ou colectivos, actue fora do âmbito específico das suas actividades profissionais"; cfr. *O Anteprojecto de Código do Consumidor*, *ob. cit.*, p. 700.

nismos públicos descentralizados, sociedades de capitais mistos (públicos e privados) e concessionárias de serviço público (n.º 2 do artigo 2.º)[194]. No entanto, não constitui motivo de dúvida para a doutrina e jurisprudência lusa merecerem tutela da lei os entes jurídicos, a par das pessoas singulares, se actuarem na qualidade de consumidores finais[195], apesar da norma expressar um sentido estrito à noção[196]. Consequentemente, e de forma negativa, basta ser um uso ou utilização não-profissional[197].

O significado da expressão *profissional* há-de corresponder a uma actividade tida como regular, no sentido de designar o estado de quem é conhecedor do seu ofício e dele faz modo de vida. Desta ideia, o conceito não alcança apenas os consumidores finais e alarga a sua abrangência ao adquirente profissional que actua fora da sua específica actividade[198] como destinatário final. O fundamento está na falta de conhecimentos técnicos e teóricos de quem adquire ou utiliza certos bens ou serviços como último elo da cadeia produtiva.

Outras opiniões defendem a inclusão dos profissionais no rol dos consumidores quando não actuam no particular e especial âmbito de seu desempenho económico, porém, sustentados na equidade[199].

Trata-se, pois, de mais um contributo ampliativo da noção de consumidor, fundado na exacta circunstância do caso concreto. Tal posição certamente poderá corrigir situações injustas ou irrazoáveis nos negócios de consumo no mercado[200]. Em contrapartida, e de maneira reflexiva,

---

[194] Cfr. Teresa de Almeida, *ob. cit.*, p. 25.

[195] Neste sentido, Jorge Pegado Liz, *Introdução ao Direito...*, *ob. cit.*, pp. 186-187 e João Calvão da Silva, *Responsabilidade Civil do Produtor*, Almedina, Coimbra, 1999, pp. 58 e ss.

[196] A restrição a pessoas naturais parece ter sido adoptada no Anteprojecto do Código de Consumidor Português. Veja-se, para mais comentários, António Menezes Cordeiro, *O Anteprojecto do Código de Consumidor...*, *ob. cit.*, p. 699.

[197] Cfr. Sandra Laurentino, *ob. cit.*, p. 426.

[198] Neste sentido, António Menezes Cordeiro, *Tratado de Direito Civil Português*, *ob. cit.*, p. 462, nota 1036. Tem semelhante opinião, Sandrina Laurentino, *Os Destinatários da Legislação do Consumidor...*, *ob. cit.*, p. 424.

[199] Cfr. Carlos Ferreira de Almeida, *Direito do Consumo*, *ob. cit.*, p. 33. António Pinto Monteiro, *apud* Rui Moreira Chaves, ob. cit., p. 104; João Calvão da Silva, *Compra e Venda de Coisas Defeituosas...*, *ob. cit.*, pp. 121-122; Jorge Pegado Liz, *Introdução ao Direito*, *ob. cit.*, p. 218.

[200] Poderá dar-se o exemplo de uma empresa em formação que celebra um contrato fora do objecto principal da sua actividade e, notadamente, não iniciou a actividade mercantil.

também se promove a defesa do consumidor. Entretanto, atendidas estas razões, é sempre necessário separar o joio do trigo para se obter a rápida compreensão dos limites que cercam o acto de consumo[201], à luz do adequado critério da parte juridicamente vulnerável. Na verdade, parece-nos importante não conferir igualdade plena de tutela da lei especial a quem, de princípio, não é qualificado de consumidor[202].

Em suma, estas são construções doutrinárias alargadas, distantes da visão restritiva da lei do consumidor portuguesa, "...que reserva a protecção especial nela prevista ao consumidor ordinário..."[203] no acto de consumo estabelecido com o fornecedor.

Por fim, aquela lei não consagra expressamente a protecção do consumidor/utente perante os serviços fornecidos por entes públicos, no exercício da sua actividade económica, para a obtenção de benefícios. Contudo, o consumidor colocado na posição de utente obtém protecção da lei especial, como se infere do n.º 2 do artigo 2.º[204].

II. Por outro lado, em rápido bosquejo se constata que as normas supranacionais de âmbito europeu em matéria de relações de consumo têm em vista o consumidor como pessoa física[205].

No entanto, a Convenção de Bruxelas (artigo 13.º) e a Convenção de Roma (n.º 1 do artigo 5.º) aludem ao sujeito da relação contratual (uma pessoa) sem considerarem a distinção pessoa física/pessoa jurídica, deixando esta tarefa para os legisladores nacionais[206]. Todavia, situam o acto

---

[201] Neste domínio, aponta-se o exemplo de fls. 33-34 do nosso trabalho.

[202] Nesse sentido, Carlos Ferreira de Almeida, *Direito do Consumo...*, *ob. cit.*, p. 49.

[203] Cfr. João Calvão da Silva, *Compra e Venda de Coisas Defeituosas*, *ob. cit.*, p. 122.

[204] Veja-se comentários de António Pinto Monteiro sobre a protecção do utente//consumidor. *A Protecção do Consumidor de Serviços Públicos Essenciais*, EDC, Centro de Direito do Consumo, n.º 2, Coimbra, 2000, pp. 340-341. Teresa Almeida tem a mesma posição, considerando, porém, existir um contexto de indefinição do que é serviço público para os fins consagrados na lei especial; cfr. *Lei de Defesa do Consumidor Anotada*, *ob. cit.*, pp. 11 ss.. António Menezes Cordeiro não considera positivo dar relevância distinta desta figura no âmbito de uma relação de consumo. Para este autor, o utente de serviços públicos essenciais, enquanto consumidor, assim deve ser visto e ponto final; cfr. *O Anteprojecto do Código do Consumidor...*, *ob. cit.*, p. 70.

[205] Cfr. Carlos Ferreira de Almeida, *Direito do Consumo*, *ob. cit.*, p. 30; Elsa Dias de Oliveira, *Protecção dos Consumidores nos Contratos Celebrados Através da Internet...*, *ob. cit.*, pp. 52-53.

[206] Jean Calais Auloy exterioriza que sobram razões para ampliar a satisfação das necessidades privadas a certas pessoas morais de fins privados sem intuito lucrativo; cfr.

jurídico de consumo numa *relação contratual* em que uma das partes age de maneira *não-profissional*. Limitam-se, então, as definições a um contrato[207] e subentende-se a noção de profissional[208].

Entretanto, centrados no campo conceptual de consumidor no direito comunitário, há quem se empenhe em esboçar um texto na base das distintas definições: "...consumidor é qualquer pessoa singular que age com fins que podem ser considerados como alheios à sua actividade profissional"[209]. Configura-se aqui uma construção específica do consumidor padrão, já abordada em nossas considerações anteriores.

De todo o modo, o desenvolvimento legiferante da UE não prescindiu da definição de consumidor em variadas Directivas: n.° 87/102/CEE de 22/12/86, sobre o crédito ao consumo [artigo 1.°, n.° 2 al. a)]; n.° 93/13//CEE, de 05/04/93, sobre cláusulas abusivas nos contratos com consumidores [artigo 2.°, al. b)]; n.° 1999/44/CE, de 25 de Maio, no respeitante a certos aspectos da venda de bens de consumo e das garantias conexas [artigo 1.°, n.° 2 al. a)]; n.° 2000/31/CE, de 8 de Junho, relativa ao comércio electrónico; n.° 97/7/CE, de 20 de Maio, no âmbito do regime dos contratos à distância (artigo 2.°); n.° 90/314/CEE, de 13 de Junho, des-

---

Jorge Pegado Liz, *Introdução ao Direito...*, *ob. cit.*, p. 204, nota 415. Excelente opinião sobre esta matéria é também desenvolvida por António Menezes Cordeiro, considerando a pessoa colectiva como consumidora em dependência do destino final dado aos bens ou serviços; cfr. *O Anteprojecto do Código do Consumidor*, *ob. cit.*, p. 699.

[207] Fourgoux opõe-se à redução do consumidor a contratante (cingida no direito dos contratos) e defende que aquele pode ter como objecto a *aquisição* de um bem ou serviço; *apud* Carlos Ferreira de Almeida, *Os Direitos dos Consumidores*, *ob. cit.*, p. 211. No mesmo sentido, Thierry Bourgoignie, *apud* Jorge Pegado Liz, *Introdução ao Direito...*, *ob. cit.*, p. 216, nota 447. Este último autor também é da mesma opinião, veja-se ob. cit. pp. 215-216. Outros autores, nomeadamente Fontaine e L. Bihl, optam pelo termo *aquisição*; cfr. Carlos Ferreira de Almeida, *Os Direitos dos Consumidores*, *ob. cit.*, p. 212, notas 95-96.

[208] Cfr. Carlos Ferreira de Almeida, *Os Direitos do Consumidor*, *ob. cit.*, p. 210 nota 30.

[209] Cfr. Ana M. Guerra Martins, *Direito Comunitário do Consumo*, EIDC, Volume I, Instituto de Direito do Consumo, Faculdade de Direito, Universidade de Lisboa, Almedina, 2002, p. 67. A Convenção de Roma define o conceito na lei aplicável às obrigações contratuais de 1980 (artigo 5.°); a Convenção de Bruxelas preceitua a noção na matéria respeitante à competência judiciária, reconhecimento e execução de sentenças de 1968 (artigo 13.°). Cfr. Ana M. Guerra Martins, *ob. cit.*, p. 67.

tinada a regular as viagens organizadas, férias organizadas e circuitos organizados (artigo 4.º n.º 4)[210], bem como a n.º 85/577/CEE sobre as vendas ao domicilio (artigo 2.º)[211].

Generalizando, estas Directivas são instrumentos de aplicação às pessoas naturais que adquirem a um fornecedor bens ou serviços para satisfazer necessidades próprias (pessoais, familiares ou domésticas); ou seja, como destinatárias finais[212] em todo o seu sentido e alcance.

Certamente, a noção sintética de consumidor visa conferir aos Estados membros "...plena liberdade para alargarem internamente o âmbito de aplicação subjectivo de tal regime protector, a outras pessoas ou entidades"[213], podendo, estes, no caso, ser mais ou menos protectivos.

Contudo, não se apresenta fácil empreender esta tarefa legislativa devido à existência de desiguais direitos internos em cada Estado membro, levadas em conta as específicas realidades dos seus ordenamentos jurídicos. Algumas vezes, as soluções são encontradas mediante necessários ajustes técnicos face às relevantes divergências[214].

Em suma, é pacífico que um conceito uniforme para consumidor na UE é dispensável[215], especialmente se observarmos o contínuo alargamento a novos Estados e respectivas opções internas.

---

[210] Cfr. os conteúdos dos citados artigos em Rui Moreira Chaves, *ob. cit.*, pp. 98-99 e Teresa de Almeida, *Lei de Defesa do Consumidor Anotada*, *ob. cit.*, p. 26. A Directiva sobre crédito ao consumo mereceu alteração e hoje está sob o n.º 98/7/CE. Por outro lado, esta controvertida questão já deu azo a que se esboçasse a noção a partir de um *protótipo de consumidor*, aproximada ao conceito de consumidor médio típico: "aquele que segundo a experiência diária se encontra diante dos empresários em posição de inferioridade". Heinz Kosesnick – Wehrle, *apud* Jorge Pegado Liz, *Introdução ao Direito*, *ob. cit.*, p. 222 nota 464.

[211] Cfr. Ana M. Guerra Martins, *ob. cit.*, p. 67, nota 17.

[212] Cfr. João Calvão da Silva, *Compra e Venda de Coisas Defeituosas*, *ob. cit.*, p. 118.

[213] Cfr. Pedro Madeira Froufe, *A Noção de Consumidor a Crédito, à Luz do Ordenamento Comunitário e Português*, Scientia Ivrica, Revista de Direito Comparado Português e Brasileiro, Universidade do Minho, Tomo XLVIII, Janeiro/Junho, 1999, p. 438, nota (25).

[214] Exemplo disso é-nos dado por António Menezes Cordeiro, *O Anteprojecto do Código do Consumidor*, *ob. cit.*, p. 702.

[215] Baseado nisso, Jorge Pegado Liz peremptoriamente afirma: "Não será, pois, ao direito comunitário que se poderá ir buscar apoio para uma definição uniforme de consumidor que permita delimitar o âmbito do direito de consumo"; cfr. *Introdução ao Direito*, *ob. cit.*, p. 201.

III. De seguida, em breve incursão fora do continente europeu, falaremos somente da noção (de consumidor) consignada no Código de Defesa do Consumidor brasileiro.

O legislador daquele país define no artigo 2.º, alínea a) o conceito jurídico de consumidor ordinário. Neste, estabelece como sendo qualquer pessoa natural ou jurídica que adquira bens ou serviços prestados como destinatário final[216].

Inegavelmente, a finalidade conceituada visa o uso ou a utilização para fins pessoais ou familiares, com a exclusão de outros objectivos económicos.

Em razão disso, é uma definição objectiva: "isso ocorre porque a lei determina a conduta do sujeito e não as suas características subjectivas, para encará-lo como consumidor, isto é, o destinatário final"[217].

Mas aquele diploma legal permitiu à jurisprudência alargar o âmbito do conceito a outros sujeitos jurídicos. Tal ocorre com o profissional, sob o escudo da sua pretensa vulnerabilidade, quando actua fora do seu objecto social, apesar de perseguir fins lucrativos[218]. Assim, admite protecção especial ao consumidor intermediário.

A este respeito, a doutrina degladia-se em torno de interpretações finalistas e maximalistas, como já se disse noutro momento. Para as primeiras, o sujeito protegido é a pessoa física considerada consumidora final do produto ou serviço, atento o uso próprio ou familiar.

O segundo pensamento concebe uma noção ampliada de consumidor e invoca tutela protectiva às pessoas jurídicas[219], inclusive na aquisição de bens ou serviços inseridos na cadeia produtiva. Basta retirar o produto do mercado.

Em nossa opinião, deve-se negar a teoria maximalista do conceito de consumidor por não se compatibilizar, no seu todo, com o escopo precípuo da lei especial. Não se afasta, pois, a incidência do texto legal aos entes colectivos; porém, os seus dispositivos não se dirigem a situações jurídicas de carácter lucrativo.

---

[216] Cfr. Cláudio Petroni Belmonte, *ob. cit.*, p. 102 e nota (318).
[217] Veja-se José Fernando Simão, *ob. cit.*, p. 29.
[218] Veja-se Cláudia Lima Marques, *ob. cit.*, pp. 327-328.
[219] Veja-se as nossas breves considerações sobre esta interpretação, *supra*, pp. 36 e ss. Para melhor aprofundamento, cfr. Cláudia Lima Marques, *ob. cit.*, pp. 303 e ss.

O Direito do consumidor rege relações jurídicas de consumo, onde fica demonstrada a situação de fragilidade do destinatário final e somente admite as pessoas colectivas fora dos interesses empresariais.

Por fim, o conceito legal de consumidor alcança o utente nas relações de consumo face à prestação de serviços públicos (artigo 3.º LDC)[220].

C) *O conceito de consumidor equiparado*

Os critérios definitórios instituídos, de modo geral, aceitam a noção de consumidor equiparado. Como sustenta Carlos Ferreira de Almeida, as normas protectivas são: "...um direito à volta do consumidor", que abrange outras pessoas também elas à "mercê" da organização económica da sociedade"[221].

Em torno disso, os regimes jurídicos de protecção dos consumidores atrás analisados, nomeadamente, os resultantes das Directivas europeias ou das leis-quadro nacionais, implícita ou explicitamente, amparam uma perspectiva mais ampla de adquirentes ou utilizadores de bens ou serviços como destinatários finais.

Por referência a isso, vamos conhecer as situações de consumo equiparadas, sobre as quais incide o sistema protectivo.

Na generalidade, as pessoas colectivas identificam-se como consumidoras quando encerram a cadeia estabelecida desde a produção ao consumo[222].

No entanto, nesta linha de discussão, não se deixa de considerar a tendência restritiva trazida nas Directivas sobre esta matéria[223]. Contudo, este alinhamento configura a melhor opção normativa para os propósitos de um bloco de diferentes Estados.

---

[220] Veja-se Cláudia Lima Marques, *ob. cit.*, p. 562.

[221] Cfr. *Direito do Consumo...*, *ob. cit.*, p. 18.

[222] Neste ponto, a situação de vulnerabilidade frente a outro contraente traz uma perspectiva a ser compreendida pelo aplicador da lei na ampla abrangência das relações de consumo.

[223] Cfr. Tiago Machado de Freitas, *ob. cit.*, p. 396. Porém, a Directiva 84/450/CEE, de 10 de Setembro, sobre a publicidade enganosa, refere-se às pessoas colectivas como consumidoras; cfr. Jorge Pegado Liz, *Introdução ao Direito...*, *ob. cit.*, p. 200.

Aliás, diz-nos António Menezes Cordeiro, que "...a limitação do Direito do Consumo a pessoas singulares nem sequer é tradicional, antes correspondendo (como se diz no texto) a mero refluxo conceitual"[224].

Então, aquela "...posição inicial mais forte (finalista), influenciada pela doutrina francesa e belga..."[225] foi deixada de lado, e hoje constata-se um favorável alargamento à protecção especial das pessoas morais que adquirem o bem ou serviço em carácter final.

A LDC angolana manda proteger nas condições mencionadas a pessoa jurídica como consumidora equiparada, fruto da existência do acto de aquisição ou uso final (n.º 1 do artigo 3.º).

Esta ampliação subjectiva alcança o utente de serviços públicos (n.º 6 do artigo 3.º) no âmbito de uma relação de consumo (seja pessoa física ou jurídica). Para tanto, o elemento objectivo consiste na actividade de quem os presta; está inegavelmente associada a um sujeito classificado como fornecedor[226]. Nas circunstâncias, poderá ser o Estado ou entidades públicas por si criadas para prossecução de seus fins.

Por outro lado, não há qualquer limitação de âmbito subjectivo. A lei aplica-se também a todas as vítimas de acidentes de consumo. Na verdade, o adquirente directo de bens e serviços, no sentido amplo destas palavras, inclui todas as pessoas do agregado familiar ou doméstico, em função do acto de consumo. Permite este alargamento a expressão "...toda a pessoa... que os utiliza...", prevista no n.º 1 do artigo 3.º. Levam-se somente em consideração os danos sofridos pelo fornecimento inadequado (oferta, publicidade, práticas ilícitas, cláusulas abusivas), apesar de inexistir directa relação com o fornecedor[227]. A equiparação

---

[224] Cfr. *O Anteprojecto do Código do Consumidor*, ob. cit., p. 699, nota 29. Os parêntesis são nossos.

[225] Cfr. Cláudia Lima Marques, ob. cit., p. 304; os parêntesis são nossos. A mesma posição, como já comentado, foi adoptada pelos legisladores de Espanha, Reino Unido, Brasil e Bélgica; veja-se Sara Larcher, *Contratos Celebrados Através da Internet: Garantia dos Consumidores Contra Vícios na Compra e Venda de Bens de Consumo*, EIDC, Volume II, Instituto do Direito do Consumo, Faculdade de Direito, Universidade de Lisboa, Almedina, 2005, p. 155, nota 46.

[226] Para outros desenvolvimentos, veja-se Jorge Pegado Liz, *Introdução ao Direito...*, ob. cit., pp. 190-191.

[227] Nesse sentido, decidiu a jurisprudência britânica no caso Daniels and Daniels vs. R. White & Sons Ld.; cfr. Carlos Ferreira de Almeida, *Os Direitos dos Consumidores...*, ob. cit., pp. 216-217.

também está consignada na parte final do artigo 10.º (números 1 e 2), pois reconhece outras pessoas como consumidoras, denominando-as de *"terceiros"*. São entes absolutamente estranhos à precisa relação de consumo, mas por fatalidade são remetidos a vítimas de um evento danoso por defeito do produto ou serviço. Justamente por isso, se atribui responsabilidade ao fornecedor[228], como veremos mais tarde.

Porém, a equiparação vai mais longe. Estende-se a especial protecção a qualquer pessoa sujeita a práticas comerciais ilícitas (artigos 20.º e 21.º). Na verdade, o amparo a todas as pessoas indeterminadas expostas ao produto ou serviço, qualquer que elas sejam, alcança a colectividade, que poderá ver afectada a sua saúde e segurança física[229]. Daqui sobressaem os procedimentos capazes de ferir os interesses difusos (alínea a) do n.º 2 do artigo 35.º)[230].

Esta posição afere-se também no n.º 4 do artigo 6.º: "... os produtos e prestação de serviços que impliquem o perigo para a saúde pública...". Ora, sendo esta a incidente causa para a Administração Pública reagir (n.º 4 do artigo 6.º), qualquer pessoa pode dirigir-se a esta, mostrando-se menos importante o estabelecimento ou não de uma relação de consumo. Apenas releva a primordial defesa da saúde pública.

Daí, a possibilidade de pessoas indeterminadas se oporem a tais ilícitos de consumo. Basta informarem os órgãos competentes da Administração Pública. Em suma, a relação jurídica surge no momento da violação dos preceitos da LDC, independentemente da aquisição de bens ou serviços, por quem os utilize como destinatário final. A prioridade é manter incólume a dignidade da pessoa humana. Este é o sentido social da LDC.

---

[228] Os terceiros que sofrem lesões na relação de consumo podem fazer valer os seus direitos e exigir a responsabilidade civil do fornecedor na forma estabelecida na LDC, em especial contra as práticas abusivas [(artigo 16.º, nomeadamente na inversão do ónus da prova, alínea e)]; tais direitos podem ser tutelados individualmente (§ 1.º do artigo 27.º), ou através de acção colectiva (§ 1.º do artigo 27.º e alínea i) do artigo 32.º).

[229] Cfr. n.º 2 do artigo 6.º da LDC. Esta situação vem referida expressamente no parágrafo único do artigo 2.º e no artigo 29.º do Código do Consumidor brasileiro; cfr. Cláudio Petrini Belmonte, *ob. cit.*, p. 102, nota (319).

[230] Esta matéria será examinada no domínio dos litígios de consumo (Capítulo VII).

D) *A posição do direito angolano sobre a noção de consumidor*

Na análise ao texto normativo da LDC, verifica-se estar o conceito de consumidor[231] limitado ao uso final de bens, serviços ou direitos para satisfazer seres humanos e pessoas em sentido técnico (entes colectivos). Aqueles produtos devem ser fornecidos por quem desempenhe actividade negocial lucrativa (*lato sensu*) na típica relação de consumo.

Neste amplo entendimento, a imposição prevista no artigo 3.º assenta no acto objectivo praticado pelo adquirente, seja contratual ou não, independentemente das qualidades do sujeito activo da relação de consumo (incluindo o seu porte económico)[232].

Somente devem tais bens ou serviços ter utilização final[233].

Notadamente, a norma não é aplicável às acções dos sujeitos que actuam como *intermediários* no desempenho de actividade de interesse económico com escopo lucrativo; embora com a ressalva daqueles casos de eventual proveito, decorrentes da venda em segunda mão (estudante que vende livro a um colega de curso). Não há, neste particular vínculo, a finalidade de intermediação ou revenda, actos exclusivos do agente económico.

Nesta acepção, a perspectiva estritamente económica revela-se na habitualidade para exercer negócios de fim lucrativo.

---

[231] Este é o único conceito de consumidor no direito angolano. Constata-se também não existir na doutrina e jurisprudência do Tribunal Supremo qualquer referência a estas matérias. Assim, somos de concordar com o Conselheiro Neves Ribeiro: "O direito de consumo ainda não sensibilizou, de vez, os operadores judiciários"; *apud* João Alves, *Direito dos Consumidores, Textos e Peças Processuais*, Coimbra Editora, 2006, p. 111.

[232] Como já atrás foi dito, o legislador português prefere realçar expressamente o adquirente que actua com fins alheios a uma actividade profissional e teve o cuidado de restringir o conceito apenas às pessoas físicas; cfr. Carla Amado Gomes, *Os Novos Trabalhos do Estado: Administração Pública e a Defesa do Consumidor*, EIDC, Volume I, Instituto de Direito do Consumo, Faculdade de Direito, Universidade de Coimbra. Almedina, 2002, p. 39.

[233] Neste sentido, a opção do legislador pelo subconceito destinatário final (de igual modo no Brasil) afasta outras concepções para alcançar a adequada protecção dos direitos do consumidor; a exemplo, o dos fins exclusivamente privados (previsto na lei portuguesa n.º 29/81, de 22 de Agosto, já revogada), ou a conceituação dada pela maioria dos legisladores: destino não profissional de bens e serviços. Vejam-se as observações de Sara Larcher sobre estes específicos termos, em *Contratos Celebrados Através da Internet...*, EIDC, Volume II, Almedina, p. 159; Luís Manuel Teles de Menezes Leitão, *O Direito do Consumo, Autonomização e Configuração Dogmática...*, *ob. cit.*, p. 22.

Cumpre ainda consignar o caso da aplicação dada ao bem ou serviço adquirido por profissional, na qualidade de consumidor intermediário, mas fora do âmbito de sua especialidade[234].

Ora, o legislador angolano optou por uma noção objectiva de consumidor. De princípio, a única restrição é o destino final do bem ou serviço. Por consequência, a nossa LDC não tutela outras situações à margem do disposto no n.º 1 do artigo 3.º [235]. Claramente, não basta ser destinatário prático ou ocupar presumível posição de vulnerabilidade: é necessário que o consumo encerre o processo económico. De contrário, o profissional não preenche os requisitos de consumidor. Difícil se mostra esta opção, mas é de concordar que a aquisição de bens ou serviços (mesmo os chamados indirectos para o próprio processo produtivo) por profissional, sempre se somará às despesas decorrentes da obtenção do produto; e isto não é consumo na visão da lei do consumidor[236].

Em suma, o nosso sistema protectivo exclui as relações interfornecedores (profissionais), mesmo sob alegada vulnerabilidade nos negócios de consumo. Nesta medida, o único critério é o de destinatário final, cerne da definição de consumidor[237].

Melhor dizendo, a LDC não reconhece vínculos negociais entre comerciantes para fins lucrativos. Depreende-se também um entendimento explícito no mesmo sentido face ao consumo intermédio, caso o fornecedor opere com habitualidade e vise o lucro.

Na verdade, o pilar da definição do artigo 3.º da LDC assenta no destinatário final de maneira restrita, apesar de admitir equiparação nos

---

[234] As teorias correntes a este respeito, como se comentou, dividem-se entre as finalistas e as maximalistas.

[235] O fim do bem ou serviço alheio à principal actividade económica do adquirente nem sempre é atendido de maneira uniforme pela jurisprudência francesa. Por vezes protege o pequeno comerciante, por exemplo, um joalheiro que estabelece relação contratual com um banco, mas recusa proteger o empreiteiro que instala telefones na sua empresa; cfr. Cláudia Lima Marques, *ob. cit.*, pp. 307-308.

[236] Em incisiva *crítica* ao Anteprojecto do Código do Consumidor português, António Menezes Cordeiro nega categoricamente a protecção a qualquer espécie de profissional; cfr. *O Anteprojecto do Código do Consumidor, ob. cit.*, p. 701.

[237] Porém, a inflexidez que domina esta matéria pode vir a ser esbatida com o evoluir de decisões jurisprudenciais; no entanto, aceita-se que a finalidade invocada na disciplina das relações de consumo se encontra dentro do espírito que anima o ordenamento jurídico neste momento.

critérios da finalidade dos bens ou serviços (elemento finalístico). Isso parece-nos bastante se atendermos aos princípios básicos do nosso sistema de protecção, visto como instrumento de correcção dos desequilíbrios existentes nas relações de consumo.

E) *O fornecedor*

No pólo contrário ao do consumidor situam-se pessoas ou entidades que fornecem bens ou serviços. Para o efeito, a LDC enuncia *toda a pessoa*, seja ela industrial, importador, comerciante ou prestador de serviços, a título individual ou societário (n.º 2 do artigo 3.º)[238]. Assim acontece por se encontrarem no pólo disponente da relação de consumo, pois proporcionam aos consumidores os bens juridicamente consumíveis.

Dentre os fornecedores incluem-se o Estado e os organismos públicos, descentralizados ou não, para além de entidades de capitais mistos, bem como os concessionários de serviços públicos (n.º 6 do artigo 3.º) exercentes das actividades descritas no n.º 2 do artigo 3.º.

Abrange, pois, o fornecedor em geral que produz, cria, constrói, transporta, presta serviços e, bem assim, os denominados intermediários, independentemente da natureza da actividade, se pública ou privada, e do seu titular (pessoa física ou jurídica personalizada ou não, nacional ou estrangeira). A lei aqui é exaustiva. Esta exigência é justificada. Enquanto houver fornecimento, há a susceptibilidade de um vínculo de consumo com a fisionomia prevista por lei.

Atento ao já dito, consiste o aludido fornecimento de produtos em bens corpóreos (imóveis ou móveis) e imateriais destinados às necessidades do consumidor, bem como os serviços remunerados, da forma mais abrangente, excepto o caso da relação entre o empregador e empregado (n.º 3 do artigo 3.º), conforme referido noutro lugar.

A questão remuneratória dos serviços prestados, onde também figuram os de natureza bancária, financeira, creditícia e securitária, faz surgir prontamente o fornecedor. O critério válido funda-se nas relações de consumo.

---

[238] O artigo 3.º do Código de Defesa do Consumidor brasileiro só acresce na definição o termo "transformação", mas pode ser aferido de maneira implícita no preceito angolano.

Por seu turno, face à lei, destacam-se dois elementos do conceito, a saber: o subjectivo (pessoa a quem se atribui a definição) e o objectivo (comportamento daquele que faz o papel de fornecedor); ambos conexionados à não eventualidade no exercício da actividade económica.

Acentue-se, todavia, "...que o critério caracterizador é desenvolver *actividades* tipicamente profissionais..."[239], mas a incidência jurídica da norma não afasta a específica habitualidade de praticar actos enquadráveis como de consumo[240]. Aliás, na relação jurídica de consumo o fornecedor não necessita de ser um perfeito profissional; pois, de contrário, colocaríamos muitos obstáculos à definição de consumidor.

Note-se, ainda, que o produto da actividade artesanal quando posto no mercado de consumo submete-se à LDC. Porém, a definição é muito ampla e, neste caso, torna-se imprescindível analisar atentamente os actos do artesão para que este possa caber no conceito de fornecedor: é necessário que aquele artífice de produtos em pequena escala os destine ao consumo público.

Por sua vez, está perfeitamente claro que as actividades propriamente agrícolas não cabem na noção. Contudo, já o texto legal traz a figura dos *entes despersonalizados*, sendo de considerar englobados na definição as pessoas envolvidas na economia informal. Quanto aos últimos, vamos referi-los no capítulo seguinte.

F) *Relação jurídica de consumo*

A relação jurídica de consumo é o núcleo partir do qual podemos ter uma visão dos intervenientes (consumidor/fornecedor), cuja falta de precisão leva a tropeços interpretativos na aplicação da LDC.

Partindo da terminologia "relação jurídica"[241], vulgarmente utilizada por certos autores em torno da junção daqueles sujeitos no mercado de

---

[239] Cláudia Lima Marques, *ob. cit.*, p. 393. A expressão *tipicamente* deve ser tida, relativamente ao tema em estudo, como *actividade com características daquela exercida por profissional*.

[240] Neste sentido e para melhor aprofundamento, cfr. Jorge Pegado Liz, *Introdução ao Direito...*, *ob. cit.*, pp. 205-206.

[241] Na abordagem destas matérias, já o dissemos, o vínculo entre o consumidor e fornecedor é denominado de acto de consumo, negócio de consumo, negócio jurídico de consumo, relação de consumo ou relação jurídica de consumo, conforme os autores; cfr. Carlos Almeida Ferreira, *Direito do Consumo*, *ob. cit.*, p. 19, nota 16. Damos preferência às duas últimas, sem deixar de admitir as restantes expressões.

consumo, Luís Menezes Leitão define-a "...como a relação que se estabelece entre um profissional e o consumidor, através da qual se fornecem bens ou se prestam serviços para uso não profissional"[242]. Aqui estão enunciadas as características precisas para existir um vínculo de consumo.

Entre nós, o artigo 3.º da LDC expressa a definição de consumidor, de fornecedor e do bem ou serviço. Assim, entende o primeiro como o beneficiário do sistema protectivo e o segundo como aquele sobre quem incidem os deveres impostos pela lei especial. Os últimos, representando uma utilidade destinada ao consumo jurídico, são os que tenham fins económicos, designadamente através do vínculo estabelecido entre os dois preditos sujeitos.

Resultante desta vital ligação entre os assinalados partícipes, pode-se aferir o destino dado ao bem ou serviço e identificar a relação jurídica de consumo, tida as mais das vezes como uma operação complexa, devido ao excessivo alargamento dos limites impostos nos diferentes ordenamentos jurídicos. De facto, a elasticidade da lei muitas vezes outorga protecção independentemente da aquisição de um bem ou serviço, sendo suficiente a simples conexão entre o sujeito e o produto fornecido para atribuir ao primeiro o direito de agir, pelo claro motivo de se violar a legislação especial de consumo.

---

[242] Cfr. *O Direito do Consumo: Autonomização*, ob. cit., p. 24. Calay Auloy formula a seguinte definição: "es el acto juridico (un contrato casi siempre) que permite obtener un bien o un servicio con vistas a satisfacer una necesidad personal o familiar"; *apud* Gemma A. Botana Garcia, *ob. cit.*, p. 362. Por motivos óbvios, a aplicação do sistema protectivo não se limita aos contratos, pois os actos de consumo também alcançam as relações pré-negociais para aquisição ou utilização de bens ou serviços.

CAPÍTULO IV
A LDC – USOS E HÁBITOS SOCIAIS EM ANGOLA

1. Primeiras considerações

Nos últimos trinta e um anos registaram-se metamorfoses no processo socio-económico angolano. Após um período de sistema de economia centralizada (1975-1985), impuseram-se lentamente os pressupostos de economia de mercado e da liberalização da actividade comercial.

Noutros termos, foi o princípio da causa original para a defesa do consumidor, estabelecendo-se instrumentos legais que, sobretudo, visam proteger os seus direitos e interesses.

Porém, sendo o consumo comum a todas as pessoas, a satisfação das necessidades dos consumidores em Angola sofre os contrastes da debilidade económico-social[243]. Isto reconhece-se tanto em áreas de elevado consumo (cidades) como nas zonas rurais e semi-rurais, onde a escala

---

[243] Os ciclos de conflito e paz durante vinte e sete anos de guerra civil apresentam-se como causa chave para analisar esta realidade nacional. A respeito disto, conhecida a relação entre demografia e consumo, cumpre referir que regressaram a Angola nos últimos tempos 400.000 refugiados dos países limítrofes, conforme pronunciamento do Ministro da Reinserção Social, na 58ª Sessão do Conselho Executivo do Alto Comissariado das Nações Unidas para os Refugiados (ACNUR); cfr. Jornal de Angola de 3 de Outubro de 2007, Ano XXXI, N.º 10, 896, p. 5. Por outro lado, sublinha-se mais um aspecto débil e relevante, sobretudo para os propósitos deste estudo: segundo o Anuário Estatístico do ano de 1974 da Direcção Nacional de Estatística de Angola, no país existiam 5.634.006 habitantes, dados resultantes do censo de 1970. Actualmente, O Instituto Nacional de Estatística faz uma projecção de 13.398.000 habitantes; cfr. Cadernos "ABC Comercial" sobre Evolução do Cadastro Comercial e de Prestação de Serviços Mercantis, Em Angola, Direcção Nacional do Comércio Interno, Ano II, N.º 4, Agosto de 2001, pp. 7 e 19.

varia até ao limite da pobreza, sentindo-se a falta de protecção face ao poder crescente do fornecedor em todos os domínios envolvidos.

A actividade económica de obtenção de lucros em Angola reparte--se por diferentes agentes económicos. Por um lado, os profissionais e, paralelamente a estes, os agentes do sector informal; por outro, o comércio desenvolvido pelo Estado.

O sector informal, inserido no comércio precário e no ambulante merecerá imediata análise. Directamente constitui, sem dúvidas, um dos maiores indicadores do mercado dos países subdesenvolvidos, sobretudo naqueles que atravessaram um longo período sem o fornecimento regular de produtos básicos[244]. Nestes casos, é incontestável a defesa do público consumidor face à reimplantação de políticas de mercado.

2. Comércio precário

O primeiro impulso do legislador para se ocupar desta matéria ficou conformado no Decreto n.º 29, de 2 de Junho de 2000[245]. O seu conteúdo normativo visou adoptar medidas para que a pessoa singular no exercício de comércio paralelo[246] integrasse a economia formal[247]. A finalidade era reduzir os efeitos negativos de uma actividade que corrói o sistema e

---

[244] Apesar do facto de termos pessoas físicas nesta actividade, há o risco dos mercados informais neutralizarem grande parte das iniciativas para assegurar a economia formal, carecendo aquele de disciplina para não competir de maneira desleal.

[245] A aprovação deste Decreto pelo Governo de Angola foi na sequência da Política, Estratégia, Legislação Comercial e respectivos Regulamentos de organização e funcionamento da actividade comercial e de prestação de serviços mercantis em todo o território nacional, publicado em 18 de Fevereiro e 22 de Março de 2000 (DR I Série n.º 22, de 2 de Janeiro).

[246] O instrumento legal dirigido ao sector informal propôs-se regular toda a actividade realizada em locais inapropriados ("mercados paralelos" nas zonas suburbanas e rurais e vendas espontâneas nas artérias das cidades, ou seja, vendas ambulantes).

[247] A primeira tentativa para controlar ou inserir na economia formal os agentes que operam no sector informal foi através da Instrução de Serviço n.º 100/DIR.NAC./91, de 9 de Dezembro, do Director Nacional do Comércio. Porém, a iniciativa mais relevante para conduzir as acções práticas dos agentes do mercado informal só foram realizadas em Agosto de 2005. As preocupações estavam relacionadas com o expressivo "...número de pessoas envolvidas na actividade de importação apenas com o cartão de contribuinte"; cfr. INAPEM, Actualidade, Informação Trimestral n.º 8 de Julho a Setembro de 2005.

procedimentos na cadeia de fornecimento de bens ou serviços. Por outras palavras, criou-se um instrumento para submeter ao controlo público os comportamentos impróprios daqueles agentes.

Mais tarde, esta intervenção legal foi complementada com o Decreto Executivo n.º 43/00, de 2 de Junho, sobre o Exercício da Actividade de Comércio Precário (Ministério do Comércio) e respectivo regulamento, em si mais um justificativo, confinado agora às pessoas colectivas, para impedir que estas exercessem actividade informal no mercado de consumo (artigo 2.º), em especial de produtos por elas importados[248] (regra geral contrafeitos ou contrabandeados).

O foco principal de medidas concretas foi precisamente no sentido de criar condições higiénico-sanitárias (artigos 4.º e 5.º) e institucionalizar regras técnico-comerciais no sector informal, a exemplo, o processo de pedido de licença para o exercício da actividade (artigo 7.º), cuja atribuição fixava critérios exactos para o razoável desempenho de operações no mercado a título precário. Por outras palavras, pretendia-se assegurar a integração do comércio informal na economia formal[249]. A urgência e a gravidade dos seus actos a isso impunham.

Declaradamente, era mais um desafio dirigido a promover acções públicas que resultassem na passagem de uns e outros agentes económicos (pessoas colectivas ou não) a fornecedores do mercado legal. A finalidade era estancar ou reverter este anormal processo negocial.

As consequências sancionatórias contempladas no Decreto n.º 43/00 estabeleciam uma multa (artigo 6.º), variável entre os limites nele estabelecidos, segundo as competências dos órgãos do poder local.

O objectivo institucional dos dois diplomas regulamentares foi sujeitar os "micro-comerciantes" e os seus particulares abastecedores a procedimentos favoráveis à fiscalização das vendas de produtos aos consumidores[250], sobretudo nas zonas peri-urbanas, diante da ausência de hábitos de consumo com qualidade e segurança.

---

[248] Os entes colectivos ficaram adstritos ao licenciamento da actividade de comércio externo por força do Dec. n.º 55/00, de 10 de Novembro, DR I Série, n.º 48.

[249] O fornecedor no mercado informal foi tolerado ao longo dos anos pelos poderes públicos; porém, nos dias de hoje, criaram-se mecanismos legais para convertê-los num instrumento de intermediação com uma certa franja de consumidores. Neste caso, estamos perante um sector de subsistência para milhares de angolanos que não pode ser ignorado e continua a ser de grande vulto na economia do país.

[250] A intervenção fiscal é também um dos grandes fins do Estado. Por outro lado, segundo a OMC, aproximadamente 70% do emprego está na economia informal; cfr.

Sem dúvida, os operadores do sector informal[251] relacionam-se com os adquirentes de bens ou serviços na base de práticas de fornecimento consideradas primitivas, concorrentes com os métodos clássicos, levando, amiúde, vantagem sobre estes[252].

Na sua essência, os produtos de qualidade medíocre são dirigidos a satisfazer as necessidades básicas de consumo de uma maioria de destinatários finais acríticos, com usos e convicções aproximadas das rurais e sem o mínimo de poder aquisitivo[253]. Do outro lado, estão intermediários vorazes, com refinados métodos e manifesto desprezo pelos direitos da pessoa humana[254].

Assim, não há preocupação, nem sequer tendencial, com a protecção da saúde e segurança física, com a informação para o consumo, com a liberdade de escolha ou com a defesa dos interesses económicos previstos no artigo 4.º da LDC.

A evolução legislativa fez-se sentir com a publicação da Lei das Actividades Comerciais (Lei n.º 1/07, de 14 de Maio, DR n.º 58, Iª Série). Este instrumento jurídico estabelece princípios e normas gerais de comércio, mantendo-se em vigor as normas previstas em legislação anterior, se não colidirem com o regime da nova lei.

O projecto desta lei fundamentou a importância imediata de se adoptar mecanismos de correcção do fenómeno do comércio informal,

---

Angola › Portugal Negócios, Câmara de Comércio e Industria Portugal – Angola, Revista n.º 66, Março 2006, p. 13. Esclarece-se ainda, que se estima em 10 milhões de dólares//dia o registo de negócios de consumo no maior mercado informal de Angola; cfr. Figuras & Negócios, Angola, Ano 7, n.º 61, 2006, p. 71.

[251] Para melhor conhecimento da caracterização e perspectivas do comércio informal, cfr. Comércio em Angola, 31 anos de Metamorfoses e Evolução, publicação abc Comercial e Associados, L.da, pp. 48 e ss.

[252] Note-se que um dos factores desta forte dinâmica no mercado informal está a cargo de um número elevado de imigrantes africanos, vistos como comerciantes "párias", atraídos pela precária situação mercantil em Angola. Este é, em parte, o ponto de vista de Armando Marques Guedes, *Sociedade Civil e Estado em Angola, o Estado e a Sociedade Civil sobreviverão um ou outro?* Almedina, 1955 – 2005, pp. 74-75.

[253] No Índice de Desenvolvimento Humano das Nações Unidas, em 2005 Angola posicionava-se na 160ª posição entre 177 países; cfr. Angola › Portugal Negócios, *ob. cit.*, p. 13.

[254] Realiza-se a comercialização de produtos perecíveis, medicamentos e outros proibidos em mercados abertos e em locais impróprios, sem o mínimo de condições sanitárias e de higiene.

face ao "...elevado número de agentes comerciais não claramente identificados..."²⁵⁵ em franca competição com grandes fornecedores nacionais no mercado de consumo.

Diga-se ainda que, a presente lei tem, entre outros aspectos, o objectivo de salvaguardar os direitos dos consumidores, nomeadamente o acesso à informação, qualidade, inocuidade e segurança dos produtos, a par da protecção da livre e leal concorrência²⁵⁶.

3. Mercados rurais

I. A normalização da actividade de fornecimentos de bens e prestação de serviços foi estabelecida através das primeiras regras constantes no Decreto Executivo n.º 44/00, de 2 de Junho e respectivo Regulamento Sobre os Mercados Rurais²⁵⁷.

O conteúdo das suas disposições atendem aos diferentes fornecimentos de produtos do mercado rural (agrícolas, pecuários e artesanais, simples ou manufacturados), conforme expressa o artigo 1.º.

Neste sentido, tem em atenção os desequilíbrios entre o fornecedor rural e outros partícipes, impõe um sistema de coexistência nos aspectos

---

²⁵⁵ Cfr. Projecto de Lei das Actividades Comerciais, Relatório, I: – Fundamentação (versão corrigida de 7 de Fevereiro de 2007).

²⁵⁶ A Lei das Actividades Comerciais é composta por sete capítulos e quarenta e dois artigos que visam estruturar, reger e dinamizar as actividades mercantis. As suas disposições só revogam o disposto no Decreto Executivo n.º 43/00, de 2 de Junho e respectivo Regulamento Sobre o Exercício da Actividade de Comércio Precário, se as suas regras forem incompatíveis, dentro da técnica tradicional. No mesmo sentido, se considera em vigor o Decreto n.º 29/00, de 2 de Junho. Por outro lado, está em curso a elaboração de diversos diplomas regulamentadores da enunciada lei.

²⁵⁷ Os mercados rurais de hoje são fruto de experiências semelhantes no passado, que resultaram em grandes êxitos. No período pré-independência nacional, publicou-se o Diploma Legislativo n.º 3593, de 13 de Dezembro de 1965 e outro sob o n.º 4083, de 15 de Fevereiro de 1971. Instituída a República de Angola, verifica-se que o primeiro instrumento legal para regular esta actividade foi um Despacho sob o n.º 49/97, de 17 de Outubro do Ministro da Agricultura e Desenvolvimento Rural; seguiu-se outro, a Resolução n.º 12/97 da Comissão Permanente do Conselho de Ministros (DR n.º 58, I Série, de 24 de Dezembro de 1997), que criou o sistema de financiamentos e incentivos para o comércio rural. Citam-se estes diplomas como regimes jurídicos precursores, mas foram ditados sem referência aos específicos interesses dos consumidores.

ligados à promoção e estabilidade de preços pelo aumento de produtos no mercado, bem como vela pela disciplina no circuito económico, mormente entre os que nele tomam parte (artigo 2.º).

A criação deste quadro jurídico-legal estabelece formalidades para o surgimento desta espécie de mercado, desde a localização a datas de funcionamento, a par de regras organizatórias para conduzir a actividade mercantil (controlo estatístico, serviços de medição e pesagem, pesos, escoamentos dos produtos excedentes, bem como o regime de venda em concorrência).

A cadeia da economia rural tem por objectivo consolidar o funcionamento do circuito de bens essenciais entre o fornecedor rural e o consumidor urbano na satisfação das suas necessidades básicas[258]. Para tanto, instituíram-se espaços territoriais específicos, destinados à comercialização de produtos típicos ou diferenciados.

Derivado das inovações legislativas, o Decreto Executivo 44/00, de 2 de Junho, ficou revogado nas matérias contrárias à Lei das Actividades Comerciais. Por conseguinte, este exercício mercantil submete-se agora à nova lei.

Todavia, fora dos limites urbanos e suburbanos, a praça informal é vista como parte integrante da actividade mercantil, de características distintas do mercado institucional, servindo de elo entre a cidade e o campo.

Na realidade, a grande quantidade de produtos agrícolas (hortícolas) e pecuários não aguarda pelo mercado sob directo controlo do Estado. Ou melhor, os dois sistemas coexistem lado a lado. No entanto, os consumidores do sector informal são inúmeros, resultando disto implicações pouco abonatórias para a vida dos grandes centros comerciais. Como fizemos compreender, a progressão dos mercados paralelos (informais) é muito rápida, sejam eles pequenos e pouco desenvolvidos ou relativamente grandes, pois o comércio não licenciado é parte muito significativa do mercado económico de Angola.

---

[258] O sistema de mercado rural regulado pelo poder público apresenta-se como prioridade nos dias que correm, face ao aumento dos produtos básicos de consumo nos últimos anos. Segundo o Ministério da Agricultura e Desenvolvimento Rural, em 2004//2005 "...foram cultivados mais de 3,2 milhões de hectares, representando mais 267 mil hectares em relação à campanha do ano anterior; cfr. Angola › Portugal Negócios, Câmara de Comércio e Industria Portugal – Angola, n.º 65, Edição e Comunicação L.da, p. 57.

De facto, pode-se argumentar que as relações na praça informal assentam no vínculo entre produtores rurais e consumidores (especialmente suburbanos), na qual os primeiros realizam operações combinadas, com metas específicas de lucro[259].

Porém, cresce desmesuradamente o número de intermediários informais no mercado de consumo e a sua considerável força atravessa praticamente todos os sectores económicos. Pois, existindo mercado há intercâmbio, consumidores e agentes da economia informal.

Por outro lado, o súbito desenraizamento da sociedade camponesa do tradicional meio rural, para se fixar em aglomerados suburbanos, devido à guerra, trouxe as suas consequências. Logo à primeira vista, as migrações internas em número muito elevado para a periferia urbana influenciaram os comportamentos económicos; daí surgiram novos hábitos de consumo.

II. Esta aproximação ao modelo urbano teve os seus reflexos nas pessoas que se movimentam no sentido cidade – interior[260]; ou seja, já não existe aquela severa limitação de produzir bens essenciais para satisfação do pequeno consumo[261]. Revelam-se agora novas categorias de produtores, com implicações na alternância consumo e venda.

Assim, já não se asseguram somente excedentes para necessidades imediatas, pois o mercado rural (informal ou não) passou a servir de centro de interesse para a actividade comercial dos citadinos.

Por isso, os actos de intercâmbio não se limitam a bens indispensáveis para populações do meio rural. Verifica-se o envolvimento de todos nas relações de mercado[262]. Em consequência, surgem como alternativa

---

[259] Nem sempre é claro se estas acções são geradas do interior do próprio sistema de vendedores rurais ou devido a factores externos que incidem sobre ele. Porém, são pequenos lucros de comércio que bastam para justificar uma atitude de acordo com os padrões correntes do seu meio social.

[260] Este movimento de pessoas assenta no regresso dos militares desmobilizados e suas famílias para os locais de origem, bem como daqueles camponeses que abandonaram as suas pequenas parcelas de terra. Por outro lado, os que não saíram das suas áreas em todo o período de guerra também foram influenciados pelas práticas dos que regressaram. Recombinam-se valores urbanos e rurais.

[261] De entre os objectivos principais dos poderes públicos, enumeram-se a criação de excedentes de produtos e a fixação ou o reassentamento das populações nas suas terras de origem; cfr. *Manual do Comerciante*, Edição Imprensa Nacional – UEE, 2000, p. 45.

[262] O dever legal de protecção diz respeito a bens alimentares, serviços de saúde, transportes, educação, telemóveis, microcrédito, etc., naquele meio distante do urbano,

bens de natureza diversa, para suprir necessidades outrora desconhecidas em regiões do interior.

Em lugar dos tradicionais produtos do campo, transaccionam-se (permutam-se) presentemente bens modernos para interesses caseiros[263].

Ora, o intermediário desta actividade mostra perícia, aceitável grau de especialização e habilidade, que tornam vulnerável o adquirente rural. Deste modo, estamos perante uma relação de finalidade do consumo, legalmente subsumível à LDC. Embora os detalhes possam variar com os do meio urbano, as variáveis principais são uniformes. Elas assentam numa relação de consumo. Assim, neste domínio reúnem-se cumulativamente na mesma pessoa os actos do fornecedor, por um lado, e do consumidor, por outro; então, é necessário guiar e proteger este último.

4. Mercados urbanos

Um dos subsistemas da actividade comercial é o mercado urbano. Em Angola, de conformidade com o Decreto Executivo n.º 45/00, de 2 de Julho, do Ministério do Comércio (DR n.º 22, I Série e regulamento em apêndice)[264], consiste em mercados permanentes e ambulantes (artigo 2.º). Os últimos são os agentes sem domicilio comercial que, no exercício da sua actividade, deambulam por diferentes locais. Por conseguinte, são não sedentários (itinerantes) (n.º 2 do artigo 3.º)[265].

---

pois a regra é não colocar no mercado produtos ou serviços perigosos ou nocivos à vida, segurança e saúde do consumidor; cfr. números 1 e 2 do artigo 6.º da LDC.

[263] Os bens adquiridos não são introduzidos na actividade profissional do consumidor rural. Dá-se como exemplo, as motorizadas, pequenos geradores para fornecerem electricidade à casa familiar, aparelhos de som, televisões, lanternas, etc.. Aqui destaca-se o exemplo prático e o comentário de João Calvão Silva, em face do destino não principal dado ao bem adquirido pelo pequeno produtor; cfr. *Responsabilidade Civil do Produtor*, ..., Almedina, Coimbra, 1999, pp. 64-65.

[264] Revogado no que contende com as disposições da Lei das Actividades Comerciais.

[265] As vendas ambulantes são uma extensão do mercado informal e muitos consumidores superam as suas necessidades ora num ou outro. O Decreto Executivo n.º 48/00, de 2 de Junho e o respectivo Regulamento do Exercício da Venda Ambulante, desde que não contrariem a Lei das Actividades Comerciais, regulam a actividade do vendedor não sedentário, cujo exercício se limita às pessoas físicas sem conexão com terceiros. O legislador, no seu preciso critério, impede a venda por grosso, estabelece técnicas comerciais

Centrados nas operações dos mercados permanentes de serviços mercantis, verifica-se o seu carácter fixo, assente no modo habitual de uma actividade de comércio a retalho[266], sob autorização administrativa.

A finalidade da organização da rede de comércio urbana é zelar pelos interesses da sociedade em geral e estabelecer instrumentos reguladores do vínculo entre o fornecedor e consumidor.

No passado, o funcionamento deficiente daquela espécie de praça, associada às próprias características dos produtos, não se identificava com a protecção à saúde e segurança do consumidor. Os riscos de utilização normal daqueles bens apresentavam-se condicionados a relevantes aspectos, tais como prazos de consumo vencidos, composição e qualidade duvidosas, venda de bens sem rótulos ou em língua estrangeira, falta de unidade de medição, margem de lucros excessivas e, muitas vezes, com deficiências para serem usados[267].

Por fim, reconhece-se que os fornecedores, constituídos através destas pequenas unidades de distribuição de bens e serviços, visam reduzir o persistente comércio informal nas zonas urbanas, na perspectiva da transição dos últimos para micro-empresas, com a consequente aplicação da lei especial. De contrário, o consumidor manter-se-á inerte frente aos prejuízos causados na aquisição de produtos de pequeno valor económico.

---

para disciplinar a sua funcionalidade e define procedimentos dirigidos à segurança e saúde públicas. O problema real é que o número destes agentes cresce à dimensão das artérias das cidades e confrontam o quadro legal e regulamentar, em especial na falta de manuseio seguro dos produtos e higiene pessoal. Segundo fontes oficiais, já em 31/12//2000 existiam 31.738 agentes económicos no sector informal de bens alimentares, industriais, mistos e de prestação de serviços no país; cfr. Cadernos "ABC Comercial", Direcção Nacional do Comércio Interno, Ano II, n.º 4, Setembro 2001, p. 21.

[266] A actividade deve ser desenvolvida numa bancada ou quiosque de qualquer mercado permanente (n.º 1 do artigo 3.º). O legislador visa, essencialmente cadastrar, cada agente económico (Decreto Executivo n.º 55/00, de 14 de Julho) e permitir que os organismos competentes controlem a actividade no mercado (o Decreto Executivo n.º 56/00, de 14 de Julho, impõe logo de início a vistoria ao local da venda).

[267] No entanto, os constrangimentos para implementar as medidas protectivas ao consumidor são muito fortes, apesar das tentativas para reduzi-los. Os motivos estão distantes do nosso tema de trabalho, mas passam pelos objectivos previstos nos programas de desenvolvimento de curto e médio prazo, sob a responsabilidade do Estado.

5. O concurso estatal na distribuição de bens essenciais

I. O consumo básico deve revestir dimensão estratégica, por forma a manter a sociedade confiante nas virtualidades da justiça social. Certamente por isso, delineiam-se políticas públicas decisivas, o que supõe não estar o consumidor alijado das preocupações do Estado; aquele (consumidor) tem papel determinante no jogo de mercado, sendo elemento básico de sua manutenção e sobrevivência.

De facto, aos modos de consumo não deve ficar indiferente o decisor político. Daí, a criação pelo Estado angolano do Programa de Reestruturação do Sistema de Logística e de Distribuição de Produtos Essenciais à População (P.R.E.S.I.L.D. – Nova Rede Comercial)[268]. Este programa tem em vista implementar a organização dos mercados grossistas, retalhistas e modernizar o urbanismo comercial[269]. O objectivo visa ampliar a oferta de bens essenciais aos consumidores, especialmente aqueles com escasso poder de compra.

Temos, assim, o Estado como entidade promotora e responsável directo do funcionamento da rede logística e de distribuição de produtos essenciais[270], *aparentemente* dirigidos a certas faixas de população, iniciativa que, em circunstâncias normais, seria estranha à sua actividade.

---

[268] O programa foi aprovado em Agosto de 2005 e, para tanto, foi criado o Grupo de Coordenação Multisectorial, através do Despacho Presidencial n.º 15/05, de 31 de Outubro, DR n.º 130 I Série.

[269] Este programa incorpora subprogramas que visam a organização física do Mercado Grossista através da sua estruturação em Plataformas de Logística, Centros de Logística e Distribuição, Mercados Abastecedores, Entrepostos Aduaneiros, bem como em Hipermercados Grossistas e Retalhistas.

Relativamente ao Entreposto Aduaneiro, o seu objecto está consignado em moldes de empresa pública e tem como finalidade social a actividade mercantil grossista e o armazenamento de produtos importados, conforme preceitua o artigo 5.º do Decreto n.º 81/02, de 16 de Dezembro, DR n.º 102, I Série. Esta entidade colectiva foi criada no intento de quebrar as "...frequentes rupturas de *stocks* em matéria de abastecimento de bens essenciais, com a consequente subida injustificada dos preços desses produtos"; cfr. preâmbulo do diploma legal. Assim, as suas atribuições complementam o P. R.E.S.I.L.D. na organização e distribuição da cesta básica à população.

[270] O Estado é responsável pelo financiamento do programa, disponibilização de parcelas de terra, a par da criação de infra-estruturas institucionais (com destaque para a Lei das Actividades Comerciais, já publicada, e para a Lei da Concorrência, ainda na forja) e físicas. Por conseguinte, encarrega-se de formar e capacitar o fornecedor privado, garantindo-lhe também a aquisição de tecnologia.

Na sua concepção, o Estado persegue o interesse público (ou o próprio interesse social), não somente como órgão normativo, de planeamento e regulador de acções económicas, mas também como participante directo na actividade comercial, como agente fornecedor, para além de sujeitar ao seu controlo outros actores económicos.

Trata-se de uma opção de política legislativa que não deixa de afrontar os pressupostos da economia de mercado. Na verdade, o concurso estatal no abastecimento de bens essenciais de consumo implica uma limitação legal e diminui a participação dos entes particulares neste sector mercantil. Certamente, tais actos não são redutíveis a uma simplificação que aquiete o sistema empresarial privado. No entanto, resulta evidente que o postulado constitucional sobre o incentivo à actividade privada (n.º 3 do artigo 11.º) não está derrogado, pois sempre aquele ramo de actividade ocupa um elevado número de fornecedores[271], que concorrem para o asseguramento e valorização dos produtos nacionais, em especial na área alimentar.

II. Em qualquer caso, verifica-se a incursão do Estado no domínio privado das relações de consumo. A sua actuação directa no mercado, em sede de Estado Providência[272], está intimamente ligada ao aumento dos desequilíbrios nas transacções de produtos essencialmente básicos[273].

---

[271] "...a riqueza dos angolanos não provém das actividades produtivas nacionais (petróleo, diamantes, pescado), mas da actividade de Comércio de bens e serviços"; encontra-se esta posição nos Resultados do VI Seminário Nacional Sobre Organizações Técnicas de Comércio e de Prestação de Serviços Mercantis, realizada de 3 a 4 de Junho de 2003, Publicações abc Comercial e Associados, Lda, p. 31.

[272] No nosso contexto histórico, os desequilíbrios sociais são reproduzidos através do consumo e este é igualmente um poderoso vector de mudanças na sociedade. Daí que o insólito concurso do Estado deve ser transitório e dirigido de maneira transparente, para que num futuro breve os actores privados assumam esta tarefa. Expende-se esta posição de Luís Manuel Teles Menezes Leitão, *Direito do Consumo: Autonomização e Configuração Dogmática*, EIDC, Volume I, Instituto de Direito do Consumo, Faculdade de Direito, Universidade de Lisboa, Almedina, 2002, p. 32. A partir do princípio retro assinalado (Estado Social), cujo modelo se considera em crise (este estudo foi elaborado num momento anterir ao terramoto financeiro nos mercados internacionais), deve o Estado imperiosamente prover a sua prevalência como agente transformador da sociedade, fundado nos alicerces que deram causa ao seu surgimento. Para breves referências, cfr. Carla Amado Gomes, *Os Novos Trabalhos do Estado: A Administração Pública e a Defesa do Consumidor*, EIDC, Instituto de Direito do Consumo, Volume I, Almedina, p. 60.

[273] José Geraldo Brito Filomeno ressalta a prioridade de se garantir ao consumidor produtos considerados mais necessários, sob pena de se diminuir a sua condição humana; *apud* Tiago Machado Freitas, *ob. cit.*, p. 400 nota 21.

Segue-se que, deste ponto de vista, a presença do Governo na forma indicada é um fenómeno dirigido à protecção da ordem, concretizada na regularidade da oferta de bens essenciais com qualidade, preços mais justos e em melhores condições de higiene e salubridade. Outras estratégias estão ligadas à estabilidade dos preços dos produtos essenciais, afectados por núcleos poderosos de especulação, e à eliminação dos efeitos monopolistas no mercado, bem como de atenção à nossa intensa dependência do exterior[274]. Comporta, este último, um dos maiores desafios das políticas do Governo[275], no sentido de beneficiar o acesso do consumidor aos produtos sem os ardis dos outros concorrentes no mercado[276].

Porém, o rumo desenhado para a actividade mercantil apresenta, nas relações jurídicas de consumo, uma fonte de interesses de duas faces. De um lado, o Estado comerciante e, do outro, o cidadão que é levado a consumir. Aqui o consumidor vê as suas opções, preferências e necessidades de certo modo direccionadas pelo fornecedor. Quer dizer, aceita a massa de bens e serviços colocados no mercado por este comerciante de elevado poder económico, pois, de contrário, tem de buscar a garantia de sobrevivência noutros fornecedores[277].

---

[274] A eficiente intervenção estatal, em especial nas relações de consumo, vem claramente definida no corpo do artigo 29.º da Lei das Actividades Comerciais. Nele se constata a intensificação do regime de controlo já praticado em Angola.

[275] Os escopos do Estado, pautados no modelo social, ocorrem numa época de rápida evolução do mercado económico global. Este é factor de forte pressão sobre economias subdesenvolvidas, assente em ditames extremamente privatistas, que em linhas gerais representam uma ruptura com os princípios rectores do sistema que se persegue em Angola; cfr., para uma breve análise desta realidade, Paulo Luiz Netto Lôbo, *A Informação Como Direito Fundamental do Consumidor*, EDC, Centro de Direito do Consumo, n.º 3, Coimbra, 2001, p. 24. Em razão disso, motivos externos podem actuar no âmbito do programa do Governo, face aos poderosos núcleos económicos que, com o seu poder de acção, influenciam "... os circuitos de distribuição a nível interno e mesmo mundial, para permitir o escoamento de uma produção cada vez mais intensa, gerada pela industrialização, num ambiente de crescente ferocidade concorrencial"; cfr. Lídia Margarida Bandeira Nabais da Silva, *A Responsabilidade Civil do Produtor pelos Danos Causados por Produtos Defeituosos*, Universidade de Lisboa, Faculdade de Direito, 1998/1999, p. 11.

[276] Os abusos resultam de acções como a falta de produtos no mercado, sonegação de mercadorias, criação de reservas de bens para a especulação, a par de outras práticas abusivas.

[277] No entanto, não restam dúvidas que o concurso excessivo do Estado na actividade comercial põe em risco a actividade dos outros fornecedores, especialmente se o

De facto, percebe-se que a relação do consumidor com aquele distinto fornecedor não deixa de estar sujeita ao regime estabelecido pela LDC. Tal é o papel da lei: limitar os fortes em defesa dos mais fracos, mesmo que de um lado da relação esteja o Estado constituído para proteger o cidadão – o mesmo Estado que, amiúde, acaba, enquanto fornecedor, por o prejudicar.

Em síntese, a execução deste programa traz algumas reservas face à nossa anterior experiência económica. Na verdade, devem-se levar em conta as profundas transformações ocorridas nos últimos anos, justamente porque deram causa a novos instrumentos normativos para conter procedimentos incompatíveis com as necessidades normais do consumidor. Por isso, defendemos ser suficiente atribuir efectividade às regras disciplinadoras vigentes, a par das normas de consumo, que são de ordem pública e interesse social, a fim de resguardar o consumidor das mazelas do mercado.

6. O consumidor em matéria de contratos à distância

I. A complexidade e a vastidão de questões inscritas no consumo justifica devida protecção ao consumidor, face à sua vulnerabilidade, na aquisição de bens e serviços, independentemente dos meios utilizados.

Dos diferentes problemas enfrentados pelo consumidor, desde as condições desequilibradas, cláusulas abusivas, produtos com prazo de validade vencido, à deterioração ou peso inferior do produto, entre outros, a LDC dá imediata protecção. Porém, esta, em nenhum momento, faz expressa referência aos contratos à distância; contudo estes devem

---

preço de venda dos produtos essenciais (que parece não se limitar às necessidades vitais) se aproximar do preço de custo. Isto traz consequências nas regras de concorrência, face à grande quantidade de bens e enorme capacidade financeira do Estado, factores determinantes para demonstrar o seu poderio monopolista numa economia pouco regulada nesta matéria. É também percebível que o desencadear deste processo, num país de grande dimensão espacial e sem vias de comunicação estáveis pelo território, afecte a lógica da concorrência de outros actores económicos que, sem grandes condições de transporte para fornecer o mercado distante, encareçam o produto adquirido pelo consumidor. A acontecer, estrangula-se a iniciativa privada que se enuncia no n.º 3 do artigo 11.º da Lei Constitucional e confronta-se com o disposto no n.º 2 do artigo 29.º da Lei das Actividades Comerciais.

considerar-se absorvidos pela lei especial, uma vez que o próprio sistema está edificado sobre as relações de consumo[278]. Ademais, é de assinalar que esta matéria se ajusta às disposições da Lei das Cláusulas Gerais dos Contratos, dada a existência desse material jurídico no conteúdo das relações entre distintos sujeitos.

A modalidade denominada contratos à distância corresponde ao consumo sem inicial aproximação com o produto e/ou serviço, nem contacto físico entre consumidor e fornecedor[279]. Esta realidade trouxe "... a imersão do consumo em novas concepções de tempo e espaço"[280]. Assim, as transacções operam-se sem que medeie algum encontro efectivo das partes.

A natureza mercantil desta espécie de negócio fez com que o legislador a defina na Lei das Actividades Comerciais (n.º 40 do artigo 4.º) e a considere como venda especial (n.º 44 do artigo 4.º).

Nestes casos, para realização dos contratos, são utilizadas as técnicas de comunicação à distância, nomeadamente telefone, telecópia, carta ou correio electrónico[281].

II. O destaque nestes tipos de aquisições pelos meios referidos é o contrato electrónico de consumo (n.º 11 do artigo 4.º da lei em comento).

---

[278] Importa recordar que a União Europeia adoptou a Directiva 97/7/CE, de 20 de Maio, do Parlamento Europeu e do Conselho, visando a protecção dos consumidores em matéria de contratos à distância. Portugal transpôs essa Directiva mediante o Decreto-lei n.º 143/2001, de 26 de Abril; cfr. José de Oliveira Ascensão, *Concorrência Desleal*, Almedina, 2002, p. 627.

[279] Luís Manuel Teles de Menezes Leitão afirma mesmo que a relação de consumo é estabelecida "... com um contraente anónimo"; cfr. *A protecção do Consumidor Contra as Práticas Comerciais Desleais e Agressivas*, O Direito, Anos 134.º-135.º, (2002-2003), p. 71. Ainda neste âmbito, Carlos Ferreira de Almeida defende que a prenunciada evolução dos contratos à distância nos tempos presentes pode encaminhar-se para "...o modelo clássico – proposta seguida de aceitação..."; cfr. *Contratos I, Conceito. Fontes. Formação*, 3ª Edição, Almedina, 1955-2005, p. 152.

[280] Cfr. Cunha Rodrigues, *As Novas Fronteiras dos Problemas de Consumo*, EDC n.º 1, Centro de Direito do Consumo, Coimbra, 1999, p. 49.

[281] A Lei das Actividades Comerciais prevê as tele-vendas (n.º 36 do artigo 4.º), ou seja, negócios através da estação televisiva, mas que se concretizam através dos aparelhos telefónicos. Porém, há quem considere que "..."la contratación telefónica" "se asimila a la contratación entre presentes"; cfr. Enrique Rubio Torrono, *Contratación a Distância y Protección de los Consumidors en el Derecho Comunitário; En Particular, el Desistimiento Negocial del Consumidor*, EDC, Centro de Direito do Consumo, n.º 4, Coimbra, 2002, p. 63. Discordamos desta posição, porquanto não existe o especial contacto do consumidor com o produto.

O nosso ordenamento jurídico não regula nem estabelece os requisitos necessários para tal forma de contratação[282]. Tão pouco ditou os tipos de contratos a celebrar através de sofisticados equipamentos, apesar de se reconhecer que o negócio através de tecnologias telemáticas "... é, por definição, um comércio internacional..."[283], facilitado pela comunicação via Internet, na rápida aquisição "em qualquer lugar" de enorme leque de produtos, cuja relação coloca as partes em presença de mais de um ordenamento jurídico. Entretanto, se bem que este negócio jurídico acuse enorme tendência nesse sentido, devemos levar em conta a sua repercussão nas relações de consumo entre partes submetidas à mesma legislação nacional. Note-se que, em Angola, já se realiza o pagamento electrónico através de cartão bancário; outros problemas surgem neste contexto face à diminuta intervenção legislativa[284].

Enfim, sublinhe-se: o texto normativo atrás mencionado é o único a apresentar breve referência (conceptual) ao designado negócio, num mercado emergente e a braços com o fenómeno da globalização; não sendo menos verdade a completa desprotecção do consumidor neste domínio, face às expressivas inovações respeitantes "... à forma, à prova e à segurança, originada pela natureza do suporte e pela introdução da assinatura digital"[285]. São realidades subjacentes às novas técnicas de comunicação que "...reduzem frequentemente a capacidade de determinação

---

[282] A Comunidade Europeia emitiu a Directiva n.º 03/031, de 8 de Junho sobre o Comércio Electrónico. Anote-se que Portugal a transpôs, através do Decreto-Lei n.º 143/ /2001 de 26 de Abril. Dirigem-se ambos para as relações estabelecidas com consumidores ou entre profissionais; para outros aprofundamentos, cfr. José de Oliveira Ascensão, *Direito da Sociedade de Informação*, Associação Portuguesa do Direito Intelectual, Volume IV, Coimbra Editora, 2003, pp. 43 e ss.; Miguel Pupo Correia, *Contratos à Distância: Uma Fase na Evolução da Defesa do Consumidor na Sociedade de Informação?* E.D.C., Centro de Direito do Consumo, n.º 4, Coimbra, 2002, pp. 166 ss.; Dário Moura Vicente, *A Competência Judiciária em Matéria de Conflitos de Consumo nas Convenções de Bruxelas e Lugano: regime vigente e perspectivas de reforma*, EIDC, FDUL, Volume I, Almedina, 2002.

[283] Cfr. Alexandre Dias Pereira, *Os Pactos Atributivos de Jurisdição nos Contratos Electrónicos de Consumo*; EDC, Centro de Direito do Consumo, Faculdade de Direito da Universidade de Coimbra, n.º 3, 2001, p. 283.

[284] O Banco Nacional de Angola emitiu o Aviso n.º 1/2007, de 21 de Março, para reger a actividade de pagamentos mediante cartões bancários, mas limita-se a traçar o funcionamento da rede interbancária de aceitação de cartões desta espécie.

[285] Cfr. Carlos Ferreira de Almeida, *Contratos I...*, *ob. cit.*, p. 151.

individual"[286]. A análise desta matéria exorbita este trabalho, sobretudo por ausência de regime legal.

Todavia, apesar desta omissão do legislador, não temos como não aceitar que todo o negócio de consumo se sujeita à LDC[287]. O aplicador do direito deve proteger o consumidor no contrato à distância em harmonia com os princípios estabelecidos na lei especial[288]. Logo, uma vez caracterizada a relação de consumo, seja ela realizada fisicamente, frente à tela de televisão ou pelo uso da Internet, são aplicáveis as normas constantes na LDC; porquanto, admite-se uma maior vulnerabilidade nesta modalidade de relação de consumo[289], por completo descurada.

---

[286] Cfr. Cunha Rodrigues, *Informática e Reserva da Vida Privada*, Comunicação e Defesa do Consumidor, Instituto Jurídico da Comunicação, FDUC, 1996, p. 292.

[287] Este é o ponto de vista de Sara Larcher quanto à sujeição do contrato electrónico à lei especial, sendo a razão desta posição, o âmbito de aplicação daquele diploma; cfr. *Contratos Celebrados através da Internet*, ob. cit., p. 148 nota 26. No mesmo sentido, Elsa Dias Oliveira, *A Protecção dos Consumidores nos Contratos Celebrados através da Internet*, ob. cit., p. 58.

[288] Porém, o avanço incansável da tecnologia e da informática envolve polémica, já que implica enormes riscos para o consumidor virtual de bens e serviços. A rede de comunicação mundial que possibilita o negócio electrónico não mereceu ainda em Angola um quadro legislativo favorável. Este apresenta um atraso que dificulta substancialmente o alcance de soluções para eventuais conflitos que possam surgir nas relações de consumo entre dois intervenientes localizados em países diferentes. Esta limitação leva-nos à arbitragem internacional, não correspondendo, todavia, esta opção às condições do pequeno consumidor que adquire ao profissional bens para uso próprio. O espaço informático para o negócio seguro, nomeadamente, recolha de informação sobre o fornecedor, qualidade e garantia do bem ou serviço e custo razoável da transacção, entre outros, são motivo para fraude, não esquecendo os problemas relativos à forma da declaração electrónica, assinatura, autenticidade do conteúdo da declaração, etc.. Para outros subsídios, especialmente sobre a arbitragem internacional, cfr. Dário Moura Vicente, *Arbitragem de Conflitos de Consumo: da Lei n.º 31/86 ao Anteprojecto de Código do Consumidor*, EIDC, Volume II, Instituto de Direito do Consumo, Almedina, p. 76 ss. Outra análise, que se prende com a protecção do consumidor nacional nas relações com fornecedores vinculados a ordens jurídicas estrangeiras, é-nos dada por Luís de Lima Pinheiro, *Direito Aplicável aos Contratos com Consumidores*, EIDC, Volume I, Instituto de Direito do Consumo, Almedina, pp. 93 ss. e Elsa Dias Oliveira, *A Protecção dos Consumidores nos Contratos Celebrados Através da Internet*, ob. cit..

[289] Cfr. Sara Larcher, *Contratos Celebrados Através da Internet*, ob. cit., p. 146. Luís Manuel Teles de Menezes Leitão, *A protecção do Consumidor Contra Práticas Comercias Desleais e Agressivas*, O Direito, Ano 134.º-135.º, (2002-2003), p. 71. A importância do fenómeno das transacções comerciais à distância é uma preocupação prioritária

7. A protecção do consumidor na construção da cidadania

I. Os desequilíbrios económicos são perfeitamente visíveis em países como Angola e este fenómeno tem enormes reflexos nas relações de consumo.

Em razão disso, as acções públicas voltadas para os diversos segmentos da população, independentemente do seu poder aquisitivo, visam garantir a disponibilidade de acesso a produtos diferenciados, segundo as regras sobre a qualidade, preços, segurança e informação, com efeitos directos no cidadão comum, sobretudo, depois da traumática experiência de guerra.

Mas, neste ambiente precário, o estatuto social das pessoas não se pode limitar às estratégias do poder público. Isto pressupõe simultaneamente o recurso a práticas de natureza associativa[290], vector de cidadania para o consumo.

Tal actuação deve assentar no "...diálogo permanente, tendo todos os intervenientes presente a necessidade do reforço da solidariedade nacional"[291].

Por esta via, abre-se um espaço de cooperação organizada, reconhecido como essencial em alargados domínios que não os circunscritos ao consumo. Ora, perante esta constatação, impõe-se educar o cidadão, ainda que se tenha de "...fomentar uma cultura de emancipação que supere a retórica dos mercados, dos consumidores e dos direitos e comece por se realinhar a si própria em torno de um discurso de cidadania"[292].

---

dos consumidores; porém, se equacionarmos esta modalidade contratual no consumo de produtos a crédito, maior é a necessidade de reforçar as regras de transparência, prendido tão somente nas vicissitudes que comporta esta realidade; cfr. abordagem sobre os desequilíbrios no crédito ao consumo em Paulo Duarte, *A Posição Jurídica do Consumidor na Compra e Venda Financiada: Confronto entre o Regime em Vigor (RJCC) e o Anteprojecto do Código do Consumidor*, EDC, Centro de Direito do Consumo, FDUC, N.º 7, 2005, pp. 384 ss..

[290] O texto constitucional revela e faz sobressair no n.º 1 do artigo 32.º o direito de associação com carácter de direito fundamental. Nestes termos, foi publicada a Lei das Associações (Lei n.º 14/91, de 11 de Maio, DR n.º 20 I Série).

[291] Cfr. Luís Manuel Teles de Menezes Leitão, *O Direito do Consumo: Autonomização e Configuração Dogmática*, ob. cit., pp. 32-33. No mesmo sentido, Joaquim Ideias Mendes, *Educação para o Associativismo*, RPDC, Junho de 2005, n.º 2, p. 118.

[292] Cfr. Cunha Rodrigues, *As Novas Fronteiras dos Problemas de Consumo*, ob. cit., p. 52.

A coerência destas aspirações, baseada em critérios sociais, manifesta-se na importância de acolher os valores típicos de uma sociedade justa, conformada na solidariedade entre os homens, na sua existência digna e no poder de traçar a sua própria conduta[293]. Tudo em função do exercício dos direitos de cidadania, como meio do cidadão/consumidor participar de maneira mais interventiva no cenário económico, rumo à equidade social.

Por conseguinte, o grande desafio da LDC é despertar nos consumidores a necessidade de adquirirem os sentidos de solidariedade e altruísmo e de concorrerem e continuarem a exercer a sua cidadania, a fim de serem respeitados intervenientes no ciclo de consumo.

Sobrevem, com estas exigências e articulações, a possibilidade de dar plena eficácia ao conjunto de princípios constitucionais e, por via de consequência, às normas previstas na LDC. Com estas inovações de carácter científico e pedagógico, elaboradas no âmbito de sua defesa, descortina-se um impulso favorável de afirmação da cidadania activa no nosso país. Em suma, mais do que uma nova lei, a protecção do consumidor constitui um marco em defesa dos princípios e valores fundamentais da democracia e apresenta-se como um instrumento de referência cultural[294].

II. Em meio da indispensável mobilização para enfrentar os desafios diários nas relações entre cidadão/consumidor e fornecedor, ganham notoriedade os problemas de natureza ambiental. Com efeito, o impacto negativo do consumo sobre o ambiente exige mudanças graduais. Para tanto, é imperativo o aumento de informação (nos rótulos, por exemplo) acerca do produto, no sentido de se construir um consumo de cidadania. Este reflectir-se-á na segurança e qualidade de vida, ponto central na

---

[293] Cfr., nesse mesmo sentido, A. Pinto Monteiro, *Comunicação e Defesa do Consumidor – Conclusões do Congresso*, Comunicação e Defesa do Consumidor, Instituto Jurídico da Cooperação, Faculdade de Direito, Universidade de Coimbra, 1996, p. 492.

[294] Cabe acrescentar que a nossa realidade educacional e cultural não permite que se lide facilmente com a possibilidade de se desenvolver a defesa do consumidor, nomeadamente no campo dos créditos bancários, seguros, electricidade, aquisição de automóveis e outros bens duradouros. Existem os pressupostos legais, mas falta o despertar da consciência jurídica para os problemas da defesa do consumidor no aproveitamento deste útil instrumento.

decisiva reunião de esforços para evitar comprometer ou colocar em risco, no futuro, o consumo regular e satisfatório. O contexto actual favorece este desequilíbrio, em nome de uma maior produtividade e com a utilização de tecnologias cujos efeitos sobre a saúde humana ainda são desconhecidos.

O legislador, na regulação de actividades em torno dos vínculos de consumo, tem presente o direito ao ambiente saudável (alínea l) do artigo 16.º da LDC). Esta garantia também se encontra nos números 1 e 2 do artigo 24.º da Lei Constitucional[295].

Na verdade, o desenvolvimento sustentável afecta todos os domínios da acção humana[296] e, neste plano, impõe-se "...o diálogo e a tentativa de equilíbrio entre a sociedade de consumo e o meio ambiente..."[297].

Tal dinâmica de comunicação é a chave para se elaborarem estratégias, por forma a que o consumo não degrade o ambiente e este não seja lesado pelas decisões de consumo.

Neste caso, a postura ambientalista faz parte da cidadania e pressupõe uma convergência das dimensões económica, social e ambiental.

---

[295] Com a aprovação da Lei n.º 5/98, de 19 de Junho (Lei de Bases do Ambiente), formulou-se um quadro jurídico que define a complexidade das questões ambientais e ecológicas. Porém, até à presente data, não foi regulamentada. Por outro lado, no âmbito do multidisciplinar poder regulador do Estado relativamente ao mercado de bens e serviços, cabe-lhe implementar estratégias integradas que não colidam com os princípios de conservação e preservação ambiental (alínea c) do n.º 3 do artigo 29.º da Lei das Actividades Comerciais).

[296] A Lei Constitucional dá protecção à defesa ambiental.

[297] Cfr. Luiz Edson Fachin, *Novo Código Civil Brasileiro e o Código de Defesa do Consumidor: Um Approach de suas Relações Jurídicas*, EDC, n.º 7, Centro de Direito do Consumo, 2005, p. 121.

CAPÍTULO V
A INFORMAÇÃO AO CONSUMIDOR.
A PUBLICIDADE

1. Breves notas

A LDC foi criada devido ao reconhecimento da vulnerabilidade do consumidor, tendo como função social promover a realização dos ideais de convivência humana nas relações jurídicas de consumo.

A necessidade de esclarecer quais os meios de defesa ao alcance do consumidor e tornar conhecidas as práticas comerciais geradoras de grande desigualdade devido à inevitável aquisição de bens ou serviços, concorre para que a lei especial imponha soluções radicadas no equilíbrio de interesses. Através disso, procura-se alcançar o respeito e vincar a dignidade de cada consumidor.

A mais importante consequência deste legal propósito detém-se na informação e liberdade de escolha, por forma a permitir ao consumidor aferir as melhores opções existentes. Ora, a crescente implantação da economia de mercado em Angola coenvolve a indeclinável tarefa de assegurar a todos o direito à informação. Neste mesmo ângulo, observam-se critérios publicitários determinantes da preferência da maioria dos seus destinatários. Assim, não será exagero, neste contexto, dizer que a comunicação publicitária incorpora um labirinto de combinações de imagens, símbolos, dados ou objectos compósitos, dando causa a uma plena atmosfera de inquietação que inflecte na mentalidade do consumidor. Tudo com a finalidade de o manter sob a sua crescente influência.

Abre-se, então, caminho para tratar das questões que se seguem.

2. O direito do consumidor à informação

I. A LDC considera existir desigualdade entre as partes de um negócio jurídico de consumo, se a possibilidade de escolha oferecida ao contratante menos favorecido não for contrabalançada com informação idónea (n.º 1 do artigo 9.º). Por seu turno, o n.º 1 do artigo 32.º da Lei Constitucional,[298] no título II ("Direitos e Deveres Fundamentais"), assegura a liberdade das diferentes formas de expressão. Sem margem para dúvidas, deste postulado nasce o amparo do direito à informação[299,300], ao agasalho dos múltiplos direitos outorgados aos cidadãos sob égide das liberdades[301,302]. Significativamente, daqui se abrem portas para se firmar a força e a própria essência do direito à informação, um dos objectivos basilares do sistema protectivo, ocupando lugar proeminente nas relações de consumo[303].

Assim, neste domínio, são de grande peso e relevância as disposições sobre a *informação em particular* (artigo 9.º) e a *informação em geral* (artigo 8.º), ambas previstas na LDC.

Examinemos a primeira formulação legal. Este imperativo, que atravessa longitudinalmente as variadíssimas relações de consumo, tem uma especial incumbência: afastar os reflexos negativos da fragilidade do consumidor.

---

[298] Lei n.º 23/92, de 16 de Setembro.

[299] Cfr. Nesse sentido, Paulo Luiz Netto Lôbo, *A Informação como Direito Fundamental*, EDC, *ob. cit.*, p. 26.

[300] No caso, justifica-se menção especial ao artigo 37.º da Constituição portuguesa que, neste domínio, consagra de maneira específica a liberdade de expressão juntamente com o direito à informação. No mesmo sentido, a Convenção Europeia dos Direitos do Homem, de 4 de Novembro de 1950 (n.º 1 do artigo 10.º), e o Pacto Internacional sobre os Direitos Civis e Políticos, de 16 de Novembro de 1966 (números 1 e 2 do artigo 19.º); cfr. João Alves, *Direitos dos Consumidores*, *ob. cit.*, pp. 101-102.

[301] O direito à informação tem projecção destacada no rol dos direitos fundamentais da Constituição Federal Brasileira (artigo 5.º, XIV, XXXII, XXXIII) e portuguesa (artigo 60.º); cfr. Paulo Luiz Netto Lôbo, *Informação como Direito Fundamental do Consumidor*, *ob. cit.*, p. 25 e Cláudia Lima Marques, *Contratos no Código de Defesa do Consumidor...*, *ob. cit.*, p. 392.

[302] Para além desta disposição normativa, manifesta-se igualmente este direito em legislação esparsa, nomeadamente na Lei Geral de Electricidade, na Lei de Base das Telecomunicações, na Lei Geral da Publicidade, e na Lei Sobre as Cláusula Gerais dos Contratos.

[303] No mesmo sentido, cfr. António Menezes Cordeiro, *O Anteprojecto do Código do Consumidor...*, *ob. cit.*, p. 694.

A norma visa pôr à distância este inconveniente e estabelece critérios, em cada passo, que evidenciam a possibilidade de compensar efectivamente o consumidor, tornando possível criar uma relação esclarecedora com o fornecedor, sob o prisma da transparência[304]. Por ser assim, a fluidez da informação deve dominar as relações de consumo, de modo a assegurar, em cada momento, a viabilidade do consumidor decidir de maneira mais adequada ao seu bem estar e qualidade de vida.

Como se vê, este preceito trata de dar corpo ao equilíbrio nos distintos vínculos de consumo; e assim deve ser, pois a vulnerabilidade informacional do consumidor é uma das grandes preocupações no presente século[305,306], o que justifica a intromissão, com fervor, do Estado nestas matérias.

---

[304] O termo *transparência* na informação ganhou dinâmica própria e valorização nas relações de consumo, alicerçada nos princípios da confiança, da solidariedade e da boa-fé objectiva. A sua aplicabilidade no circuito económico representa um desafio, a par do direito de informação, sendo considerada "...um instrumento de tutela do contraente tido em situação de inferioridade"; cfr. Joaquim de Sousa Ribeiro, *O Princípio da Transparência no Direito Europeu dos Contratos*, EDC, Centro de Direito do Consumo, FDUC, N.º 4, Coimbra, 2002, p. 138 ss. Outros desenvolvimentos podem ser consultados na obra do mesmo autor, pp. 137 ss.. Ainda sobre esta matéria, veja-se decisão jurisprudencial brasileira sobre a violação deste princípio num negócio de consumo realizado em língua estrangeira; cfr. Cláudia Lima Marques, *Contratos no Código da Defesa do Consumidor...*, ob. cit., p. 463 nota 436.

[305] Cfr. Cláudia Lima Marques, *Contratos de Defesa do Consumidor, O novo regime das relações contratuais*, ob. cit., p. 15.

[306] Todavia, a institucionalização do direito do consumidor ser informado há muito que prendeu a atenção do legislador europeu. Neste caso, mencionamos o artigo 153.º do Tratado de Amesterdão ou mesmo o Projecto de Tratado da Constituição Europeia (artigo III – 132.º); cfr. João Alves, *Direito dos Consumidores, Textos e Peças Processuais*, ob. cit., p. 105. Nesta linha, também se salientam algumas Directivas da UE (Directiva 1999/44/CE, artigo 2.º, 2, al. d)); Directiva n.º 94/47/CE, artigo 3.º, n.º(s) 1 e 2; Directiva 89/298/CEE, artigo 4.º; Directiva 90/314/CEE, artigo 3.º, 2, podendo outras ser conhecidas em Joaquim de Sousa Ribeiro, *O Princípio da Transparência no Direito Europeu dos Contratos*, EDC, Centro de Direito do Consumo, FDUC, n.º 4, Coimbra, 2002, pp. 139 e ss..

A este respeito, também se destacam os artigos 86.º, 10.º, 12.º, 14.º, 18.º, 20.º, 30.º, entre muitos, do Código de Defesa do Consumidor Brasileiro, que impõem o dever de informação sobre o produto; cfr. Luiz Edson Fachin, *Novo Código Civil Brasileiro e o Código de Defesa do Consumidor...*, ob. cit., p. 122 e Cláudia Lima Marques, *Os Contratos no Código de Defesa do Consumidor...*, ob. cit., p. 1072; a mesma matéria é disciplinada nos artigos 7.º e 8.º da lei do consumidor portuguesa; cfr. João Alves, *Direito*

II. Chegados a este ponto, importa agora ver o conceito de informação (resguardado na da tríplice enumeração de elementos da mensagem publicitária). A elaboração conceitual assenta no facto ou acontecimento levado ao conhecimento do público através de palavras, sons ou imagens[307]. São as pontes práticas e elementos intrínsecos constitutivos da informação, capazes de produzir efeitos nas condutas dos destinatários.

Através deles conseguem-se transmitir conteúdos informativos, de modo geral extremamente genéricos; isso constitui para o consumidor um obstáculo. Logo, tem sentido o tratamento especial assegurado por lei a estas matérias, por via a facultar uma escolha esclarecida mediante informação verdadeira, completa, incidindo sobre todas as características dos bens ou serviços. Em momento algum se pode limitar este direito. Efectivamente, pretende-se com estes específicos propósitos garantir melhor conhecimento e compreensão do negócio por parte do consumidor.

Sob esse aspecto, o direito à informação[308] cria a igualdade entre os partícipes na relação de consumo, pois através deste princípio geral se faculta ao consumidor a possibilidade formar opinião com elementos imprescindíveis a uma correcta opção e defesa dos seus interesses (al. c) do artigo 4.º da LDC). Como se vê, estas exigências estão intimamente associadas a uma atitude preventiva.

---

dos Consumidores, Textos e Peças Processuais, ob. cit., p. 105. O acrescento para fortalecer este direito vem, por exemplo, disposto no Decreto-lei n.º 68/04, de 25 de Março, e na Portaria n.º 817/04, de 16 de Julho, respectivamente, sobre a ficha técnica da habitação e correspondente modelo; cfr. Rui Moreira Chaves, *Regime Jurídico da Publicidade*, ob. cit., p. 93, nota 101. O Anteprojecto de Código do Consumidor Português tem presente em inúmeros dispositivos o direito à informação. Assim, destacam-se os artigos 20.º e 29.º (disposições gerais); artigos 30.º a 46.º (informações em especial); al. a) do n.º 1 do artigo 56.º (dever de informação do produtor), etc. Para outras leituras, cfr. António Menezes Cordeiro, *O Anteprojecto de Código do Consumidor*, ob. cit., pp. 693-694. Cumpre também referir que os artigos 12 e 13 da Ley General para la Defensa de Consumidores e Usuários (LGDCU) espanhola regula o direito de informação; cfr. Immaculada Barral – *El Sistema Dual de Responsabilidade Por Productos y Servicios en el Derecho de Consumo Español*, EDC, FDUC, Centro de Direito do Consumo, n.º 7, 2005, p. 197.

[307] Cfr. João Alves, *Direito dos Consumidores, Textos e Peças Processuais*, ob. cit., p. 101.

[308] O reconhecimento de que os consumidores se encontram na situação de falta de protecção face à especialização profissional do fornecedor, justifica figurar o direito à informação como uma das mais destacadas garantias à qualidade dos bens e serviços transaccionáveis; cfr., nesse sentido, Carla Amado Gomes, *Os Novos Trabalhos do Estado: A Administração Pública e a Defesa do Consumidor*, ob. cit., p. 38.

Na verdade, o regime especial da lei salvaguarda o direito à escolha consciente, no quadro da necessária prevenção e cautela na aquisição de bens ou serviços, conferindo à parte mais frágil no mercado um direito subjectivo de informação. Quer isto significar o poder assegurado legalmente ao consumidor de ser informado no que for relevante para a sua posterior escolha. Ou seja, por ocasião do negócio de consumo, o prévio conhecimento garante minimamente o direito à prevenção neste domínio[309].

Em suma, todo este conjunto de considerações submete-se a um grau de satisfação dos consumidores no campo da observância dos seus direitos, de modo a impedir, sobretudo, *defeitos de informação*[310]. No fim de contas, a sua ignorância e desatenção, ou melhor, a vulnerabilidade sobre a real adequação dos bens e serviços é um facto muito comum nas relações de consumo.

Com interesse neste contexto, e por alguns instantes, vêm a lume as barreiras à livre escolha nos contratos de crédito ao consumo. É campo de muitas discussões. Porém, os requisitos de informação sobre as características deste termo são, em absoluto, componentes cruciais, como enuncia o artigo 17.º da LDC. A disposição é clara, estabelecendo um âmbito mínimo de acções dirigidas ao fornecedor. Com efeito, a severidade neste domínio integra um conhecimento completo e preciso dos aspectos condicionantes do negócio, contanto que tal aconteça com a devida antecedência[311].

---

[309] O meio de informação que facilita ao consumidor uma escolha adequada e segura é, por exemplo, o rótulo no produto, tido como o bilhete de identidade nas relações de consumo. Este visa salvaguardar a composição, validade e condições especiais a ter com o produto, utilização, modo de emprego, origem e demais características para a escolha consciente; isto é, garantia de assistência técnica pós-venda, modo de fixação do pagamento, apenas para citar alguns. Em Angola, prevê-se para breve a promulgação do Decreto sobre a Rotulagem de Géneros Alimentícios.

[310] Expressão que distingue uma das quatro categorias de defeito em matéria de deficiente informação. Construída pela doutrina, é particularmente utilizada por João Calvão da Silva face ao "...não cumprimento ou cumprimento imperfeito do dever de alertar, advertir ou instruir..." o consumidor, sublinhados como "...*vícios extrínsecos, não ínsitos no produto*..."; cfr. *Compra e Venda de Coisas Defeituosas, Conformidade e Segurança*, 4ª Edição Revista e Aumentada, Almedina, 2006, p. 203. Do mesmo termo se serve Immaculada Barral; cfr. *El Sistema Dual de Responsabilidades por Productos y Servicios en el Derecho de Consumo Español*, EDC, Centro de Direito de Consumo, n.º 7, 2005, p. 196. Para outros desenvolvimentos sobre as categorias de defeitos, cfr. Calvão da Silva, *Responsabilidade Civil do Produtor*, 1999, Almedina, pp. 655-664.

[311] Nesse sentido se posiciona a jurisprudência portuguesa; cfr. Ac. do STJ, de 21-11--2006, disponível em http://www.desi.pt/jstj.nsf/ (recolhido em 06-01-2009). A temática

Por isso, esta é uma norma apta a dar resposta a omissões em sede pré-contratual. Quer dizer, constatada a inércia do fornecedor nos aspectos informativos essenciais, toma-se à letra esta disposição legal. Escusado será acrescentar que o consumidor tem a faculdade de colocar novas questões, pois podem surgir outras realidades inicialmente não previstas.

III. Passando agora à segunda disposição legal (artigo 8.º da LDC), concebe-se esta em quatro planos administrativos:

Assim, para cumprimento do dever de *informação geral*, a Administração Pública tem a responsabilidade de amparar as associações de consumidores na actividade de divulgação de informações ao público (al. a) do artigo 8.º)[312]. Percebe-se, pois, que os canais de comunicação com os consumidores não se devem limitar a dar sequência a queixas e reclamações. O mais desejável é antecipar ou evitar possíveis desvantagens para os consumidores, mediante qualquer forma de transmissão, seja ela oral, escrita, automatizada ou audiovisual, desde que dotada de eficaz raio de acção.

Além disso, reserva-se ao Estado a instituição de serviços de aconselhamento ao consumidor nos círculos municipais, bem como os conselhos de consumo (alíneas b) e c) do artigo 8.º). Àquele compete também propiciar acesso a cadastros, fichas e registos de dados sobre o consumo, dentro do direito à informação que rege o sistema de circulação de notícias comerciais (alínea d) do artigo 8.º).

Contudo, até à presente data, vivem-se constrangimentos com informações cadastrais de empresas mercantis, sistemas de crédito, de financiamento e outros, devido à inexistência de bancos de dados para esses fins. A ausência deste expediente de consulta neutraliza a exacta possi-

---

em apreço, no regime jurídico português, está prevista no Anteprojecto do Código do Consumidor (subsecção II, da Secção VI, Capítulo V, referente aos "Interesses Económicos") e vigora o Decreto-Lei 359/91 de 21 de Setembro; cfr. Fernando de Gravato Morais, *Contratos de Crédito ao Consumo*, Almedina, 2007, pp. 34-36. Para mais aprofundamentos, veja-se a obra do mesmo autor, em especial as pp. 137 ss.; sobre o dever de informação no contrato de utilização do cartão de crédito, cfr. Joana Vasconcelos, *Emissão de Cartões de Crédito*, EDC, Volume I, Instituto de Direito do Consumidor, FDUL, Almedina, 2002, pp. 164 ss., especialmente as pp. 176-177.

[312] O relevo prático do referido dever passa por estabelecer um serviço público de informação devidamente institucionalizado. A nova Lei de Imprensa 7/06, de 15 de Maio, DR n.º 54, prevê no artigo 9.º a realização desta actividade, porém ainda não está regulamentada.

bilidade de se conhecerem os maus fornecedores de produtos e serviços; logo, reduz-se a eficácia do sistema nacional de protecção do consumidor ou, no mínimo, os parâmetros a que há-de obedecer o espectro desse direito à informação.

Como se vê, o Estado deve promover diversificadas medidas prescritivas, mas sobretudo agir com o intuito de garantir a paridade funcional no mercado. No entanto, a LDC ainda não deu oportunidade de criar comportamentos diferenciados na prestação de serviços e na oferta de produtos, dirigidos a superar velhos e sedimentados hábitos que servem os interesses dos mais poderosos, sendo destes a resistência mais tenaz.

3. O dever de informar

I. Já se afirmou acima que o direito à informação em Angola enquadra-se entre os direitos fundamentais. Em seu âmbito, consagra-se o correspectivo dever de informar. Isto incide nas normas infraconstitucionais. Por ser assim, nas relações de consumo, a LDC assume posições claras e próprias a respeito do dever de informar, dirigido ao fornecedor de bens e serviços (expressão que congrega o produtor, o industrial, o intermediário, o prestador de serviços e outros agentes, mesmo sem personalidade jurídica).

Indubitavelmente, aquela lei institui um novo e amplo dever para o fornecedor: o de informar e comunicar o consumidor não somente sobre as características do produto ou serviço (artigos 15.º e 17.º da LDC e números 1 e 2 do artigo 3.º da Lei das Cláusulas Contratuais Gerais)[313], mas também sobre o conteúdo do típico vínculo de consumo (n.º 1 do artigo 20.º da LDC).

Daqui resulta reconhecer que as duas leis devem funcionar conjuntamente. A primeira é complementada pela segunda. Assim, dilata-se a protecção e alongam-se as medidas protectivas, embora a LCGC regule conexões mais diversificadas, como é de esperar.

Nestes termos, o dever de informar não ignora a especificidade das cláusulas gerais (n.º 3 do artigo 3.º da LCGC), a fim de tornar possível o conhecimento preciso e necessário dos aspectos essenciais do negó-

---

[313] O fornecedor (proponente) tem o ónus de provar que fez a devida comunicação e cumpriu com o dever de transmitir ao consumidor todo o conteúdo negocial (cfr. n.º 3 do artigo 3.º da LCGC).

cio[314]. Directamente, visa inteirar o consumidor das balizas pelas quais se regem as cláusulas do contrato. Então, a inobservância das regras em determinado vínculo de consumo provoca a exclusão da cláusula atentatória do regime legal (alíneas a) e b) do n.º 1 do artigo 5.º da LCGC); porém, o restante do contrato permanece válido (n.º 2 do artigo 5.º e artigo 16.º, ambos da LCGC).

Nestas circunstâncias, apela-se à integração. Pode-se optar também pela redução se o contrato ainda puder subsistir. Tudo depende da dimensão dos sacrifícios a suportar pela parte mais débil por acção da outra, à luz dos comportamentos contrários à boa fé[315]; ou seja, aplicam-se os princípios gerais do Direito como condição indispensável à continuidade do contrato, sem o qual não haverá requisitos para se mostrar um negócio jurídico válido, sob pena da sua nulidade.

II. Como se vê, impõe-se ao fornecedor o dever de efectiva e directa informação sobre as condições do negócio, abrangendo tanto a

---

[314] Sobre o dever de informar, o Ac. STJ de 27 de Setembro de 2005 (tribunal português) SJ200509270021436, condenou o proponente (fornecedor) por não propiciar ao aderente de um contrato de aluguer de automóvel o conhecimento efectivo das condições gerais de um contrato de adesão; disponível em http: www. dgsi.pt/jstj.nsf (recolhido em 20 de Outubro de 2007).

[315] O legislador valoriza a boa fé no sentido de dar validade e eficácia ao contrato. Sempre se trata de um parâmetro de natureza subjectiva, assente no comportamento intencional do sujeito que realiza o negócio em conformidade com o Direito e, em consequência, protegido pelos preceitos legais. Na verdade, o desempenho do contraente decorre do que objectivamente é demonstrado e isto sobrepõe-se à constatação subjectiva da boa-fé.

Porém, seguramente o legislador pretende sobrepassar a marcante incidência subjectiva e, enfim, consagrar o singular princípio como pilar enformador de uma relação honesta e leal, na prossecução de prestações equivalentes. Para outras considerações em torno da boa fé, cfr. António Menezes Cordeiro, *Tratado de Direito Civil Português*, I, Parte Geral, Tomo I, 2ª edição, Almedina, 2000, em especial as pp. 223 ss. Sobre os deveres acessórios acima apontados, cfr. António Menezes Cordeiro, *Da Boa Fé no Direito Civil*, Coimbra, Almedina, 1997, pp. 603 ss..

[316] O dever de informar alcança a fase pré-contratual e gera responsabilidades. Para outras análises, cfr. Pedro Romano Martinez, *Cumprimento Defeituoso, em especial na Compra e Venda e na Empreitada*, Colecção Teses, Almedina, 2001, p. 226; Carlos Ferreira de Almeida, *Contratos I*, ob. cit., p. 193. O autor, na mesma obra, em sede da *oferta* do fornecedor, faz plena distinção entre o *convite a contratar* e a *proposta* negocial; configura o primeiro uma diminuída informação prestada ao destinatário, ao passo que a proposta preenche um espaço informativo mais alargado; cfr. pp. 103 ss.. Veja-se também

oferta[316] em folheto publicitário ou anúncio, como o texto do próprio vínculo negocial, quando escrito, ou a divulgação ampla do seu teor se a comunicação for verbal[317]. Em quaisquer destes casos, não se atende a omissão ou a inactividade do fornecedor, por ser sobredeterminante e vital aquele exercício para os legítimos interesses do consumidor. A lei reserva ainda ao proponente do clausulado o ónus de provar a obediência a tal dever (n.º 4 do artigo 3.º da LCGC).

No referente ainda ao dever de informar convenientemente o consumidor, a Lei das Actividades Comerciais[318] obriga a prestar todos os esclarecimentos adequados, por forma a respeitar o grau de satisfação dos consumidores (n.º 2 do artigo 22.º). De contrário, constitui um ilícito de severa punição[319]. O legislador também não dispensa especial protecção ao utente dos serviços de electricidade (restringimo-nos aqui ao típico vínculo de consumo), impondo o dever de ser rigorosamente informado dos perigos da utilização deste bem essencial (al. d) do artigo 22.º da Lei Geral de Electricidade).

Como se observa, a informação, em quaisquer circunstâncias, deve ser compatível com o produto, a fim de possibilitar o conhecimento e a sua compreensão por parte do destinatário final. Em consequência, o fornecedor obriga-se a desenvolver actividade de nível razoável, tendo em conta o comportamento esperado de um consumidor típico em situação normal. Aqui há uma faceta objectiva, muito embora o dever de informar varie de intensidade consoante a complexidade ou a novidade do produto. Por isso, o comportamento do fornecedor deve ser harmónico com estas realidades da moderna vida económica.

---

posições doutrinais sobre esta problemática em Carlos Ferreira de Almeida, *Qualidade do Objecto Contratual*, EDC, Centro de Direito do Consumo, FDUC, n.º 7, 2005, pp. 34--35-36 e Elsa Dias de Oliveira, *Práticas Comerciais Proibidas*, EIDC, Volume III, Instituto de Direito do Consumo, FDUL, Almedina, 2006, pp. 164-165.

[317] O dever de informar em Angola exige dobradas precauções face aos diferentes mercados existentes, especialmente a praça informal. Por conseguinte, é indispensável que o fornecedor informe o que não é conhecido e o cognoscível em função do nível de diligência exigível. Não é fácil "…determinar uma medida certa para a informação devida na formação dos contratos, que depende de uma multiplicidade de factores, alguns dos quais contraditórios. Mas há padrões que podem ser usados na solução de casos concretos"; cfr. Carlos Ferreira de Almeida, *Contratos I...*, ob. cit., p. 191.

[318] Lei n.º 1/07, de 14 de Maio.

[319] Alínea g) do n.º 1 do artigo 36.º da Lei das Actividades Comerciais.

III. Por outro lado, como meio de informação se inscreve necessariamente o *rótulo*. O conjunto de menções explicativas respeitantes ao produto devem figurar nesse letreiro exteriormente colocado no invólucro do bem ou no documento que envolve ou acompanha o produto, como resulta da análise conjugada do n.º 1 do artigo 11.º com o n.º 2 do artigo 20.º, ambos da LDC.

Tudo isto se impõe, evidentemente, porque o objectivo da rotulagem é dar a conhecer o produto ao consumidor, no intuito deste fazer as suas opções e dispor dos esclarecimentos necessários à sua correcta utilização. Deste modo, as indicações nos rótulos devem ser completas, rigorosamente verdadeiras, esclarecedoras e redigidas em língua portuguesa para não induzir o consumidor em erro. Desde logo, este incumprimento é considerado infracção grave (al. f) do n.º 1 do artigo 37.º da Lei das Actividades Comerciais), sendo punido nos parâmetros estabelecidos no n.º 2 do mesmo preceito legal.

Verifica-se, porém, inexistirem disposições sectoriais para atender à rotulagem dos produtos[320]. Esta realidade esmorece os mecanismos de defesa. Assim, resta tão-somente às autoridades responsáveis pela vigilância do mercado tomar as medidas que a urgência e a gravidade da situação imponham.

Mas repare-se que o dever de informar tomou hoje essencial relevo, pois "...é um instrumento imprescindível de tutela do consumidor e um dos temas centrais do direito do consumo..."; com efeito, enfatiza-se a sua absoluta prioridade na efectivação do respeito e dignidade do consumidor, nomeadamente no nível elevado da sua saúde e segurança. Inevitavelmente, as manifestações deste dever constituem parcela vital para o bem estar da sociedade. Por esta justificada razão, o fornecedor é obrigado a proporcionar informações relevantes para o consumidor avaliar os riscos inerentes aos produtos ou serviços, caso não sejam imediatamente perceptíveis sem a devida advertência (n.º 1 do artigo 6.º da LDC)[321].

---

[320] Em Portugal foi publicado o Decreto-Lei n.º 560/99, de 18 de Dezembro para regular "...a rotulagem, apresentação e publicidade dos géneros alimentícios"; cfr. Teresa Almeida, *Lei de Defesa do Consumidor Anotada*, Dezembro, 2011, p. 48.

[321] Comparativamente, no ordenamento jurídico português, a Lei de Defesa do Consumidor prevê, no n.º 1 do artigo 8.º, a incumbência do fornecedor informar devidamente o consumidor sobre o produto, quer na fase pré-contratual quer aquando da celebração do negócio. Aponta-se, no mesmo sentido, o n.º 1 do artigo 7.º do Código dos Valores Mobiliários; cfr. Carlos Ferreira de Almeida, *Contratos I, ob. cit.*, p. 192 e Jorge

Assim é no nosso Direito. O simples desconhecimento manifestado pela ignorância ou dúvida tem ressonância visível nestes domínios. As duas situações são encaradas com efeitos negativos nos negócios de consumo.

IV. Outro aspecto de importância singular é o perigo dos produtos apresentarem deficiências após o seu lançamento no mercado. O fornecedor, ao conhecer esta situação, primeiramente, deve informar a comunidade destinatária sobre a nocividade do bem ou serviço, e depois as autoridades competentes (n.º 5 do artigo 6.º da LDC).Todavia, propugnamos pelo desencadeamento simultâneo de ambos os deveres. Certamente, a pronta intervenção dos organismos públicos vocacionados para o efeito assegura, de maneira mais abrangente, a divulgação dos factos perniciosos e a fonte de perigo.

Note-se ser desnecessária a comprovação de um dano efectivo. Basta o simples perigo para a saúde ou segurança física de um consumidor individualmente considerado. Como é óbvio, não se afasta nem se pretende diminuir a ameaça à saúde da colectividade de destinatários (n.º 4 do mesmo diploma); contudo, para despoletar o mecanismo protectivo é suficiente ligar a premissa do facto danoso ao consumidor singular.

V. Depois, na doutrina, aponta-se a necessidade do conteúdo da informação prestada ao consumidor conter "...os requisitos de adequação, suficiência e veracidade."[322], de atenção ao grau de exigência no âmbito da formação e fases subsequentes do contrato.

Precisemos: o primeiro aspecto impõe a íntima conexão entre o meio empregue para informar, o facto a que se refere e o destinatário-tipo. O segundo, consiste em prover um conteúdo informativo que não sofra reduções, a fim do consumidor fazer escolhas melhor fundamentadas. Por último, exige-se ao fornecedor o apego à verdade, ou seja, uma explanação correcta das especificidades do produto. Todos eles são indispensáveis para não infringir o dever de informar e funcionam em estreita correlação.

Pegado Liz, *Introdução ao Direito e à Política*, ob. cit., p. 230 e nota 480. A respeito da suficiente precisão no conteúdo informativo a ser dado ao consumidor, Joaquim Sousa Ribeiro, de maneira crítica, defende que a Directiva sobre comércio electrónico é a que melhor se adequa a esta exigência; cfr. *Princípio da Transparência no Direito Europeu dos Contratos*, ob. cit., p. 141.

[322] Paulo Luiz Netto Lôbo, *A Informação como Direito Fundamental do Consumidor*, EDC, FDUC, Centro de Direito do Consumo, N.º 3, Coimbra, 2001, pp. 35 ss..

De resto, são mandamentos, dentre outros do mesmo nível, destinados a reger a acção de todos os agentes no mercado, especialmente o nosso, onde a ânsia de realizar negócios acaba por ferir a esfera jurídica dos consumidores.

Na verdade, o dever de informar, de maneira ampla, plena e prévia, todas as condições reguladoras do vínculo é um componente intrínseco do consumo; isto para sublinhar que os parâmetros desta imperativa exigência fixam-se na *informação substancial*, de molde a realizar uma transacção justa[323].

Neste domínio, Carlos Ferreira de Almeida destrinça o *dever de informar* do *ónus de comunicar*. No seu ponto de vista, a necessidade de informar o consumidor restringe-se ao momento pré-contratual. Por sua vez, converge o ónus de comunicar para os negócios concluídos[324]. Aderimos a esta doutrina, pois a aquisição antecipada de informação é fundamental, estimula a prévia tomada de conhecimento das características do produto e pesa na opção do consumidor. Para tanto, servimo-nos do exemplo da informação pré-contratual que favoreça o consumidor na relação com instituições financeiras. Importante se torna para estas entidades pautarem a sua conduta no dever de informação e no dever de comunicação quando se propõem celebrar um contrato de consumo[325].

---

[323] Para outra análise sobre *informação substancial* ao consumidor como fonte para o equilíbrio negocial, cfr. Alexandre Dias Pereira, *Publicidade Comparativa e Práticas Comerciais Desleais*, EDC, Centro de Direito do Consumo, n.º 7, 2005, pp. 370 ss..

[324] *Contratos I*, ob. cit., p. 191 nota 269.

[325] Em sede da legislação portuguesa, estes vínculos regem-se pelo Decreto-lei n.º 359/91, de 21 de Setembro, que estabelece regras mínimas para os contratos de crédito ao consumo, à luz da transposição para o direito interno das Directivas do Conselho das Comunidades Europeias, números 87/102/CEE, de 22 de Dezembro de 1986 e 90/88/CEE de 22 de Fevereiro de 1990.

Entre outros, realçam-se os requisitos obrigatórios na celebração destes contratos, tais como a garantia, utilização e custo para o consumidor (al. g) do n.º 2 do artigo 6.º, as menções imperativas previstas no n.º 2 do artigo 6.º e o período de reflexão de sete dias (artigo 8.º). O legislador angolano ainda não adoptou medidas legais e eficazes sobre o crédito ao consumo (com excepção de duas regras nos artigos 17.º e 18.º da LDC, de que falaremos mais adiante). Outras disposições relativas a esta matéria apresentam-se bem distantes da defesa dos direitos e interesses dos consumidores e têm a ver com a regulamentação das operações de crédito e o regime de classificação dos créditos concedidos por instituições bancárias, conforme Avisos do Banco Nacional de Angola números 08/2007 e 09/2007, ambos de 12 de Setembro.

Cumpre agora referir, em busca do equilíbrio, que a LDC solidariamente responsabiliza o fornecedor e demais intervenientes na cadeia de produção à distribuição pelos danos causados aos consumidores se o dever de informação for desrespeitado (n.º 3 do artigo 9.º); porém, será correcto concluir que os exageros nesta matéria, acicatados por um certo deslumbramento, podem vir a esbater a finalidade do dever de informar. Assim, afigura-se sensato haver moderação neste domínio para impedir distorções informativas[326].

4. A formação e educação para o consumo

I. A particular necessidade de harmonizar a disparidade significativa entre as posições das partes nas relações jurídicas de consumo abrange o domínio da formação e aumento do nível educacional dos consumidores.

Reconhecendo que os consumidores enfrentam, frequentemente, desequilíbrios no direito de acesso a bens e serviços seguros, a LDC prevê inúmeras intervenções estatais, das quais fazem parte medidas concretas para superar a fragilidade da parte mais vulnerável nos negócios de consumo (artigo 7.º).

Na esfera educativa, apontam-se políticas próprias e a estruturação adequada nos níveis básicos de ensino para uma acção eficaz em prol dos direitos em questão (alínea a) do n.º 2 do artigo 7.º). Neste caso, prevê-se a instituição de programas dirigidos a orientar e desenvolver aptidões nos educandos, como modo de os preparar para tomarem decisões em seu proveito. Enfatiza-se esta forma de transmissão de conhecimentos, pois o adestramento nas escolas propicia que o consumidor construa por si mesmo os seus reflexos da realidade do consumo[327].

Mas não basta concentrar os vectores de aprendizagem somente naquele segmento da população. Este processo social deve iniciar-se com a instrução de formadores dirigidos para aquela especial faixa. Só assim alcançaremos progressivamente os fins didácticos traçados pela lei.

---

[326] Sobre esta questão, consulte-se a intervenção de Eduardo Lourenço, *Dever de Informar e Ser Informado*, Comunicação e Defesa do Consumidor, *ob. cit.*, pp. 97-98 ss.; cfr. António Pinto Monteiro, *Protecção do Consumidor de Serviços Públicos Essências*, EDC, *ob. cit.*, p. 343.

[327] Para outros aprofundamentos sobre a importância desta matéria na vida do consumidor, cfr. Joaquim Ideias Mendes, *Educação para o Associativismo*, *ob. cit.*, p. 119.

Outra incumbência do Estado é colaborar com as associações específicas de consumidores nas tarefas direccionadas a instruir o adquirente de bens ou serviços (alínea b) do n.º 2 do artigo 7.º). Assim, aposta-se num processo novo face a um mercado débil, rumo a uma maior contribuição para o fomento do associativismo em defesa do consumidor. Este encargo alcança os órgãos locais de administração pública (artigo 19.º da Lei das Associações[328]), face à natural prossecução dos seus fins.

Ora, pelo facto da realidade educacional e cultural não lidar com a habilidade necessária a demonstrar êxitos nestas matérias, é simples de perceber as acentuadas dificuldades para agregar as pessoas em torno deste fim comum. Mas, recordemos, se os primeiros passos forem devidamente dados nas instâncias básicas de ensino, a situação mudará num curto prazo.

Por outro lado, o legislador fez também consignar, nas alíneas c) e d) do mencionado artigo, objectivos norteadores da política nacional de relações de consumo em domínios que se prendem com a transmissão de novas atitudes e comportamentos de todos os membros da sociedade, inserindo, neste contexto, a necessidade de capacitar especialistas para garantir o funcionamento do sistema de protecção instituído.

II. A defesa a promover ao abrigo destes dispositivos resulta num desafio. Assinale-se a necessidade de repor condutas e valores morais, éticos e cívicos modeladores das relações de consumo; paralelamente, impõe-se a formação técnico-profissional e científica de recursos humanos nestas matérias.

Todavia, a questão reside no impasse a superar, impasse esse que é de matriz social. Aqui, claramente, surge um redobrado esforço, pois ainda estamos combalidos pelo conflito interno. Por certo, é um problema conjuntural; logo, a concretização das expectativas passa por corrigir outras amplas e profundas distorções, mas de maneira nenhuma se consegue isto em curto tempo.

Por esta razão, traçou-se o objectivo de alcançar níveis mais elevados de educação para o consumo, mediante o uso das modernas infraestruturas tecnológicas de comunicação social (n.º 3 do artigo 7.º). Assim, pretende-se divulgar amplamente as actividades destinadas ao constante aperfeiçoamento de conhecimentos por parte dos consumidores, tendo em conta o alcance e a influência positiva daqueles instrumentos, quando bem orientados.

---

[328] Lei n.º 14/91, de 11 de Maio, DR n.º 20, I Série.

Como se vê, este influxo de promoção de políticas de salvaguarda dos direitos e interesses dos consumidores aposta no binómio informação – formação, por forma a compensar as variadas dimensões que envolvem o consumo (artigo 8.º). Neste contexto, o combinado desempenho sempre é peça útil, pois oferece ao consumidor uma visão integrada das matérias de consumo e a virtualidade de potenciá-lo para uma melhor reflexão crítica no mercado.

De facto, o acervo de conhecimentos permite manter o consumidor medianamente esclarecido, capaz de procurar informação, de a analisar e de tomar decisões baseadas nas suas próprias necessidades.

Efectivamente, as políticas de formação e educação curam de fortalecer a consciência humanística dos cidadãos. Mas, nestas particulares acções, deve incluir-se o fornecedor, pois não há consumo equilibrado e sustentável sem a sua participação consciente e responsável[329].

Na verdade, a defesa do consumidor não se baseia apenas na punição dos lesantes por actos ilícitos, violadores de direitos, mas também na consciencialização dos fornecedores, demonstrando que, ao agirem com rectidão, respeitam a contraparte e contribuem para o desenvolvimento harmonioso do país.

Com isto, criam-se os pressupostos de garantia plena do exercício dos direitos dos consumidores e assume-se o compromisso de melhorar as condições de vida[330] e o poder de consumo das populações.

5. A publicidade

I. A defesa do consumidor e a atribuição de direitos específicos dependem da existência de uma relação de consumo que, na maioria das

---

[329] Como nos diz Cláudia Lima Marques, " A tendência actual é de examinar também a conduta negocial do fornecedor, valorizando-a e controlando-a, dependendo da conduta (abusiva ou não) a formação do vínculo (informações prévias, acesso ao contrato, envio de mercadorias não requeridos etc.)..."; cfr. *Contratos no Código de Defesa do Consumidor*, ..., ob. cit., p. 713. Por outro lado, para fins didácticos, pedagógicos e de consulta, o Estado instituiu a cartilha "Perfil, Ética e Conduta do Novo Comerciante", visando a reposição de valores morais e cívicos na área do comércio e serviços.

[330] Nesse sentido, Carla Amado Gomes, *Os Novos Trabalhos do Estado: A Administração Pública e a Defesa do Consumidor*, EIDC, Volume I, Instituto de Direito do Consumo, FDUL, Almedina, 2002, p. 37.

vezes, coexiste ou é sobreposta por um conjunto de actos ou processos destinados a divulgar ou propagar o fornecimento de bens ou serviços.

Nos dias de hoje, um dos instrumentos mais utilizados pelo fornecedor para tornar o produto notório ou de conhecimento generalizado é a publicidade[331]. Esta realiza-se, a um tempo, no plano da informação e na vertente sugestiva[332].

A informação contribui para melhoria do conhecimento completo, claro e objectivo do produto divulgado; a vertente sugestiva estimula o consumo e tem a especial facilidade de desenvolver práticas de atracção enganosas ou abusivas.

O fenómeno da publicidade opera por meio de periódicos, anúncios, cartazes, boletins e prospectos, que se fazem chegar directamente às mãos do destinatário ou através de outros meios de comunicação. Estes são os critérios adoptados por quem se ocupa desta actividade. Só por si, ou de maneira combinada, uns e outros dedicam a sua atenção ao sucesso da mensagem a difundir.

Ora, na visão da nossa lei, a publicidade deve ser veiculada por forma a permitir ao consumidor a maneira mais fácil e imediata de tomar conhecimento da matéria contida nos factos divulgados (n.º 1 do artigo 21.º da LDC). Claro está, pois, que a mensagem publicitária não se restringe em proveito do fornecedor. Configura uma actividade que deve levar em conta os principais interesses do consumidor. Torna-se recomendável que assim o seja, porquanto o conteúdo publicitário não pode gerar consequências lesivas a quem a utilize. Por isso, os procedimentos adoptados pelo fornecedor têm de ser harmoniosos com aquela concepção legal. Deve haver, portanto, articulada clareza e coerência na publicidade. De contrário, mostra-se inviável por não guardar correspondência com a norma[333].

II. Mas estas formulações, aparentemente simples, podem apresentar complicações quando se tem em vista o *dolus bonus*.

---

[331] A reconhecida importância de estudos incididos na vertente jurídica da publicidade foi avançada por Jean Carbonnier em meados do século passado; cfr. Paulo Luiz Netto Lobo, *A Informação como Direito Fundamental do Consumidor*, EDC, Centro de Direito do Consumidor, ob. cit., p. 38.

[332] Cfr. José de Oliveira Ascensão, *Concorrência Desleal*, Almedina, 2002, p. 519.

[333] O peso decisivo deste ponto de vista ergue-se contra os domínios do *dolus bonus* previsto no n.º 2 do artigo 253.º do Código Civil, reconhecidamente inaplicável nas relações de consumo.

Com efeito, de maneira frequente, o fornecedor exagera na apresentação dos seus produtos. Exalta em demasia as suas boas qualidades, para incitar à aquisição. Por esta conduta, são atribuídas às mercadorias propriedades maiores do que realmente têm.

Ora, isso influi poderosamente na vontade do consumidor. Perturba o seu consentimento. Afecta a sua liberdade de decisão. Força-se o consumidor a praticar um acto, por via deturpada. Então, vendo bem, aqui há informação que leva o consumidor ao erro. E, obviamente, tal linha de conduta é alcançada mediante a mentira por palavras ou imagens. Logo, este dolo causa dano. E não há que pensar o contrário, porquanto, dali nasce a ofensa ou pelo menos o significativo perigo para fazer incidir as regras protectivas.

Neste caso, não se exige que a publicidade constitua necessariamente a obtenção de uma vantagem para o fornecedor. Basta corresponder a um potencial prejuízo para o consumidor. Propendemos neste sentido. E nem sequer se exige a intenção de lesá-lo. É suficiente a inaxectidão do texto informativo para relevarmos a existência do obstáculo de ordem legal indutor de erro, por virtude das sugestões exorbitadas na publicidade. Esta é a ideia nuclear de que partimos para considerar ilícito o *dolus bonus*.

Indubitavelmente, o consumidor não tem de suportar nem admitir uma actuação que só atende aos interesses do fornecedor. E assim deve ser. De contrário, reduzem-se os horizontes de aplicação da LDC.

Em suma, a informação deve ser sustentada na rectidão e lisura compostas de um teor insusceptível de suprimir a verdade ou produzir engano. Exactamente por isso, o conteúdo publicitário deve ter utilidade para o consumidor e não transformar-se num obstáculo à livre escolha face à sua vulnerabilidade. Por ser assim, qualquer que seja a mensagem publicitária, esta deve assegurar informações lícitas, compatíveis com sua correcta identificação, nítida, verídica e de conformidade com o consagrado na lei (n.º 1 do artigo 21.º da LDC).

Conforme decorre do texto desta norma, e avançando mais um pouco, torna-se imperioso que a publicidade apresente clareza, para ser identificada como tal. Afigura-se inaceitável não autonomizar a mensagem na difusão de outras matérias disponibilizadas ao consumidor[334]. Deste

---

[334] O espaço publicitário deve ser separado de outras acções comunicativas divulgadas por rádio ou televisão, para se tornar perceptível ao destinatário (artigo 9.º da Lei

modo, seja qual for o suporte publicitário, deve este dar a conhecer ao consumidor a presença de um anúncio de publicidade. É patente que a promoção publicitária não pode distorcer a capacidade decisória do consumidor. Todas as suas afirmações devem ser verdadeiras para não provocarem no destinatário percepções erradas[335].

Geral da Publicidade). O artigo 8.º da Lei n.º 22/91, de 15 de Junho – Lei de Imprensa ora revogada – estabelecia a mesma exigência. Claro está que a nova Lei de Imprensa, promulgada noutro contexto histórico, deixou de regular a publicidade, a qual tem hoje diploma próprio.

[335] Neste âmbito, convém salientar que a indução em erro pode também prejudicar um concorrente. Diz-nos Carlos Ferreira de Almeida que: "As principais formas de limitação dos meios publicitários vêm naturalmente ligadas à ideia de concorrência desleal..."; cfr. *Os Direitos dos Consumidores*, ob. cit., p. 84. Na mesma obra, o autor dá-nos a conhecer que em Portugal a temática sobre restrições à publicidade antes do Decreto--Lei n.º 421/80, era tratada no contexto da concorrência desleal (artigo 212.º do Código de Propriedade Industrial); veja-se p. 82 nota 22. Merece menção, neste sentido, a legislação de defesa da concorrência alemã e o respectivo desempenho da jurisprudência daquele país no domínio das referidas matérias; cfr. Enrique Rubio Torrano, *Contratación a Distancia y Protecção de los Consumidores en el Derecho Comunitário; En Particular, El Desistimiento Negocial del Consumidor*, EDC, Centro de Direito eo Consumo, FDUC, N.º 4, Coimbra, 2002, p. 65. Adelaide Menezes Leitão, igualmente fornece subsídios que ajudam a reforçar a tese da conexão entre publicidade e concorrência; cfr. *A Publicidade no Anteprojecto do Código do Consumidor*, EIDC, Volume III, Instituto de Direito do Consumo, FDUL, Almedina, 2006, p. 145. É assim correcto afirmar que existe uma extensa relação entre Direito da Publicidade e Direito da Concorrência Desleal; cfr. José de Oliveira Ascensão, *Concorrência Desleal*, Almedina, 2002, pp. 138 e 517. Porém, como nos diz a voz autorizada do mesmo autor, "As matérias de publicidade integram automaticamente a concorrência desleal", ob. cit., p. 518. A convergência entre os dois institutos manifesta-se seguramente na esfera da publicidade enganosa (José de Oliveira Ascensão, ob. cit., p. 489), face aos propósitos do bem comum, da segurança, das escolhas e da responsabilidade social que pairam na atmosfera de negócios contemporânea. Com isto, é possível afirmar que a acirrada e, por vezes, desleal concorrência não é uma realidade que se refira exclusivamente à publicidade. A questão é que, numa economia caracterizada pela livre iniciativa, sempre estes dois institutos se atraem. Esta cumplicidade alcança o Direito de Defesa do Consumidor, pois encontra-se "...uma categoria de actos de concorrência desleal que o são, por serem praticados contra consumidores" (cfr. José de Oliveira Ascensão, *Concorrência Desleal*, ob. cit., p. 375), embora estando estes em causa, somente exista "... um interesse reflexamente protegido" (cfr. José de Oliveira Ascensão, ob. cit., p. 147); dá-se mesmo a circunstância dos três institutos virem consagrados no mesmo preceito legal, como efectivamente dispunha o artigo 14.º da revogada Lei de Imprensa, Lei n.º 22/91, de 15 de Junho; porém cada um dos ramos tem a sua própria autonomia. Assim, em geral, para defesa da concorrência é relevante a LDC, pois

III. Por outro lado, a LDC veda a falta de correspondência entre o conteúdo publicitário revelado ao consumidor e o contrato a concluir (n.º 2 do artigo 21.º)[336, 337]. No caso, existe um vínculo pré-contratual a respeitar, não imune a consequências jurídicas. De igual modo, o normativo aplica-se independentemente de o titular do anúncio manifestar ou não a sua sujeição ao conteúdo da mensagem publicitária[338]. Com efeito, desta decorrem obrigações válidas, unilateralmente assumidas naquela fase contratual. Neste plano, ganha relevância em matéria de dano a

---

do seu contexto se pode retirar a conduta ideal dos concorrentes em benefício do consumidor e as consequentes denúncias de irregularidades e abusos.

No actual quadro jurídico-legal de Angola, para implantação de novos valores e práticas no mercado, prevê-se a promulgação da Lei da Concorrência e respectivos regulamentos.

[336] O artigo 7.º , n.º 5 da Lei de Defesa do Consumidor portuguesa também impõe esta exigência na realização de negócios de consumo. Porém (a título meramente informativo), a Directiva 1999/44/CE do Conselho e do Parlamento Europeu é mais comedida, exactamente porque a inclusão do conteúdo publicitário no contrato de consumo, no respeitante à garantia, só é tida em conta segundo as normais e razoáveis expectativas criadas em torno do consumidor. Em face disso, sempre o fornecedor pode contrariar a pretensão do consumidor, de conformidade ao disposto no artigo 2.º , n.º 4 daquele diploma da União Europeia; cfr. Luís Manuel Teles de Menezes Leitão, *Caveat Venditor. A Directiva 1999/44/CE do Conselho e do Parlamento Europeu Sobre a Venda de Bens de Consumo e Garantias Associadas e Suas Implicações no Regime Jurídico da Compra e Venda*, Estudos em Homenagem ao Professor Inocêncio Galvão Telles, Volume I, Direito Privado e Vária, Separata, Almedina, p. 283. Parece-nos que esta questão se deve aferir em função do consumidor-padrão, colocado em determinada situação de mercado. A fim de caracterizar o modelo de consumidor médio, o Acórdão do Tribunal de Justiça de 16 de Julho de 1998, processo C-120/96, define-o como aquele "...normalmente informado e razoavelmente atento e advertido"; cfr. Elsa Dias Oliveira, *Práticas Comerciais Proibidas*, EIDC, Volume III, Instituto de Direito do Consumo, FDUL, Almedina, 2006, p. 155. Note-se, entretanto, que esta questão, no seu preciso critério, não é pacífica. Para Pegado Liz, o problema real paira no facto desta abrangência conceitual não poder conduzir-se no sentido de ser válida para todos os casos concretos de litígios de consumo; *apud* Elsa Dias Oliveira, *Práticas Comerciais Proibidas*, ob. cit., p. 157, nota 25. Porém, afigurando-se difícil delimitar este problema, convém socorrermo-nos do artigo 236.º do Código Civil.

[337] No mesmo sentido, o artigo 30.º do Código de Defesa do Consumidor brasileiro; cfr. Cláudia Lima Marques, *O Contrato no Código de Defesa do Consumidor*, ob. cit., p. 419.

[338] Nesse sentido, cfr. Carlos Ferreira de Almeida, *Qualidade do Objecto Contratual*, EDC, Centro de Direito do Consumo, n.º 7, 2005, p. 35.

responsabilidade solidária de todos os participantes na divulgação de publicidade (n.º 1 do artigo 38.º da Lei Geral de Publicidade[339]). Cria direito à reparação. O que não se afigura, pelo menos com facilidade, é imputar esta co-responsabilidade legal ao Estado pelos prejuízos causados ao consumidor, porquanto também este se submete à presente Lei (n.º 3 do artigo 2.º)[340].

Porém, sempre resta o direito de exigir o cumprimento integral a qualquer um dos co-obrigados.

Por outro lado, o nosso ordenamento jurídico, contém (Lei n.º 9/02, de 30 de Julho de 2002[341]) uma definição de publicidade: qualquer divulgação organizada de informações ao público para captar a sua atenção sobre determinado bem, serviço, direitos ou obrigações (n.º 1 do artigo 2.º).

Reveste-se, assim, de dupla dimensão: a primeira faz referência à ordenação de procedimentos para projectar dada combinação de sinais; a segunda reflecte-se no propósito de incidir os efeitos do projectado nos sentidos dos destinatários. Mas o enunciado tem uma simples natureza referencial: ele está construído com base numa visão restrita do próprio termo. A conceituação ficará talvez mais completa se adicionarmos o intento lucrativo, pois a publicidade tem um objectivo mais ambicioso. Disso falaremos adiante.

Entretanto, uma construção semelhante pode ser colhida na doutrina. Diz-nos João Alves que "A publicidade é uma técnica de comunicação veiculada através dos sentidos e da utilização de algum meio que serve de suporte à respectiva mensagem"[342].

Na afirmação do autor estão explícitos os já referidos pressupostos, tendentes a uma definição aproximada sobre o assunto. Certamente, a essência da publicidade é orientada por dois vectores: o processamento de informação e a subjectiva percepção pelo seu destinatário.

---

[339] No mesmo sentido, o artigo 39.º da Lei de Imprensa.

[340] A pertinência da reflexão vem a propósito do Estado concorrer com entes privados no mercado de abastecimento de produtos. Para além disso, a Lei de Imprensa não é clara quanto à gratuitidade ou não de todas publicações informativas do Estado. O artigo 33.º da antiga Lei de Imprensa e artigo 19.º da lei em vigor sobre a mesma disciplina só dão cobertura às notas oficiais, e isto visivelmente pode trazer mais nebulosidade e situações contraditórias.

[341] Lei Geral de Publicidade.

[342] Cfr. *Direitos dos Consumidores, Textos e Peças Processuais*, ob. cit., p. 100.

Porém, a publicidade, no âmbito da actividade promocional, como é seu principal escopo, tem sempre fins lucrativos, como já se disse noutro passo deste trabalho. Ou seja, o anúncio ao público dos produtos ou serviços tem sempre a finalidade de obter ganhos. Esta é a ideia que preside e cerca a publicidade, embora fortemente conexionada com os restantes pressupostos.

Desta maneira, deve ser tomado em consideração o lucro, a fim de se delimitar o conceito de publicidade. Daí o seu natural acolhimento no artigo 3.º , n.º 1 do Código da Publicidade português.

Por fim, repisando, a publicidade surge com o propósito de influenciar uma atitude nos consumidores sobre dada realidade. Nesse plano, as representações abstractas podem ser difundidas se não desenvolverem matérias de índole política[343] (n.º 2 do artigo 2.º). O assinalado conceito também abrange a actividade da Administração Pública que vise, directa ou indirectamente, promover o fornecimento de bens ou serviços (números 3 e 4 do artigo 2.º).

Como se vê, a actividade publicitária é uma arma poderosa, principalmente na promoção das imagens de produtos e serviços, com vista à sua aquisição. Daí estar sujeita legalmente a um conjunto de princípios gerais elencados no artigo 7.º, ao lado do "respeito pelos direitos do consumidor"[344], o maior alvo da publicidade.

---

[343] A publicidade distingue-se da propaganda, porquanto esta última tem carácter mais ideológico, sejam elas ideias políticas, religiosas, cívicas, etc.: ambas fazem parte do conceito alargado de informação, a par das relações públicas (conjunto de actividades informativas sobre dada instituição, com vista a firmar ou alargar a sua projecção junto do público); veja-se esta repartição em João Alves, *Direitos dos Consumidores*, ob. cit., p. 100.

[344] O fornecedor, na publicidade dos seus produtos e serviços, tem de actuar de maneira prudente para não comprometer os critérios de licitude (artigo 8.º), identificabilidade (artigo 9.º), veracidade (artigo 10.º), direitos de autor (artigo 13.º), concorrência leal (artigo 11.º) e direitos do consumidor (artigo 12.º). No encontro com a doutrina do direito comparado, Carlos Ferreira de Almeida configura cinco princípios gerais da actividade publicitária: princípio da liberdade (que se molda nas concepções da economia de mercado), princípio da identificação (no sentido de preservar a necessidade da mensagem ser transparente), princípio da veracidade (assente na publicidade não deformadora dos factos anunciados sobre o bem ou serviço publicitado), princípio da lealdade (aplicado para respeitar as regras da honestidade no domínio da concorrência, mesmo no âmbito da publicidade comparativa) e princípio da ordem pública (com o objectivo de tutelar os mais elevados valores e princípios que conformam o Estado democrático de direito). Para estas

Sendo um instrumento de largo contributo para a evolução do sistema socio-económico, enquanto factor estratégico de competitividade no mercado, a referida actividade publicitária atingiu um nível de desenvolvimento tal que desencadeou transformações qualitativas nas motivações, atitudes e valores de cada consumidor, a ponto de poder "...também vir a revelar-se como perniciosa..."[345], dada a forte influência no meio socio-cultural dos nossos dias.

Importa assim reflectirmos sobre este tipo de preocupação.

6. A publicidade nociva: enganosa ou abusiva

I. As relações de consumo experimentam nos últimos anos um grande aprimoramento, a par da intensa actividade publicitária, derivado dos princípios e regras da economia de mercado.

Pode perceber-se que este problema influencia a vida dos consumidores, em especial quando a publicidade fortalece a tendência de violar as regras especiais aplicáveis a estas matérias, em desfavor dos seus destinatários, tendo subjacente ilícitas maquinações.

Em função das situações, a comunicação publicitária pode ser enganosa ou abusiva.

Entende-se por publicidade enganosa a que comporta declarações sem correspondência com a realidade; ou seja, criam-se representações dos produtos sem conexão com as suas qualidades. Resulta isso da falsa demonstração do bem ou do engano a que o consumidor é levado mediante o enunciamento das palavras contidas na mensagem.

Este processo é garantido mediante o emprego de variadas técnicas. Deste modo, ao consumidor resta somente subordinar-se aos bens ou serviços propostos, logrando assim os anunciantes contínuos ou duradouros benefícios.

---

finalidades, poderá consultar-se o estudo do mencionado autor, *Os Direitos dos Consumidores...*, *ob. cit.*, pp. 80 ss.. Estes princípios, como se faz menção, dirigem-se à actividade publicitária e justificam-se sobretudo nos dias que correm, pois reforçam as exigências vitais que recaem sobre a própria publicidade.

[345] Cfr. Mário Paulo Tenreiro, *O Regime Comunitário da Publicidade Enganosa, Comunicação e Defesa do Consumidor*, Instituto Jurídico da Comunicação, FDUC, 1996, p. 227.

A fim de determinar o carácter enganoso da publicidade, o legislador tem em conta todas as informações contrárias à verdade ou prestadas no sentido de levar o consumidor a equívoco sobre quaisquer minuciosos pormenores respeitantes ao produto (§ 1.º do n.º 3 do artigo 21.º da LDC)[346, 347]. São declarações viciadoras do consentimento do consumidor, independentemente da intenção de enganar, que o induzem a uma concepção distorcida dos factos ou da coisa publicitada.

Enquadram-se, igualmente, no conceito de publicidade enganosa as situações em que o anúncio atribui mais qualidade ao bem ou serviço do que realmente possui (publicidade hiperbólica). Inculcam-se no consumidor características que o produto não reúne, seja para o fazer passar por outro mais bem cotado no mercado, seja por ser falsificado. Ambos os tipos de publicidades referidos são formados e evidenciados por actos que conduzem ao engano, não só o consumidor ignorante mas até o consumidor informado[348].

O mesmo rigor legal em relação a estas matérias vem observado no n.º 1 do artigo 16.º da Lei Geral de Publicidade. Neste, igualmente se impede a generalidade das acções publicitárias de carácter enganador; isto é, em desrespeito à verdade, ausência de clareza[349] e excessos ou falta de menção dos requisitos essenciais do produto para consumo. A mesma

---

[346] A Directiva do Conselho n.º 84/450/CEE regula, a nível dos Estados membros, a matéria da publicidade enganosa. Para outros subsídios, cfr. Mário Paulo Tenreiro, *Regime Comunitário da Publicidade Enganosa, Comunicação e Defesa do Consumidor*, ob. cit., pp. 199 ss., em especial as pp. 205 a 208.

[347] A informação falsa é tomada como não verdadeira e propicia o erro. Há diferença nas significações; no entanto, os seus efeitos por vezes equivalem-se. Nesse sentido, José de Oliveira Ascensão, *Concorrência Desleal*, ob. cit., p. 520. Assim, por princípio, há que distingui-las, embora se encontrem definições que levantam dificuldades nesse sentido. Veja-se, por exemplo, o conceito de Cláudia Lima Marques, para quem o erro é "...a falsa noção da realidade, falsa noção esta potencial, formada na mente do consumidor por acção da publicidade"; cfr. *Os Contratos no Código de Defesa do Consumidor*, ob. cit., p. 804.

[348] A influência da publicidade enganosa alcança a maioria dos destinatários. Face a esta constante ameaça, Cláudia Lima Marques defende que o "parâmetro para determinar se a publicidade é ou não enganosa deveria ser o *observador menos atento...*"; cfr. *Código de Defesa do Consumidor*, ob. cit., pp. 804-805. Porém, a este respeito e sob influência do Tribunal de Justiça da Comunidade, a actual propensão é para considerar "... um consumidor atento e sobre quem pesa o dever de esclarecimento"; cfr. José de Oliveira Ascensão, *Concorrência Desleal*, Almedina, 2002, p. 517.

[349] No mesmo sentido o § 3.º, n.º 3 do artigo 21.º da LDC.

norma, no seu n.º 2, enumera as situações conducentes ao engano do público. Este preceito enuncia os critérios de informação idónea para garantir maior transparência dos objectos publicitados.

Para além disso, a publicidade enganosa verifica-se também quando o anunciante omite informação relevante sobre o divulgado (§ 3.º do artigo 21.º da LDC). Neste caso, o conteúdo do anúncio até pode ser verdadeiro, mas por faltar pormenor relevante torna-se enganoso por omissão. É um procedimento negativo, consistente na inobservância de certas exigências indispensáveis à comunicação publicitária. Existe, assim, uma lacuna informativa, pouco importando que seja intencional ou involuntária.

A LDC prevê ainda, no § 2.º, n.º 3 do artigo 21.º, a publicidade abusiva e proíbe conteúdos atentatórios a certos valores sociais. Nestas matérias, o consumidor está formalmente protegido contra: quaisquer constrangimentos que visem marginalizá-lo e conduzam à violência, actos exploratórios do receio ou pavor do sobrenatural, da ingenuidade das crianças, de afectação do meio ambiente e condutas causadoras de perigo ou lesivas à sua vida[350], além de outros da mesma natureza (o legislador não limita o rol de espécies de publicidade abusiva).

Verificado este quadro, configuram-se criminosas, em sede da publicidade abusiva, as actividades que colocam em risco a harmonia pública e desrespeitem a incolumidade dos destinatários, os valores indispensáveis, ideias, atitudes (apontam-se, entre outras, publicações obscenas, gestos lascivos e ultraje ao culto), bem como as motivações hostis ao espírito patriótico de segurança e unidade nacional, como por exemplo o menosprezo pelos símbolos nacionais (artigo 14.º da Lei Geral de Publicidade). Formulam-se, assim, uma soma de condutas a serem observadas no convívio social, instituídas como fundamentais para a estabilidade e solidez da ordem interna.

Por outro lado, a LDC identifica diferentes condutas como abusivas quando encerrem práticas com o ânimo de prejudicar o consumidor, mediante acções maliciosas ou aviltantes (artigo 22.º). Na primeira, revela-se um comportamento propositadamente caviloso para obter o resultado almejado (publicitar produto lácteo já proibido noutras paragens); a outra traduz-se numa conduta que visa diminuir ou humilhar os destinatários da publicidade (rebaixar as pessoas com dada incapacidade física).

O preceito também proíbe que o fornecedor induza o consumidor a adquirir mais um bem ou serviço não desejado, tendo em vista a venda

---

[350] No mesmo sentido regula a al. a) do artigo 17.º da Lei Geral de Publicidade.

de um produto de seu interesse (venda forçada); veda também o negócio condicionado à aquisição de determinadas quantidades de produtos (al. a) do n.° 1).

Afigura-se outro comportamento proibido, negar ao consumidor o fornecimento de bens ou serviços tendo o fornecedor provisão disponível, ou aquele contrário às praxes comerciais (al. b) do n.° 1); também não se aceita a prática de certos actos, pelo fornecedor na relação de consumo, tais como: impingir ao consumidor produtos sem anterior pedido (al. c)), com excepção das amostras grátis (n.° 2 do artigo 22.°); aproveitar-se da situação de fragilidade de simples grupos vulneráveis (idosos, doentes mentais, menores, pessoas de baixa renda em situação desvantajosa), para nessa condição realizar o negócio de consumo (al. d)); não concertar previamente as questões cruciais do negócio, tais como preços, materiais, mão-de-obra, previsão de tempo, prazo de validade do orçamento e não transferência de encargos para o consumidor na subcontratação, tudo para impedir a obtenção de vantagens exageradas ou desproporcionais, salvo se as partes desenvolverem habitualmente actos de consumo entre si (al. e) e artigo 23.°); difamar o consumidor por ter praticado certo acto no exercício de um direito seu (al. f)); desrespeitar, no fornecimento de bens e serviços, o regime estabelecido pelos órgãos instituídos para o controlo da qualidade dos produtos (al. g)); impor intermediários num negócio em que o consumidor deseja pagar o preço numa só prestação (al. h)); acrescer o preço dos bens ou serviços de maneira prepotente em desrespeito do montante em dinheiro fixado previamente para dada aquisição (al. i)); não se vincular a prazos para o fornecimento de bens ou serviços (al. j)).

O conteúdo da norma procura coibir acções incompatíveis com o respeito à pessoa e ao património do consumidor, bem como impor ao fornecedor a observância das normas técnicas e administrativas para colocar os produtos ou serviços no mercado. Neste âmbito, o regime disposto na LDC impede lesões às boas práticas nas relações de consumo, atento os anseios dos consumidores. Contudo, o sistema protector tem uma abrangência mais ampla que a defesa do concreto consumidor; sendo certo que a publicidade abusiva e outras em desconformidade à lei, violam valores básicos da colectividade, e assim "... os interesses em questão são efectivamente difusos, como difuso é o seu alcance"[351].

---

[351] Cfr. Suzana Maria Pimenta Catta Preta Frederighi, *Publicidade Abusiva, Incitação à Violência*, Editora Juarez de Oliveira, 1999, p. 56.

No respeitante à publicidade oculta ou dissimulada, a mesma é entendida como qualquer comunicação publicitária não divulgada de forma clara e precisa; ou a repercussão de factos por via de anúncio informativo sem o necessário acordo para o exercício da actividade comercial, a fim de obter vantagem ilícita (artigo 15.º da Lei Geral de Publicidade). As terminologias aproximam-se. Uma e outra encobrem ou subtraem ao conhecimento do receptor da mensagem informação válida. Distanciam-no da realidade. Tudo se resume a aparências para alcançar a pretendida finalidade, tornando-se, assim, uma prática ilícita.

II. Por sua vez, o artigo 21.º da mesma lei regula a publicidade comparativa. Esta consubstancia-se na actividade publicitária desenvolvida com o objectivo de promover as reais especificações do bem ou serviço, bem como o confronto entre produtos sem semelhança ou não conhecidos. Discorda-se particularmente deste preceito porquanto ressalta de imediato a diminuída importância protectiva dos produtos de marca nacional, em regra menos ou nada conhecidos, num país despido de legislação sobre a concorrência desleal. Não se nega que a publicidade comparativa é uma técnica válida e actual, mas é importante salvaguardar, de igual maneira, os produtos locais de reconhecida qualidade, pois, através destas comparações, pode-se afectar a livre escolha do consumidor.

Por ser assim, o anúncio publicitário não pode, em sede de comparação, denegrir o produto do concorrente. Nestes termos, a disciplina da lei visa assim reprimir comportamentos que comprometam as estruturas de mercado e, reflexamente, protege o consumidor destes malefícios[352,353]. Na realidade, a legislação da publicidade comparativa é benéfica para o desempenho económico de mercado, à luz da livre iniciativa, como já se disse. Torna-a mais eficiente em razão da qualidade, bem como das alternativas de produtos ofertados a preços e condições mais adequados a

---

[352] Diz-nos Alexandre Dias Pereira "...que a publicidade comparativa, quando compara características essenciais, pertinentes, comprováveis e representativas e não é enganosa, pode constituir um meio legítimo de informar os consumidores dos seus interesses"; cfr. *Publicidade Comparativa e Práticas Comerciais Desleais*, EDC, Centro de Direito do Consumo, FDUC, n.º 7, 2005, p. 346. No mesmo sentido, Cláudia Lima Marques, *Contratos no Código de Defesa do Consumidor*, ob. cit., p. 784.

[353] No mesmo sentido, cfr. José de Oliveira Ascensão, *Concorrência Desleal*, ob. cit., p. 137.

uma boa escolha. Exactamente, isso significa informação prestável aos intentos de competição no mercado. Porém, deve produzir resultados que não sejam diametralmente opostos aos interesses dos consumidores[354]. Se é assim, cabe ao anunciante justificar os elementos comprovativos da exactidão das suas alegações (al. c) do n.º 1 do artigo 32.º LDC). Depois, esta norma também ilustra que o anúncio publicitário ilícito é passível de correcções quando acarrete riscos para a saúde e segurança dos consumidores. Contudo, a infracção às regras publicitárias, apesar de violar o direito e causar dano, não tem disciplina sancionatória aplicável[355].

III. Em resumo, através do estudo proposto, vislumbra-se a eficaz força persuasiva da publicidade, verificando-se, na vida real, que a débil protecção do consumidor angolano não lhe permite muitas vezes ter consciência dos seus direitos. Assim, o problema é saber se a consagração destas mudanças normativas assegura alguma resistência no quotidiano, apesar disso implicar sempre certa estabilidade em termos de protecção e confiança contra actos vedados por lei.

Na verdade, a publicidade não é apenas informação, é essencialmente persuasão[356]: "Esta visa convencer o consumidor, sem dependência da valia intrínseca da prestação"[357]. Realmente, o anunciante não se propõe apenas informar, pois bastas vezes aplica as poderosas técnicas de comunicação para influenciar o consumidor a adquirir o anunciado[358]. Esta finalidade tem por fim manter e ampliar o controlo sobre o consumidor, levando-o a confiar ou acreditar no conteúdo publicitário desenvolvido com base em dados sobre os seus comportamentos no mercado.

---

[354] Sobre esse assunto, veja-se posição critica de José de Oliveira Ascensão, *Concorrência Desleal*, ob. cit., p. 490.

[355] O legislador remeteu para diploma regulamentar (artigo 43.º da Lei de Publicidade); porém o mesmo ainda não foi divulgado.

[356] Para além dos aspectos (ou modelos) informativo e persuasor, a doutrina, no caso a brasileira, evidencia outros dois: o modelo concorrencial e o cultural. O relevo diferenciado de cada um pode ser consultado no trabalho de Suzana Maria Pimenta Catta Preta Frederighi, *Publicidade Abusiva*, ob. cit., pp. 70-71.

[357] Cfr. José de Oliveira Ascensão, *Concorrência Desleal*, ob. cit., p. 519.

[358] Atinente a isso, Sara Larcher dá-nos a perceber que a revolução no domínio das telecomunicações e da informática se tornaram numa ideal técnica para convencer os adquirentes de bens ou serviços; cfr. *Contratos Celebrados Através da Internet: Garantias dos Consumidores Contra Vícios na Compra e Venda de Bens de Consumo*, EIDC, Instituto de Direito do Consumo, FDUL, Volume II, Almedina, 2005, p. 219.

Os sofisticados métodos persuasivos transformam a informação essencial em periférica, sem que o consumidor se aperceba disso. O anúncio publicitário sobrepõe-se às ideias dos seus destinatários, condiciona-os e corporiza mudanças nas suas próprias vidas[359]. As mensagens são transformadas em quase certezas ou difundidas como estereótipos assumidos como verdades.

Nesse sentido, estrangulam ou debilitam o cultivo de valores, pois há uma manobra intencional contra a pessoa do consumidor, assente no supérfluo, tornando-o dócil, submisso.

Face a isso, a formação, especialmente nas escolas, contribui para esclarecer o consumidor, dá força à sua identidade, adequa-o a estratégias de diferenciação e constrói a sua consciência crítica.

De maior relevância é a dimensão associativa, "...um sintoma de vitalidade da sociedade civil"[360], propulsora de maior poder reivindicativo e ingrediente para o reforço da participação cívica dos angolanos.

---

[359] Aqui não deixamos de ter em consideração os efeitos nefastos deste fenómeno nas classes menos prósperas e pobres do nosso país, pois a incitação ao consumo pelas janelas dos meios de comunicação chega a todos e, nos centros urbanos de maior população, gera assustadora criminalidade nas camadas juvenis, obcecadas por usufruir os bens que o mercado agressivamente oferece ao consumidor. Para outros subsídios sobre o resultado da publicidade, especialmente a ilícita, nos países com enorme contrastes sociais, cfr. Cláudia Lima Marques, *Contratos no Código de Defesa do Consumidor*, ob. cit., p. 803 e Suzana Maria Pimenta Catta Preta Frederighi, *Publicidade Abusiva, Incitação à Violência*, ob. cit., p. 73.

[360] Joaquim Ideias Mendes, *A Educação para o Associativismo*, RPDC, Junho de 2005, n.º 42, p. 118.

CAPÍTULO VI
A PROTECÇÃO CONTRATUAL

1. Considerações gerais

As fontes de risco em acto ou potência contra os interesses económicos dos consumidores irradiam dos frequentes vínculos de consumo.

Na verdade, constata-se, na prática, a insensibilidade para defender com segurança tais interesses (todos somos consumidores) e isso mesmo representa a parte mais visível de sua desprotecção.

Por outras palavras, o ambiente protectivo em Angola ainda não está consolidado. Dentre outros motivos, sobressai a enfraquecida posição do consumidor devido ao desconhecimento das regras negociais, em vista do crescente aumento de conteúdos contratuais sofisticados que exploram ao máximo essa inferioridade.

Porém, a Ordem Jurídica impõe evitar, em favor da própria subsistência do contrato, ofensas dos deveres de lealdade e da boa fé (particularmente determinantes princípios nas relações de consumo) para justificar a contenção de abusos no âmbito económico (n.º 1 do artigo 15.º da LDC). A cláusula geral da boa fé serve de parâmetro de validade dos negócios de consumo e actua como norma de criação de deveres gerais de conduta[361]. Contudo, a actividade de fornecer bens ou serviços não está limitada apenas àquele princípio, não obstante a assumida feição objectiva do Direito do Consumidor[362].

---

[361] Estes deveres, resultantes do princípio da boa fé, diferenciam-se pelo seu carácter complementar relativamente ao dever primário. Menezes Cordeiro opta pela denominação "deveres acessórios de conduta". Para outros aprofundamentos, cfr. António Menezes Cordeiro, *Da Boa Fé no Direito Civil*, Coimbra, Almedina, 1997, pp. 603 ss.

[362] O princípio da boa fé deve ser objectivamente considerado nas relações de consumo (no caso, dá-se, entre outros, o exemplo da responsabilidade do fornecedor por

Importa assim, discorrer sobre as controvérsias geradas em torno da adesão a formulários contratuais usados em série.

2. Contratos pré-redigidos[363]

I. A evolução económica ocorrida no século XX dinamizou as relações negociais. Daqui surgiu uma nova modalidade de contratação, para

---

bens ou serviços defeituosos). Na nossa era, a boa-fé visa recuperar a fidelidade, equilíbrio, bem como a coerência na construção e fases subsequentes dos contratos. Deste modo, constitui barreira ao exercício abusivo de um direito subjectivo. O princípio medeia o formalismo do Direito e o reconhecimento da flexibilidade das relações entre partes. Em razão disso, as disposições sobre a boa fé na LDC são um complemento à boa fé regulada nos preceitos do Código Civil.

[363] Menezes Cordeiro aceita que a melhor denominação é "contratos por adesão", mas satisfaz-lhe o termo "cláusulas contratuais gerais"; cfr. *Manual de Direito Comercial*, Volume I, 2001, Almedina, p. 402. Porém, já Oliveira Ascensão entende que: "A referência a um contrato de adesão dava a ideia de que se estaria perante um novo tipo contratual"; cfr. *Cláusulas Contratuais, Cláusulas Abusivas e Boa Fé*, Separata da Revista da Ordem de Advogados, Ano 60, II, Lisboa, 2000, pp. 574-575. João Calvão da Silva pronuncia-se em favor do termo "cláusulas contratuais gerais" "... *porque abrange todas as cláusulas contratuais que não tenham sido sujeitos a negociações individuais...*"; cfr. *Compra e Venda de Coisas Defeituosas, ob. cit.*, p. 132; Raimond Saleilles, na sua apreciação critica, entendeu denominar de contratos *standard*, *apud* Silney Alves Tadeu, *Sugestões a um Direito de Consumo Unitário*, Revista de Direito Do Consumidor, 48, Ano 12, Outubro – Dezembro, 2002, Editora Revista dos Tribunais, Instituto Brasileiro de Polícia e Direito do Consumidor, p. 238. No entanto, a terminologia "contratos de adesão" é da autoria do mencionado jurista francês; cfr. Carlos Ferreira de Almeida, *Contratos I, Conceito, Fontes, Formação, ob. cit.*, p. 157. Quanto a nós, a formulação unilateral das cláusulas deve ser vista no ângulo de cláusulas contratuais gerais; no entanto, formada a relação jurídica, surge o contrato de adesão propriamente dito. A bem dizer, o fenómeno é somente um e faltaria sentido prático às cláusulas contratuais gerais se não houvesse possibilidade de concluir os contratos mediante adesão. A LDC dá preferência ao termo "contratos de adesão" (artigo 19.º); porém, o legislador também emprega os termos "cláusulas gerais dos contratos" (Lei n.º 4/03, de 11 de Fevereiro) e "contratos *standard*" (preâmbulo da LCGC); o ordenamento jurídico português prefere a expressão de origem germânica "cláusulas contratuais gerais" (Decreto-Lei n.º 446/85, de 25/10, alterado pelos Decretos-Lei 446/95, de 31 de Agosto e 249/99, de 7 de Julho). Sobre a terminologia, cfr. Mário Júlio de Almeida Costa, *Direito das Obrigações*, Coimbra, 1991, pp. 203 ss.; Oliveira Ascensão, *Direito Civil – Teoria Geral*, Volume III, *Relações e Situações Jurídicas*, Coimbra Editora, 2002, p. 213 e Carlos Ferreira de Almeida, *Contratos I, Conceito, Fontes, Formação, ob. cit.*, pp. 157-158.

atender às expectativas do mercado e às necessidades dos consumidores. Para tanto, difundiu-se um esquema contratual pré-elaborado para uma generalidade de situações uniformes.

Trata-se de contratos em que a totalidade ou, pelo menos, as mais importantes cláusulas são definidas e impostas pela *parte mais forte*, na forma de um modelo genericamente aplicável às relações negociais; ou seja, estabelecem-se formulações invariáveis para uma pluralidade de contratos a concluir uniformemente com pessoas indeterminadas. Daí as suas características: pré-elaboração, indeterminação e rigidez[364,365].

Em seus termos, distinguem-se pela adesão a condições gerais, sem alternativa de uma das partes (contraente mais fraco) discutir o conteúdo contratual traçado pela contraparte. Ou seja, o parceiro contratual mais débil simplesmente adere a um conteúdo negocial impresso, prévia e unilateralmente.

Embora este instrumento jurídico desempenhe uma função importante no mercado, os seus benefícios não devem sacrificar a paridade nas relações de consumo[366].

Porém, o desequilíbrio mostra-se inevitável quando um dos contraentes tem a possibilidade de dispor o clausulado sem que a contraparte tenha o mínimo poder prescritivo.

Por esta razão, o Estado criou normas, proibiu certas cláusulas e até condicionou a validade de alguns contratos por beneficiarem exageradamente a parte juridicamente mais forte (fornecedor), com o propósito de impedir "...os desequilíbrios jurídicos e a obnubilação na esfera jurídica do consumidor da liberdade de estipulação negocial"[367].

---

[364] Para Carlos Ferreira de Almeida existem somente duas características: predisposição unilateral e generalidade. Outros aprofundamentos sobre todos os elementos relativos às cláusulas contratuais gerais são desenvolvidos pelo mencionado autor em *Contratos I, Conceito, Fontes, Formação, ob. cit.*, pp. 161-162-163.

[365] Sobre as características fundamentais destes contratos: pré-elaboração, rigidez e indeterminação, cfr. Almeida Costa e Menezes Cordeiro, *Cláusulas Contratuais Gerais, Anotação ao DL n.º 446/85*, Coimbra, 1986, p. 17 ss.

[366] Sob esse aspecto, o legislador português, no preâmbulo do ponto 4 do Decreto-lei n.º 446/85, de 25 de Outubro, afirma: "As cláusulas contratuais gerais surgem como um instituto à sombra da liberdade contratual". De facto, esta espécie de cláusulas, elaboradas de antemão, são limitações à liberdade do aderente, mas por via de realização legislativa está salvaguardada a oportunidade da sua vontade não ficar anulada pelo predisponente.

[367] Cfr. Guilherme Machado Dray, *Venda com Redução de Preços*, EIDC, Volume I, Instituto de Direito do Consumo, FDUL, Almedina, 2002, p. 234.

II. Em Angola, estas restrições expressam-se na da Lei das Cláusulas Gerais dos Contratos (Lei n.º 4/03, de 18 de Fevereiro, DR n.º 13, I Série) e na LDC, no intuito de tutelar a liberdade contratual injustamente limitada da parte em posição de vulnerabilidade.

Ambas visam dar respostas às exigências de natureza económica, em salvaguarda do princípio das relações recíprocas entre fornecedor ou proponente e consumidor ou aderente, não obstante a Lei n.º 4/03 conceber também o contrato de adesão em relações puramente civis, entre profissionais, e não apenas nos negócios de consumo.

É possível a aplicação conjunta das duas leis, porquanto a LDC não trata exaustivamente estas matérias; por isso, a LCGC deve integrar e aperfeiçoar o seu corpo normativo nos aspectos cabíveis às relações jurídicas de consumo, sejam elas compreendidas em contratos individualizados[368] ou de adesão (realizados em série), como preceituam os números 1 e 5 do artigo 1.º da referida LCGC[369].

A LDC caracteriza regras essenciais, inflectindo deste modo para o terreno da interpretação dos negócios de consumo (artigo 19.º). Nesta sede, como já se afirmou, prevalece o sentido que melhor assegure os interesses do consumidor.

De seguida, a mesma Lei assinala que o contrato permanece como de adesão mesmo face a qualquer transigência quanto ao conteúdo das suas cláusulas (§ 1.º do artigo 19.º)[370]. Ou seja, caso o consumidor insira uma ou mais cláusulas, a alteração nunca é profunda, devendo ser considerada como de seu total conhecimento apenas a parte modificada.

---

[368] Carlos Ferreira de Almeida, relativamente aos contratos de adesão individualizados, indica-nos que, para a sua existência no comércio jurídico, "...é necessário que a contraparte não tenha de facto colaborado na elaboração inicial ou subsequente do projecto clausulado". O mesmo autor aclara a imprescindibilidade desta exigência na fase inicial do negócio, para se compreender "...que tal oportunidade lhe não é concedida pelo predisponente, salvo em algum pormenor"; cfr. *Contratos I, Conceitos, Fontes, Formação*, 3ª Edição, Almedina, 1955-2005, p. 176.

[369] Carlos Ferreira de Almeida considera que o conteúdo publicitário tem a mesma equivalência de cláusulas gerais dos contratos, por conseguinte, subsumível à lei sobre a matéria; cfr. EDC, Centro de Direito do Consumo, FDUC, n.º 7, 2005, p. 47 e pp. 408 ss. Propugnamos a mesma opinião, uma vez não suscitar qualquer distinção, porquanto sempre o acto do predisponente apresenta-se composto de elementos integrantes de um pré-contrato dirigido a realização de negócios jurídicos com pessoas indeterminadas.

[370] Galvão Telles também discorre o seu pensamento nesse sentido; cfr. *Manual dos Contratos em Geral, Refundido e Actualizado*, Coimbra Editora, 2002, p. 313.

Para nós, a cognoscibilidade deve alargar-se ao plano da compreensão por parte do consumidor. Este pode conhecer as condições gerais, mas deve-lhe ser dada a oportunidade de perceber efectivamente o conteúdo contratual, ao agasalho de um critério abstracto de apreciação; isto é, de carácter objectivo.

No nosso ver, uma posição contrária preenche os requisitos para anular a cláusula alterada.

Por outro lado, não importa que algumas cláusulas preestabelecidas sejam mudadas, pois sempre existe o consentimento por adesão das restantes; nestas, prevalece a vontade unilateral do predisponente (fornecedor). Mas, em qualquer caso, a parte mais forte dificilmente aceita modificações substanciais nos termos do contrato.

Pressentindo isso mesmo, o legislador, sob o signo da boa fé[371], prevê um conjunto de cláusulas contratuais gerais proibidas aplicáveis às situações jurídicas com consumidores finais (artigos 10.º a 14.º da LCGC). A lista dos mencionados preceitos, apenas exemplificativa, prevê inexoravelmente a nulidade absoluta (artigos 10.º e 13.º) ou relativa (artigos 11.º e 14.º) destas condutas.

Neste domínio, as previstas proibições podem ser destituídas de validade mediante controlo judicial (artigo 18.º), em razão de acção inibitória movida por ente público ou de fins congéneres (artigo 19.º) contra os proponentes ou quem mais beneficie das cláusulas proibidas. Permite-se, depois, a publicitação da sentença e o registo das cláusulas anuladas (artigos 23.º a 28.º).

A ser assim, o conteúdo das cláusulas ilegais corresponde a uma valoração no sentido de ponderar o interesse público e igualmente os interesses económicos dos consumidores. Verdade sendo que algumas destas cláusulas apresentam um certo grau de indeterminação e dão causa a dificuldades para a subsunção ao caso concreto. Relativamente a isso,

---

[371] Aqui apela-se à conformação objectiva deste dever de conduta, pois evidenciada em sentido subjectivo acarreta plena contradição com a natureza célebre deste princípio. Aceite na vertente objectiva como comportamento reconhecido no ambiente social, importa conduta honesta e leal. Visa, assim, garantir a estabilidade e a segurança dos negócios jurídicos, porquanto tutela a justa expectativa do contraente que espera da contraparte uma atitude em conformidade com o acordado. Para outros aprofundamentos, cfr. António Menezes Cordeiro, *Tratado de Direito Civil Português*, I, *Parte Geral*, Tomo I, 2ª Edição, 2000, pp. 223 ss. O princípio da boa fé é amplamente desenvolvido na obra de Menezes Cordeiro, *Da Boa Fé no Direito Civil*, Coimbra, Almedina, 1997.

estamos em supor que haverá, antes de mais, necessidade do julgador as concretizar mediante decisões judiciais. Isto passa-se, por exemplo, com as cláusulas que eximem a responsabilidade extracontratual por prejuízos a terceiros (al. b) do artigo 10.º). Quer significar, assim, a necessidade de se clarear quais são os limites de satisfação de alguém que nada convencionou com o fornecedor.

Por sua vez, a disposição que sujeita o inadimplente à cláusula penal (al. c) do artigo 11.º) por falta de pontualidade no cumprimento da prestação, leva-nos à imprescindibilidade de conhecer os níveis ao seu alcance. Há-de-se ter em conta, por exemplo, a sujeição do crédito automóvel[372] à consignação do salário, cuja taxa de juro, em regra, se estabelece acima dos 14%.

Por outro lado, coloca-se a hipótese de aplicação das cláusulas gerais dos contratos aprovadas por lei. Na verdade, nem sempre é pacífico admitir de maneira imediata a sua inaplicabilidade[373]. Talvez por isso mesmo, consideramos ser útil existir significativa abertura para se neutralizarem estipulações que comportem potencial risco de não se salvaguardarem os interesses do consumidor.

---

[372] A abrupta intensificação do sistema de crédito para o consumo nos últimos anos, depois do final da guerra civil, ainda não deu origem a um regime legal exclusivo. A disciplina em apreço é regulada em Portugal mediante o Decreto-Lei n.º 359/91, de 21 de Setembro, alterado pelo Decreto-Lei n.º 101/2000, de 2 de Junho; cfr. Teresa Almeida, *Lei de Defesa do Consumidor Anotada*, 2ª Edição, Revista e Actualizada, Dezembro, 2001, p. 74.

[373] Não sobram dúvidas de que a complexidade do conteúdo da al. a) do n.º 6 do artigo 1.º da LCGC, exige necessariamente a difícil e árdua tarefa de as interpretar. O intrincado pode surgir no caso da al. b) do artigo 12.º da Lei n.º 14-A/96 – Lei Geral de Electricidade, que obviamente se estende ao vínculo contratual do aderente. Ora, o preceito afasta a indemnização "*...que não tenha sido resultado da imprudência ou culpa grave do fornecedor...*", cabendo a este, como formulam a LCGC e a LDC o ónus da prova. Mas, no caso concreto, diferentes situações anormais rodeiam o fornecimento de electricidade, seja pelo fraco ou brusco aumento de intensidade, meios obsoletos instalados e outros que dão causa a prejuízos sérios ao consumidor. O problema está em saber se, no caso, inexiste culpa grave da entidade pública fornecedora, pois esta sempre alega irresponsabilidade contratual por razões conjunturais; por cima disto, cumula-se um sistema protectivo na prática, incapaz de contrariar as provas apresentadas pelo fornecedor. Depois, protegidos pelo legislador, revela-se impossível encontrar solução justa.

Sobre as posições tomadas em Portugal para casos concretos subsumíveis a preceito semelhante, cfr. Almeno de Sá, *Cláusulas Contratuais Gerais e Directiva Sobre Cláusulas Abusivas*, 2ª Edição Revista e Aumentada, Almedina, pp. 112 ss.

III. Depois, naquela linha de emprego simultâneo das duas leis, é elucidativo, ao nível da interpretação, que esta deve ser evidenciada segundo as circunstâncias adequadas a um aderente médio no caso concreto[374]. Daí não constituir óbice apelar para o artigo 7.º da LCGC, que acautela a protecção da parte mais fraca em sede da interpretação das cláusulas contratuais gerais, consagrando-se, assim, a via de interpretação individualizada.

De todo o modo, os contratos de adesão são produto de uma só parte contratual. Por isso a lei faculta ao consumidor o privilégio da resolução do contrato, sendo esta opção colocada sempre em alternativa.

Mas há também o caso do ajuste específico de uma ou outra cláusula. Aqui impõe-se a prevalência desta sobre aquelas não discutidas (artigo 4.º da LCGC). Contudo, convém dizer que a prova do preliminar consentimento das partes para incluir uma cláusula geral no contrato deve ser demonstrada por quem pretenda a sua permanência, conforme dispõe o n.º 4 do artigo 1.º da LCGC.

De facto, trata-se de equilibrar a desigualdade do contraente mais débil, procedendo-se a uma valoração jurídica de eventuais abusos ou danos, matriz sobre a qual está edificado o sistema de protecção. Esta firme posição não altera tal exigência, mesmo na hipótese da predisposição provir de autoridade pública com poderes para traçar a conduta de terceiros (n.º 3 do artigo 1.º da LCGC)[375].

Em razão da natureza cogente destas normas, não existe fundamento legal que as mitigue ou neutralize, não estando no âmbito do contraente mais forte derrogar este imperativo, excepto nos casos previstos na própria lei. Mas sempre se criam dificuldades hermenêuticas, como referimos supra.

Por seu turno, os contratos pré-redigidos devem conter um regime de informação correcto e preciso para facilitar o seu pleno conhecimento (§ 3.º); de contrário, as estipulações redigidas no sentido de dificultar o entendimento do destinatário final são excluídas (artigo 5.º da LCGC).

---

[374] O aderente de referência na acepção da jurisprudência do Tribunal de Justiça da Comunidade Europeia é aquele normalmente informado e razoavelmente atento e advertido.

[375] Este artigo diz o seguinte: *"As cláusulas impostas ou expressamente aprovadas por entidades públicas com competência para limitar a autonomia privada estão submetidas à presente lei."*

Sob este aspecto, são consideradas cláusulas surpresa. Frustram os interesses dos consumidores e não satisfazem directamente as suas necessidades.

Igualmente, para serem válidas, as cláusulas limitativas de direitos devem ser escritas de modo a se poder compreender o seu sentido e alcance (§ 4.º). Somente em tais casos se forma o consentimento legítimo.

Pode-se, assim, perceber o exigente nível de realização legislativa. Contudo, aqui não está em causa uma mera satisfação do legislador, mas critérios para uma melhor prestação do Estado, sobretudo na esfera de protecção do consumidor contra entidades poderosas.

Em suma, a legislação especial vigente "...requer o desvendar da valoração nela imposta e o seu alcance"[376]. Por isso, em razão da sua natureza imperativa, deve-se resguardar o consumidor da marginalização habitualmente imposta pelo fornecedor.

3. As cláusulas abusivas

I. Nas práticas de consumo reconhecem-se distorções com o propósito de colocar o consumidor em desvantagem na etapa final do ciclo económico: "O incremento dos métodos de contratação em massa multiplicou a presença de cláusulas abusivas nos contratos de consumo..."[377]. Neste domínio, residem as investidas que excedem os limites normais da prática comercial.

Realmente, formulam-se contratos de tal forma que vinculam a parte mais vulnerável contra a sua própria vontade e interesse. Nestes termos, importa referir que, na génese da criação da LCGC, está a defesa do consumidor perante situações abusivas: "Muitas vezes nos refolhos das cláusulas habilidosamente conjugadas aninham-se limitações profundas aos direitos do aderente, que só um exame excepcionalmente cuidadoso poderá evidenciar"[378].

---

[376] Karl Larenz, *Metodologia da Ciência do Direito*, Tradução de José Lamego, Lisboa, Fundação Calouste Gulbenkian, 1997, p. 298.

[377] Cfr. Cláudia Lima Marques, *Contratos no Código de Defesa do Consumidor*, ob. cit., p. 703.

[378] Cfr. Inocêncio Galvão Telles, *Dos Contratos em Geral*, 1962, p. 407.

Na verdade, a primeira dificuldade deparada pelo consumidor resume-se em não descortinar se as cláusulas utilizadas revestem ou não características para serem aceites de maneira inquestionável. Essas práticas turvam a livre possibilidade de escolha do consumidor, colidem com as suas necessidades reais, acrescendo um ónus injustificado sobre o seu património que numa negociação equilibrada não estaria presente.

Em razão disso e abstendo-se de uma definição legal, a LDC configura um vasto conjunto de cláusulas abusivas (artigo 16.º) destinadas a alterar as obrigações assumidas quanto à qualidade dos bens ou serviços; visam não só um contrato em particular mas a proibição geral de práticas abusivas e ilegítimas[379].

A este respeito, a LDC considera eivadas de vício e por isso nulas: as cláusulas de recusa do fornecedor em cumprir as suas obrigações por qualquer anormalidade verificada no produto, ou que vedem o exercício de direitos (al. a)); a não devolução das parcelas de dinheiro em caso de rescisão do contrato, de acordo com as situações previstas neste sistema protectivo (al. b)); a inserção de cláusulas que isentem o próprio fornecedor da responsabilidade contratual, atribuindo-a a outrem (al. c)); as disposições negociais contrárias à boa fé[380] e à equidade ou que estabeleçam prestações desproporcionadas (al. d)); as estipulações que isentem o fornecedor de provar a veracidade da informação ou a qualidade do produto ou serviço, transferindo esse ónus para o consumidor (al. e)); a arbitragem imposta de maneira forçada (al. f)); a faculdade do fornecedor atribuir poderes a terceiros para, em nome do consumidor, celebrar contrato de consumo (al. g)); condicionar a conclusão ou cancelamento do contrato unicamente por vontade do fornecedor (al. h)); a revisão do preço fixado quando não acordado pelas partes (al. i); o arrependimento

---

[379] A Directiva comunitária sobre esta disciplina visa os contratos jurídicos de consumo, tendo "...por objecto cláusulas contratuais que não tenham sido objecto de negociação individual (n.º 1 do artigo 3.º), independentemente de essas cláusulas merecerem ou não qualificação de cláusulas contratuais gerais"; cfr. Carlos Ferreira de Almeida, *Contratos, Conceito, Fontes, Formação*, ob. cit., p. 173.

[380] A boa fé do fornecedor pode ser provada ou presumida através de cada facto objectivamente realizado. Este princípio "...não tem um conteúdo "imanescente" ou "substancialista" mas contextual, estreitamente ligado às circunstâncias, aos factores vitais determinantes da sua aplicação"; cfr. Judith Martins Costa, *Os Campos Normativos da Boa Fé Objectiva, As Três Perspectivas do Direito Privado Brasileiro*, EDC, FDUC, Centro de Direito do Consumo, n.º 6, 2004, p. 86.

unilateral somente em benefício do fornecedor (al. j)); a alteração do contrato depois de concluído, se o fornecedor a fizer unilateralmente (al. k)); o clausulado contrário ao direito ambiental ou a padrões comummente aceites (al. l); o ressarcimento por vício de qualquer natureza do produto ou serviço quando não efectivado de conformidade com o sistema de benfeitorias necessárias (al. m)).

São ainda regras viciadas, por determinação legal, as que convencionarem juros de mora acima dos 2% da dívida (§ 1.º do artigo 17.º da LDC). Assim, a estipulação que ultrapasse o máximo daquela taxa legal, funda-se em vantagem leonina do fornecedor e não é devida. Por sua vez, o fornecedor no negócio de pagamento parcelado ou no recebimento em confiança de dado bem (fidúcia), não pode sujeitar o faltoso (consumidor) à perda das prestações pagas e retorno do produto adquirido, sob pena de incorrer em nulidade (artigo 18.º da LDC).

Evidentemente, o legislador tem em vista o reequilíbrio nas relações jurídicas de consumo, contrapondo-se às práticas contratuais desmedidas resultantes do aproveitamento indevido da inferioridade do consumidor. Por esta razão, a LDC consagra, de modo inequívoco, a inviabilidade da quebra de equivalência do contrato.

Porém, constata-se a ausência de outras cláusulas contratuais consideradas abusivas, apesar de tal enumeração não ser taxativa.

Como exemplo, temos o problema da *eleição do foro*. No caso, o tribunal competente deve ser o do local onde reside o consumidor, pois o acesso fácil à justiça é um dos objectivos principais do sistema protectivo[381]. A este respeito importa tecer o seguinte comentário: nada impede as partes de submeterem o litígio a árbitros quando houver controvérsias, mas, como vimos, afasta-se a sujeição compulsiva do consumidor a este instrumento de resolução de divergências.

Por outro lado, é muito comum introduzir-se a *cláusula mandato*. Através dela, o fornecedor obtém autorização para, em nome do consumidor e a favor daquele, emitir promessa de pagamento aprazada. É uma estipulação abusiva. No rol, também se constata a inexistência de cláusula impeditiva do direito de retenção do bem adquirido pelo consumidor[382].

---

[381] O fornecedor do serviço MOVINET impõe sem contemplações o recurso a Tribunal Arbitral para resolução de conflitos decorrentes da prestação e utilização do serviço de telecomunicações, bem como para interpretação dos preceitos contratuais.

[382] A existência desta cláusula nos contratos pré-redigidos, e não só, gera enriquecimento ilícito.

Porém, como já se disse, não sendo a LDC exaustiva nestas matérias, a acontecer a inclusão destas cláusulas nos contratos, verifica-se estar este em desacordo com o sistema de protecção do consumidor, cabendo ao concretizador da lei complementar a lista exemplificativa.

II. Ao colocar a tónica nestas matérias, surge a preocupação de tecer considerações sobre as cláusulas abusivas presentes nos contratos em Angola.

Temos, assim, o caso respeitante ao vínculo contratual de fornecimento de electricidade, prestado em regime de monopólio. Com vista a satisfazer a necessidade desse bem essencial, o consumidor adere a um contrato (impresso-tipo) que, para tal, somente tem a denominação, pois reduz o seu conteúdo a um texto mínimo. Daqui resulta um desconhecimento total das cláusulas essenciais, porquanto os termos do contrato a estas não fazem qualquer menção.

Ora, é patente que o consumidor adere a um regime contratual abusivo, alicerçado num flagrante desequilíbrio em seu detrimento[383], pois o texto não é normalmente percebido e identificado no momento da contratação.

No entanto, sempre as cláusulas gerais destes contratos foram sujeitas à fiscalização de órgão público; logo, existe potencialmente matéria a merecer a atenção dos tribunais.

Um segundo caso, refere-se ao *contrato de transporte aéreo*. Ao fornecedor é permitido recusar a prestação de serviços depois de celebrado o contrato se um eventual aumento de tarifa não for pago. Portanto, sujeita-se o utilizador dos serviços à variação unilateral do preço. Obrigam-no a uma exigência imprevista, apesar do vínculo contratual poder manter-se válido por um período de três meses. Neste sentido, a legislação sobre a matéria proíbe, nos termos das alíneas h) e i) do artigo 16.º, esta conduta abusiva e a cláusula é nula.

Outra situação relacionada com a mesma espécie de contrato é a de retirar ao consumidor o direito de reclamação em qualquer caso de

---

[383] Recorrendo ao Direito Comparado, sempre se está perante significativo desequilíbrio, "...núcleo central do conceito de "cláusula abusiva", consagrada no artigo 3.º da Directiva Comunitária" (Directiva 93/13/CEE, de 5 de Abril de 1993, relativa às Cláusulas Abusivas nos Contratos Celebrados com os Consumidores); cfr. Almeno de Sá, *Cláusulas Contratuais Gerais e Directivas Sobre Cláusulas Abusivas, ob. cit.*, p. 103.

incumprimento do transporte aéreo. Ou seja, a transportadora exonera-se de toda a responsabilidade derivada do contrato. É uma cláusula estrondosamente abusiva, conforme al. a) do artigo 16.º da LDC. Por isso, o consumidor usufrui do direito de ser ressarcido pelo serviço não prestado.

É ainda estipulação abusiva a resultante da específica exclusão de responsabilidade da transportadora aérea nas suas ligações com outros serviços empresariais, para satisfazer o consumidor[384]. Portanto, o negócio disfarçadamente impõe ao aderente estabelecer nova obrigação com outro prestador de serviços vinculado à transportadora[385]. Isso é intolerável. Daí aplicar-se o regime de nulidades, atento o disposto na al. c) do artigo 16.º da LDC.

Mais uma referência assaz relevante reside na consagração em *contratos de crédito ao consumo* de cláusula que não atenda à taxa de câmbio determinada por órgão competente do Governo, se inferior à praticada pelo banco comercial. A questão fluirá, por certo, somente em favor do fornecedor e viola o preceituado na al. d) do artigo 16.º da LDC; pois, o risco cambial associado ao reembolso do crédito é tido em conta se a taxa no dia de pagamento respectivo for superior àquela convencionada pelas partes.

Por último, relata-se o caso de cláusula num contrato-tipo de *seguro de pensões*, que exclui deste benefício o empregado despedido pelo empregador vinculado a uma seguradora. Sobre isso, o desempregado poderá manter a situação de pensionista se prosseguir com o pagamento das prestações mensais seguintes. De contrário, perde a totalidade das contribuições em dinheiro anteriormente solvidas.

Afirma-se aqui uma deliberada cláusula abusiva, pois é alternativa pouco razoável o desempregado obter novo emprego em tempo útil, exigência declaradamente nada fácil no nosso mercado de emprego. De resto, e ao contrário do que parece, as seguradoras não correm riscos mas aceitam os riscos dos segurados. Ora, no caso em exame, a realidade inicial não pode ser repentinamente alterada em prejuízo do património já

---

[384] A este propósito, dá-se novo exemplo. No contrato de prestação de serviços de acesso à Internet móvel, a operadora declina qualquer responsabilidade decorrente do mau desempenho da empresa que garante o suporte técnico ao equipamento instalado algures.

[385] Parece-nos, no caso presente, que a companhia aérea se exime de responsabilidade se o consumidor sofrer acidente de viação no trajecto automóvel entre o edifício de verificação do bilhete de passagem e o avião, porquanto aquele serviço em terra é prestado por outra empresa vinculada ao fornecedor. Porém, a dimensão do vínculo prende-se numa relação unitária que envolve o curto percurso terrestre e a viagem aérea.

dispendido pelo consumidor. Como está bem de ver, o contrato somente está virado para o proveito económico do fornecedor (seguradora) e disso obtém vantagem excessiva (al. d) do artigo 16.º da LDC). A conduta dissimulada de simples não renovação mascara, também, a intenção de rescindir unilateralmente o contrato e este ilícito pode levar-nos ao abuso do direito[386]. De tal forma são as coisas, nesta perspectiva, que o acto ilícito pressupõe a violação do direito subjectivo do desempregado obter compensação (al. h) do artigo 10.º e al. f) do artigo 11.º, ambos da LCGC) pelos (muitos) anos de pagamento das prestações pecuniárias. Na verdade, uma das partes (a mais forte) extrapola manifestamente o seu direito e, por via disso, age de maneira a prejudicar a contraparte, não projectando de modo profissional esta possibilidade, ferindo, assim, conduta leal e ética que atende à função sócio-económico do contrato.

Enfim, a predisposição unilateral dos contratos de massa tende a conectar as cláusulas abusivas a estes paradigmas A sua origem advém da ausência de controlo eficaz ou mesmo de entidade com poderes para aprovar ou fiscalizar previamente tais contratos. Isto leva a uma utilização ineficiente das leis disciplinadoras desta matéria, defendida em Angola com diminuta perseverança.

4. A responsabilidade do fornecedor

I. Os bens e serviços destinados ao consumo devem ser aptos a satisfazer os fins a que se destinam, bem como produzir os efeitos adequados para não colocar em risco a saúde e a segurança física do consumidor.

Actualmente, na economia de massa, os produtos são postos em grande quantidade no mercado por fornecedores somente interessados em incutir bens e serviços, criar expectativas, ditar tendências, actos contrários à ética e ao Direito.

---

[386] O abuso do direito é uma espécie de ilícito que pressupõe a violação do direito alheio mediante conduta que exorbita o regular exercício de um direito subjectivo. O procedimento da seguradora fere o vínculo contratual, especialmente aquele mantido ao longo de anos. Então, se de facto há a situação descrita, devem relevar os deveres de cooperação e auxílio, próprios da fase de execução do contrato, tidos como acessórios da boa-fé. Sobre este instituto (abuso do direito), cfr. António Menezes Cordeiro, *Do Abuso do Direito: Estado das Questões e Perspectivas*, Revista da Ordem dos Advogados, Ano 65, Lisboa, Setembro 2005, pp. 327 ss., em especial as pp. 350-351.

Ora, esta situação cria para o Estado a necessidade de frear acções lesivas de parte dos fornecedores em geral; ou seja, dos que produzem, prestam serviços e intermediários.

Desta forma, o sistema instituído editou normas de ordem pública e de interesse social para prevenir e restaurar danos causados ao consumidor[387].

De início, percebe-se que os bens ou serviços fornecidos aos consumidores não podem comprometer a sua saúde ou segurança física; excluem-se apenas os riscos razoavelmente previsíveis por via do uso, apesar da regra apostar na sua não introdução no mercado (cfr. n.º 1 do artigo 6.º da LDC).

Porém, amiúde, o produto colocado na praça apresenta-se defeituoso. De consequência, revela-se viciado porque supera o limite de percepção do adquirente normal ou apresenta incompatibilidade com o entendimento comum da comunidade destinatária[388]. No caso, o defeito é visto em relação ao parâmetro da *razoabilidade*, como formulam os §§ 1.º e 4.º do artigo 10.º da LDC, no sentido equivalente à mediana utilidade do produto para os seres humanos, segundo a forma e fim legitimamente aguardados pelos adquirentes.

Embora este preceito peque pela redundância, à vista do repetitivo conteúdo absolutamente desnecessário nos referidos parágrafos (para a área de fornecimento de bens e de prestação de serviços), verifica-se a preocupação de garantir a lisura nas relações de consumo.

De acordo com os números 1 e 2 do apontado artigo, os produtos que, por qualquer motivo, se apresentem impróprios à finalidade almejada ou sem correspectiva informação, dão causa à responsabilidade do fornecedor pelos danos morais e patrimoniais infringidos ao consumidor. O dispositivo prescreve que o facto danoso deve ser comunicado *"imediatamente"* aos interessados. A expressão é vaga, imprecisa e pode gerar diferentes interpretações. Portanto, o ideal seria empregar a palavra *"tempestivamente"*. Por outro lado, é desnecessário saber se existe culpa, tendo em atenção os princípios inovadores do sistema de protecção. Trata-se do risco da actividade económica que faz do fornecedor o único responsável pela lesão decorrente do vínculo de consumo. Em virtude

---

[387] Como demonstra Pedro Romano Martinez, "A responsabilidade do produtor está intimamente ligada com o direito do consumo…"; cfr. *Cumprimento Defeituoso, em Especial na Compra e Venda e na Empreitada,* Colecção Teses, Almedina, 2001, p. 66.

[388] Para outros aprofundamentos sobre a questão, cfr. João Calvão da Silva, *ob. cit.*, pp. 639 ss.

disso, há responsabilidade objectiva[389]. Com efeito, a simples circulação de um produto ou serviço que potencie ou dê origem a prejuízos ao adquirente em razão do defeito, sempre se imputa ao fornecedor[390]. É suficiente a existência do defeito, o dano moral ou patrimonial, bem como a relação entre o produto defeituoso e a lesão sofrida (n.º 1 do artigo 10.º da LDC).

Esta hipótese pode ser ilidida por prova em contrário, cabendo ao fornecedor arcar com tal ónus[391].

Certamente, temos um factor técnico-jurídico distinto do previsto nas regras do direito comum, encontrando-se o cerne da responsabilidade meramente na específica relação jurídica de consumo.

II. Como se verifica, a LDC desenvolve institutos em defesa dos principais valores da personalidade humana: vida, saúde e segurança; estes sobrepõem-se a todos as demais em termos de efectiva protecção dos vulneráveis.

Para atingir esta finalidade, logo de início, o legislador impõe responsabilidade pelos danos pessoais e materiais a todos os agentes no mercado, desde o fabricante ao fornecedor final (n.º 1 do artigo 10.º, conjugado com o n.º 3 do artigo 9.º da LDC)[392,393]. Daí advém o princípio da solidariedade passiva (n.º 3 do artigo 9.º), em busca do efectivo ressarcimento do mesmo dano. Assim, para esse efeito, cabe ao aplicador da

---

[389] João Calvão da Silva discorre de maneira justificativa a importância da consagração da responsabilidade objectiva do produtor no caso dos produtos defeituosos serem postos no mercado; cfr. *Responsabilidade Civil do Produtor, ob. cit.*, pp. 496 ss.; por outro lado, constituem precedentes importantes do instituto da responsabilidade objectiva as decisões jurisprudenciais norte-americanas e francesa; cfr. o mesmo autor, *ob. cit.*, pp. 493-494.

[390] No ordenamento jurídico português, o artigo 1.º do Decreto-Lei n.º 383/89, de 6 de Novembro – Responsabilidade Decorrente de Produtos Defeituosos – preceitua no mesmo sentido. A doutrina considera ser a maneira "...mais adequada à protecção do consumidor na produção técnica moderna..."; cfr. Teresa Almeida, *Lei de Defesa do Consumidor Anotada, ob. cit.*, pp. 82-83.

[391] A LDC, de início, impõe responsabilidades a todos os agentes no mercado, desde o fabricante até ao fornecedor final, pelo que cabe ao intérprete melhor ajuizar a questão *decidenda*.

[392] Para apreciação desta matéria, interessa conhecer as experiências norte-americanas que fizeram Escola nos nossos dias. Para tanto, cfr. João Calvão da Silva, *Responsabilidade Civil do Produtor*, Colecção Teses, Almedina, 1999, pp. 439 ss.

[393] Esta também é a posição inscrita nos números 1 e 2 do artigo 2.º da Directiva do Conselho da Comunidade Europeia n.º 85/37/CEE, de 25 de Julho de 1985, seguida também pelo legislador português; cfr. Pedro Romano Martinez, *ob. cit.*, p. 69.

lei determinar a quem atribuir a reparação do prejuízo injustamente causado. Em caso de dificuldade, responde o fornecedor imediato na relação mantida com o consumidor (§ 3.º do artigo 10.º da LDC). Efectivamente, não há como declinar a autoria dos factos para atribuí-los a pessoas que não podem ser determinadas. Em virtude disso, é-lhe imposto o cumprimento por inteiro ou na totalidade. Porém, a lei assegura não ser justo considerar o produto defeituoso pelo simples facto de se introduzir no comércio outro mais aperfeiçoado (§ 2.º do artigo 10.º). São riscos ou defeitos não cognoscíveis, segundo o estágio pouco avançado de evolução da tecnologia ao tempo do lançamento do produto na cadeia económica de distribuição. Portanto, tal facto não é objecto de consideração legal, pois a sua utilidade ou valia não pode ser atacada por superveniente desenvolvimento da ciência e da técnica[394]. Apropriadamente, o legislador conforma o defeito do produto à "...*época em que foi colocado em circulação*" (§ 1.º do artigo 10.º *in fine*).

Importa ainda relembrar que, contra os prejuízos de acções desenvolvidas no fornecimento de bens ou serviços considerados defeituosos, o consumidor beneficia do regime protectivo fixado no âmbito internacional, quando subscrito por Angola (n.º 2 do artigo 4.º da LDC). Por esta via, ficam reforçados os direitos do consumidor contra práticas danosas e o poder de defendê-los também promana de acordos ou convenções ajustadas com outros Estados, porque se exibe legítimo.

III. Continuando, o legislador traçou dois esquemas quanto aos vícios: para a área dos bens (artigo 11.º) e para a da prestação de serviços (artigo 12.º).

Neste sentido, foram estabelecidas exigências próprias com vista a melhor aferir e salvaguardar os bens e serviços destinados ao consumo, segundo as legítimas expectativas do consumidor.

Os critérios adoptados devem respeitar o valor do bem ou serviço medido pela sua qualidade e quantidade, considerando-se geradores de

---

[394] A mesma posição vem consagrada no artigo 7.º, al. e) da Directiva 85/374/CEE, de 25 de Julho. O Direito português regula esta matéria no Decreto-Lei n.º 383/89, de 6 de Novembro (Responsabilidade Decorrente de Produtos Defeituosos), ao irresponsabilizar o produtor na mesma medida (artigo 5.º, al. e)); cfr. João Calvão da Silva, *Responsabilidade Civil do Produtor*, Colecção Teses, Almedina, 1999, pp. 505 ss. Ambos não preceituam a responsabilidade dos distribuidores no ciclo de consumo; porém o regime previsto alcança estes intermediários; cfr. João Calvão da Silva, *ob. cit.*, pp. 572-573.

responsabilidade os actos que desatendam a sua prestabilidade. Havendo mais de um autor, todos respondem solidariamente pela reparação dos danos previstos nas normas de consumo. Claramente, revela-se a co-responsabilidade, podendo-se, depois, no caso concreto, determinar o âmbito da respectiva solidariedade.

Assim, o nosso direito, por intermédio da LDC, acolhe pela primeira vez o direito à qualidade associada à quantidade, segundo padrões mínimos para assegurar a satisfação das necessidades a que se destinam os produtos, conforme os efeitos esperados.

Em função disso, as condições do produto ou serviço são definidas em normas específicas[395]. Todas, de per si, reforçam as previsões da Lei das Actividades Comerciais sobre a durabilidade, natureza, desempenho, preço e quantidade do produto ou serviço (n.º 3 do artigo 22.º), à semelhança do consagrado na LDC. Nesta, exige-se informação completa, por forma a que o consumidor conheça o modo de emprego, origem, validade e especificações técnicas observadas no invólucro, rótulo ou anúncio publicitário (n.º 1 do artigo 11.º). Na outra, indicam-se os requisitos distintivos que são atributos ou grandezas do produto ou serviço.

Para avaliar se o bem de consumo é ou não impróprio para a saúde e segurança, a LDC reprova um número de práticas lesivas respeitantes à sua qualidade e quantidade, baseadas na validade, transformação e periculosidade[396]: em suma, tudo o que se revele de utilização ineficiente aos próprios fins (§ único do artigo 11.º). Neste âmbito, o legislador descreve os vícios de qualidade por inadequação e por falta de segurança (defeito)[397]. Da inobservância desses alinhados aspectos surgirá a falta de qualidade do produto.

---

[395] Como por exemplo, as regras aprovadas pelo Instituto Nacional de Normalização e Qualidade: a Lei n.º 17/2002, de 13 de Dezembro – De Padrões de Pesos e Medidas; a Lei n.º 5/87, de 23 de Fevereiro – Regulamento de Sanidade; o Decreto n.º 48/96, de 9 de Maio – Proibição de Venda de Moeda Estrangeira; e o Decreto n.º 14/96, de 1 de Julho – Margens de Lucro a Praticar, entre outros.

[396] O legislador português, através do Decreto-Lei n.º 311/95, de 20 de Novembro, alterado pelo Decreto-Lei n.º 16/2000, de 29 de Fevereiro, criou uma comissão de segurança para dar trato à perigosidade dos produtos no mercado; cfr. Teresa de Almeida, *Lei de Defesa do Consumidor Anotada*, Dezembro, 2001, pp. 42-43.

[397] A convergência para entender o vocábulo "defeito" como ausência de segurança também se encontra no artigo 4.º do Decreto-Lei português n.º 383/89, de 6 de Novembro; cfr. Pedro Romano Martinez, *ob. cit.*, pp. 69-70.

Com isso, o bem adquirido não pode desatender as prescrições legais. De contrário, tem o seu valor diminuído e encarrega-se o fornecedor de sanar os vícios detectados num prazo de até trinta dias (n.º 2 do artigo 11.º). Pouco importa se não causou dano ao adquirente: justamente, basta a desconformidade do bem nas condições previstas[398]. Mas o consumidor não é obrigado a tomar esta posição se não lhe convier, em razão de avultado vício (ou mesmo da falta de conformidade) – n.º 3 do artigo 11.º.

Ainda assim, o fornecedor, ao ignorar aquele período de tempo legal, sujeita-se a uma das três opções oferecidas por lei ao consumidor ao qual é facultado:
– Exigir outro bem da mesma espécie sem vício;
– Reaver o que porventura já tenha pago, acrescido da devida correcção monetária e direito a indemnização por prejuízos sofridos;
– Renegociar o contrato, exigindo desconto no montante inicialmente pago ou o apropriado ajuste do peso ou medida.

Haja então em vista que o dispositivo protector confere ao consumidor a possibilidade do ressarcimento ou reintegração, por forma a colocá-lo na situação anterior.

IV. A LDC também institui critério legal de avaliação da qualidade do serviço. A sua aptidão deve satisfazer os fins a que se destina e produzir os aspirados efeitos (§ 2.º do artigo 12.º).

Havendo vício, o equilíbrio entre as posições do adquirente e do profissional mostrar-se-á possível mediante nova realização do serviço, sem acréscimos na facturação. As outras alternativas são semelhantes às situações de responsabilidade pelo vício do bem (alíneas a) e b) do artigo 12.º).

Neste passo, os serviços propiciados na restauração de determinado bem revelam-se inadequados quando se apliquem materiais usados sem a anuência do consumidor (n.º 2 do artigo 12.º da LDC).

Trata-se de impedir que o património do consumidor seja afectado por quem exerça actividade de má-fé, fornecendo coisa diversa da acordada. Neste caso, pode advir um resultado lesivo e, notadamente, é uma forma de obtenção de ganho ilícitos.

---

[398] Importa aclarar que a ausência de conformidade não implica defeitos ou deformidade do produto. Assim, depreende-se a falta de conformidade quando se manda fazer um vestido com mangas e se recebe outro com alças, apesar de bem confeccionado.

Por outro lado, o prestador de serviços públicos essenciais não é responsável por colocar à disposição do consumidor um produto seguro, ou seja, em condições de uso normal (n.º 3 do artigo 12.º da LDC) – quer dizer, sem implicações perigosas para a saúde ou segurança do utente. De contrário, obriga-se a ressarcir os prejuízos da maneira indicada na LDC (§ 3.º do artigo 12.º). Porém, sempre pode, a expensas próprias, contratar terceiros para superar as deficiências registadas no serviço prestado.

Na hipótese de serviços públicos essenciais, a lei exige especial atenção para aqueles bens fornecidos de maneira contínua.

Nesta perspectiva, as relações (propriamente) de consumo cabíveis na Lei Geral de Electricidade (Lei n.º 14-A/96, de 31 de Maio) apresentam dois momentos: no primeiro, impoem-se deveres de conduta ao consumidor (artigo 13.º); no segundo, estabelecem-se, em concreto, os seus direitos e proíbem-se determinadas práticas comerciais.

Sobre os direitos reconhecidos nesta lei (aqui, mais uma vez, restringimo-nos ao destinatário final), sublinham-se os seguintes: o fornecimento de *energia eléctrica de maneira regular e contínua* (al. a))[399]; a prestação deve *obedecer a padrões de qualidade* sob pena de dar lugar a indemnização ao utente (al. b)), salvo as excepções previstas no articulado.

Em linha de envolvimento dos servidores públicos, estabelece a LDC que a responsabilidade dos exercentes de profissões liberais obedece a regime próprio. Aqui prevalece a regra de demonstração de culpa do agente prevista no direito comum (artigo 37.º).

V. De outra parte, a LDC fixou prazos especiais para reconhecer o direito do consumidor reclamar da má qualidade, imperfeição ou irregularidade do bem ou serviço, na hipótese de poder ser conhecido ou visível (vício aparente). Assim, advém a caducidade daquele direito se o adquirente de produto não duradouro deixar de reagir em trinta dias, sendo de noventa o prazo para coisas duráveis (alíneas a) e b) do n.º 1 do artigo 13.º). A lei do consumidor não exige serem os vícios ocultos (entreabertos, não vistos, ou reconhecidos), mas é consabido que o defeito do produto não pode afectar a aptidão para o seu bom uso ou funcionamento.

Notadamente, tratando-se de vício oculto, o prazo de caducidade começa a correr desde o momento em que se evidencie e se torne conhecido

---

[399] A prestação de serviço não pode ser suspensa sem aviso prévio adequado (n.º 3 do artigo 10.º do Decreto n.º 27/01, de 18 de Maio, DR n.º 23, I Série).

pelo consumidor[400], porquanto, o fornecedor é responsável pela imperfeição do produto dentro do uso normal, como se infere do n.º 1 do artigo 5.º da LDC.

Chama a atenção outro aspecto importante. É de cinco anos o prazo prescricional de exercício da acção para responsabilizar o fornecedor pelos danos causados do produto ou serviço. Este prazo conta-se da data de conhecimento do evento danoso e do causador da lesão (n.º 2 do artigo 13.º da LDC). Para a caducidade, a lei determina expressamente que o prazo se inicia no momento do recebimento do bem ou no final do serviço prestado (§ único do artigo 13.º da LDC).

Por seu turno, caso se impute responsabilidade às pessoas colectivas, o julgador pode desconsiderar a personalidade jurídica do ente. Ou seja, ignora a atribuição legal de direitos e obrigações sempre que haja abuso do direito[401], excesso de poder, infracção da lei, facto ou acto ilícito e violação dos estatutos ou contrato social. A mesma posição terá o juiz em caso de falência, insolvência ou paralisação de actividade societária por deficiente gestão. Atitude semelhante ocorre quando a personalidade jurídica seja entrave para reparação de danos provocados nas relações jurídicas de consumo (cfr. números 1, 2 e 3 do artigo 14.º da LDC).

Enfim, perante a LDC, a efectivação da responsabilidade das sociedades pode atingir o património dos sócios para satisfazer os consumidores lesados.

5. A garantia

Outras palavras dizem respeito à garantia. O regime instituído estabelece, no respeitante à prescrição, o período legal de um ano para a

---

[400] A tarefa de diferenciar se o vício é aparente ou oculto "...cabe, dentro de certos limites, ao julgador"; cfr. Pedro Romano Martinez, *Cumprimento Defeituoso, em Especial na Compra e Venda e na Empreitada*, Colecção Teses, Almedina, 2001, p. 181. O critério a adoptar delineia-se nos termos do *bonus pater familiae*; cfr. Pedro Romano Martinez, *Empreitada de Bens de Consumo, A Transposição da Directiva n.º 1999/44/CE pelo Decreto-Lei n.º 67/2003*, EIDC, Volume II, Instituto de Direito do Consumo, FDUL, Almedina, 2005, p. 29.

[401] O nosso legislador, por possível erro de impressão gráfica, alude erradamente à locução como *abuso de direito*. Porém, fica o reparo. Importa aferir que o abuso do direito é de conhecimento oficioso.

massa de bens móveis não consumíveis; nos bens imóveis, o prazo prescricional mínimo é de cinco anos (números 2 e 3 do artigo 5.º da LDC).

Relativamente ao primeiro limite de tempo, a Lei das Actividades Comerciais complementa o respectivo enunciado, impondo a contagem do prazo a partir do dia de recebimento do bem (n.º 2 do artigo 24.º). Além disso, o n.º 3 deste preceito estabelece a obrigação do garante se tornar responsável pela entrega de materiais de reposição, no prazo máximo de cinco anos, contado do momento final de fabrico do modelo ou da importação. A LDC dispõe que a entrega daqueles bens é gratuita no âmbito da assistência pós-venda, mas não estabelece prazo prescricional rígido. Coloca o benefício na dependência do tempo médio de vida útil do bem (n.º 3 do artigo 20.º). Com tal previsão, constata-se sempre um grau de dificuldade para calcular esta inexacta solução, face às características dos diferentes produtos. Ora, se assim é, cabe ao aplicador da lei obter diferentes dados para tal fim, a partir de evidências concretas.

Por seu turno, o legislador comercial não limita aquela responsabilidade aos negócios de consumo, bem como não distingue se os bens abrangidos são móveis ou imóveis. Aqui, coloca-se a questão das casas pré-fabricadas. Quanto a nós, as mesmas são passíveis de incidência da norma se um qualquer componente exigir substituição.

Por outro lado, a garantia conferida pelo fornecedor de bens, que pode também ser convencionada[402], tem dupla finalidade: primeiramente, zelar pelo bom nome da empresa fornecedora e, em segundo lugar, reparar eventuais defeitos.

Seguramente, pode-se afirmar que a produção em massa constitui causa para alguns bens fabricados fatalmente apresentarem defeitos[403]. Assim, a garantia constituirá um complemento do contrato e uma presunção de cumprimento por parte do fornecedor, caso estejam preenchidos os requisitos de sua efectivação.

A LDC manda sustar o prazo de garantia enquanto decorre o conserto do bem; mas torna-se imprescindível que o defeito seja de fabrico e o consumidor não possa utilizá-lo (n.º 4 do artigo 5.º). Eliminada a imperfeição, dá-se continuidade à contagem do prazo[404].

---

[402] Cfr. n.º 2 do artigo 5.º da LDC.
[403] Cfr. nesse sentido, João Calvão da Silva, *Responsabilidade Civil do Produtor*, Colecção Teses, Almedina, 1999, p. 93.
[404] Repare-se ainda, que os defeitos de fabrico do produto obedecem à racional exigência de serem rejeitados pelo adquirente no prazo legal, sob pena da recusa

Por último, a Lei das Actividades Comerciais consigna no referido artigo 24.º que a garantia é constituída por um *talão, recibo* ou *factura*, acompanhado de documento em língua portuguesa sobre a instalação e uso do produto.

Na verdade, o certificado de garantia é uma declaração unilateral de vontade do fornecedor; porém, o legislador não pormenoriza o seu conteúdo, tendendo, assim, a gerar alguma dificuldade interpretativa. Diante disto, dever-se-ia estipular o que se garante, a forma, o prazo e lugar de efectivação dessa responsabilidade pelo fornecedor. Isto visa justamente conferir maior protecção face ao património adquirido e serve ainda de meio de prova em juízo.

6. O direito de arrependimento

Ao lado dos direitos à informação, qualidade de bens e serviços, protecção de vida, saúde e segurança física, o consumidor tem direito ao arrependimento (n.º 5 do artigo 15.º da LDC), face à insensibilidade do fornecedor para com os seus interesses.

A finalidade determinante é assegurar o equilíbrio nas relações de consumo. Por isso, a LDC proíbe o arrependimento unilateral, mediante rescisão do contrato em favor do fornecedor (al. j) do artigo 16.º). Trata-se de uma prática abusiva nas relações de consumo.

Prescreve então o legislador a possibilidade do consumidor poder arrepender-se do negócio, independentemente de justificar o motivo. Basta estar dentro de um prazo de sete dias úteis[405], a contar do efectivo recebimento do produto ou serviço.

---

considerar-se infracção grave (al. h) do n.º 1 do artigo 36.º da Lei das Actividades Comerciais).

[405] O mesmo lapso de tempo está previsto no Decreto-Lei n.º 272/87, de 3 de Julho da República Portuguesa, que rege as vendas ao domicílio e através de correspondência. Esta matéria também está prevista na Directiva do Conselho das Comunidades n.º 87/577, de 20 de Dezembro de 1985; cfr. João Calvão da Silva, *Responsabilidade Civil do Produtor*, Colecção Teses, Almedina, Coimbra, p. 76 nota (3); o espaço temporal de sete dias úteis a contar da celebração do contrato vem expresso no artigo 8.º, n.º 1 do Decreto-Lei n.º 359/91, de 21 de Setembro. Este diploma firma-se nas Directivas n.º 87/102, de 22 de Dezembro de 1986 e n.º 90/88, de 22 de Fevereiro, dirigidas, respectivamente, para os créditos ao consumo e para o método de cálculo da TAEG; esta representa o custo total

Contudo, o exercício deste direito naquele lapso de tempo só diz respeito a vínculos contratuais celebrados fora do estabelecimento comercial[406] (por telefone, telex, fax, catálogo, comércio electrónico, no domicilio, etc.) ou sem solicitação prévia (al. c), n.º 1 do artigo 22.º). Somente este arrependimento é lícito. Ao fornecedor cabe suportar sem reclamação. Demonstra-se esta evidência face à própria forma de apresentar os produtos para consumo, uma vez existir a susceptibilidade de forçar indevidamente a autonomia do adquirente[407]. Em regra, não se faculta ao consumidor o direito de verificar as qualidades do bem. Isso desvirtua inteiramente o carácter do negócio.

Porém, o exercício daquele direito e suas consequências aplicam-se às restantes espécies de contrato se o consumidor for deficientemente informado (n.º 2 do artigo 9.º da LDC) sobre o produto ou serviço[408, 409]. Portanto, o consumidor pode desfazer o negócio de consumo num prazo

---

do crédito para o consumidor, expresso em percentagem anual do montante e do método concedido, conforme artigo 2.º, n.º 1 da al. e) do Decreto-Lei n.º 359/91, como nos diz Fernando Gravato de Morais, *Contratos de Crédito ao Consumo*, Almedina, 2007, p. 115. Para outras referências, cfr. Joana Vasconcelos, *Emissão de Cartões de Crédito*, EIDC, Volume I, Instituto de Direito do Consumo, FDUL, Almedina, 2002, pp. 167, nota 5 e 175. O Decreto-Lei português n.º 143/2001, de 26 de Abril (que transpôs a Directiva n.º 97/7/CE sobre contratos celebrados à distância), impõe o prazo de 14 dias (artigo 6.º); cfr. Teresa de Almeida, *Lei de Defesa do Consumidor Anotada*, ob. cit., p. 76.

[406] Nesta linha, importa fazer referência à prática de vendas "agressivas", reputadas de verdadeiro desequilíbrio contratual nas relações de consumo. São exemplos as vendas em cadeia e as vendas forçadas. Consideradas práticas abusivas (a al. a) do artigo 22.º da LDC somente enuncia as vendas ligadas), constituindo situações motivadoras de prejuízo, muitas vezes irreparáveis para o consumidor. O nosso ordenamento jurídico deixa em branco qualquer directa regulação destas matérias.

[407] Segundo Enrique Rubio Torrano, a contratação fora dos estabelecimentos comerciais, "*...propicia enormente la conclusion de negócios irreflexivos, es decir, no suficientemente meditados, y, por tanto, faltos de plena consciencia negocial*"; cfr. *Contratación a Distancia y Proteccion de los Consumidors en el Derecho Comunitário, En Particular, El Desistimiento Negocial del Consumidor*, EDC, Centro de Direito do Consumo, FDUC, n.º 4, Coimbra, 2002, p. 70.

[408] O direito de arrependimento ou direito de revogação, como nos diz Fernando Gravato de Morais, aplica-se em Portugal à generalidade dos contratos de crédito ao consumo; cfr., *ob. cit.*, p. 156.

[409] A reforma do Código Civil alemão beneficiou o consumidor do direito de arrependimento em todos os contratos e negócios de consumo; cfr. Cláudia Lima Marques, *Contratos no Código de Defesa do Consumidor...*, ob. cit., p. 315.

de reflexão obrigatório de sete dias úteis, fundado na omissão ou ausência de substancial informação. Como se vê, esta é uma referência determinante no conteúdo da prestação do fornecedor.

Importa agora referir que a LDC emprega inicialmente o verbo *desistir* (n.º 5 do artigo 15.º). Depois, no parágrafo primeiro do mesmo preceito, fala em *direito de retratação* e *período de reflexão*[410].

As aludidas locuções em nada alteram o fundo da questão; pois, não restam dúvidas de sua correspondência com o exercício do direito de arrependimento no decorrer de um contrato firmado. Portanto, qualquer uma das expressões se mostra disponível para nos conduzir àquele direito. Assim, não há razões ponderáveis que manifestem fundamento para deixar de aceitar estas terminologias.

A par disso, a regra adoptada é uma inovação facultada ao consumidor de, no *prazo legal de reflexão*, expor unilateralmente a vontade de *desistir* do contrato, não assumindo sequer os encargos deste vínculo.

Por fim, exercitado o direito de arrependimento dentro do prazo de reflexão, goza o consumidor do benefício à restituição da quantia possivelmente paga mediante correcção monetária (§ 1.º do artigo 15.º da LDC)[411]. Caso o fornecedor rejeite esta exigência legal, configura-se uma cláusula abusiva (al. b) do artigo 16.º da LDC).

7. A inversão do ónus da prova

A al. e) do artigo 16.º da LDC considera nula de pleno direito a convenção a respeito da inversão do ónus probatório em desfavor do

---

[410] Conforme Fernando Gravato de Morais, existe "a falta de homogeneidade terminológica", porquanto o Decreto-Lei n.º 259/91 utiliza "...o termo revogação ou a locução "direito de revogação"; cfr. *Contratos de Crédito ao Consumo*, ob. cit., p. 152. O mesmo autor diz-nos que o Anteprojecto do Código do Consumidor refere-se ao direito de livre resolução; porém, aquele jurista português optou por denominar de "direito de revogação"; cfr. *ob. cit.*, p. 153. Enrique Rubio Torrano considera inadequadas estas terminologias por não se ajustarem propriamente às respectivas naturezas jurídicas; cfr. *Contratación a Distancia y Proteccion de los Consumidores en el Derecho Comunitário...*, ob. cit., pp. 70 ss. Somos de opinião a manter as designações do legislador angolano.

[411] Conteúdo aproximado verifica-se no artigo 49.º do Código de Defesa do Consumidor brasileiro; cfr. Cláudia Lima Marques, *Contratos no Código de Defesa do Consumidor*, ob. cit., p. 840.

adquirente final. Nessa ordem, não faz sentido dispor que o aderente (consumidor) tem domínio de certo conteúdo contratual, fruto de precisa aplicação deste novo princípio. Por certo, o aderente não tem a possibilidade de se alcandorar a posição equivalente à do respectivo proponente. Daí a imposição, em sede de negócios jurídicos de consumo, de tornar nulos os entendimentos passíveis de diminuir o constante nos números 1 e 2 do artigo 10.º da Lei do Consumidor. Sem a menor dúvida, este dispositivo exige do fornecedor a reunião de elementos probatórios para contrariar o afirmado pelo consumidor. Exactamente, neste contexto, cura o legislador de enunciar que a barreira limitativa deste princípio, entre outros, é nula (artigo 30.º da LDC). Tal regra reforça a posição do consumidor.

Com isto, dão-se os exemplos dos enunciados inscritos no n.º 4 do artigo 1.º e n.º 4 do artigo 3.º, ambos da LCGC. Ou seja, *o ónus da prova de comunicação e do cumprimento do dever de informação* previsto neste último preceito, no âmbito dos negócios jurídicos de consumo, assenta na peculiar relação entre profissional e consumidor. De consequência, o direito à informação do destinatário final avança como instrumento indispensável para a sua eficaz protecção e só cabe ao fornecedor provar não ter sonegado dados necessários à escolha do consumidor. Nessa direcção irradia o mesmo fundamento para o n.º 4 do artigo 1.º. Se assim não fosse, a presunção de vulnerabilidade jurídica seria fulminada. É que a negociação prévia de uma cláusula contratual geral advém de explicações técnicas sobre o conteúdo negocial e sempre pode não guardar conformidade com o produto ou serviço. Por isso, tendo em conta a complexidade das condições gerais e a possibilidade do seu conhecimento, cabe exclusivamente ao fornecedor (proponente) das informações a prova de efectiva negociação antecipada dos termos da cláusula contratual geral. Afinal de contas, a LDC não admite a inversão do ónus da prova, excepto em benefício do consumidor.

A finalidade é conferir maior realização da justiça, estabelecendo-se, assim, um regime singular, distinto do direito comum, de conformidade com as inovações industriais e tecnológicas geradoras do consumo de massa[412].

---

[412] A franca expansão dos contratos à distância, ditada pelas características das novas técnicas de comunicação impuseram, como já se afirmou, na União Europeia regras para os contratos celebrados à distância (Directiva n.º 97/7/CE, do Parlamento Europeu

Na verdade, a vítima do produto sem conformidade ou defeituoso sempre está numa situação de desfavor, até porque dificilmente poderá conhecer a real causa do dano. Derivado disto, a prova em contrário do bom estado do produto recai sobre o fornecedor, como dispõem os números 1 e 2 do artigo 10.º da Lei do Consumidor. Decerto, representa sempre um processo difícil, moroso e dispendioso forçar o adquirente a demonstrar os vícios ou defeitos do produto, pois, em regra, tem reduzidos conhecimentos sobre os detalhes do bem de consumo. Desta realidade resulta a sua evidente vulnerabilidade perante o detentor de todas as informações sobre o processo de fabrico dos produtos.

Lembremos ainda que a regra da inversão do ónus da prova aplica-se à matéria publicitária. No caso, refere-se à veracidade da mensagem em sede da publicidade comparativa (n.º 2 do artigo 21.º da Lei Geral de Publicidade). Em suma, esta nova postura do legislador é mais uma alargada contribuição para a efectiva tutela dos direitos do consumidor, porquanto não há como dissociá-la, pela notória finalidade da própria mensagem publicitária.

---

e do Conselho de 20 de Maio). Na perspectiva da carga probatória, o artigo 12.º do Decreto-Lei n.º 143/2001, de 26 de Abril (transposição da Directiva) impõe o ónus ao fornecedor "...quanto à existência de uma informação prévia, de uma conformação por escrito, do cumprimento dos prazos e do consentimento do consumidor"; cfr. Teresa Almeida, *Lei de Defesa do Consumidor Anotada*, 2ª Edição, Revista e Actualizada, Dezembro, 2001, p. 77. José Miguel Júdice desenvolve contundente crítica aos Decretos-Lei 383/89 e 131/2001 (que transpõem as Directivas números 85/374/CEE e 34/1999/CE) e, inclusive, à Lei n.º 24/96, fruto de suas disposições regularem "...sem cautela e sem critério, sem sensatez e sem ponderação, quanto a presunção, ónus da prova e sobretudo a responsabilidade objectiva"; cfr. *Uma Reflexão Sobre o Direito do Consumo*, EDC, Centro de Direito do Consumo, FDUC, n.º 4, Coimbra, 2002, pp. 50 ss. O autor cobra explicações ao poder político europeu e português, pela maneira negativa e de fins eleitorais como se aproveitam das vicissitudes nas relações de consumo, dando causa a um monumental aparato normativo distanciado da realidade europeia, conduzente a escusas pretensões políticas.

CAPÍTULO VII
OS LITÍGIOS DE CONSUMO

1. Aspectos breves

Por sua própria natureza, os consumidores encontram-se numa situação de falta de protecção. Isto justifica que lhes sejam atribuídos direitos especiais para minimizarem a sua vulnerabilidade face à especialização dos fornecedores. Torna-se, então, necessária a intervenção legislativa e regulamentar adequada a todos os domínios aplicáveis.

Com esta perspectiva, estabeleceu-se um sistema ordenado de regras em que se conjugam mecanismos individuais e colectivos de reacção, claramente para assegurar respostas eficazes na hipótese de existirem abusos ou lesões. A par disso, legitimaram-se órgãos públicos e organizações representativas, encarregadas de promover e salvaguardar os direitos dos adquirentes finais.

Tratemos, então, de proceder à apreciação das vias para resolver os conflitos de interesses de forma mais eficaz.

2. A tutela administrativa

Outorgam-se a certas instituições públicas, no cumprimento de seus encargos e por sua iniciativa, competências para prevenir e reprimir condutas delituosas no âmbito das actividades no mercado de consumo. São elas: A Polícia Económica[413], o Instituto Nacional de Defesa do

---

[413] A Direcção Nacional de Inspecção das Actividades Económicas, criada pelo Decreto n.º 80/81, de 18 de Setembro (DR n.º 220, I Série) é a entidade com competência

Consumidor e, bem assim, certos serviços de inspecção sectorial. Essas instituições têm o poder de levar a cabo procedimentos destinados a aplicar sanções administrativas aos fornecedores. Por isso mesmo, a lei determina taxativamente um conjunto de medidas para impedir actos lesivos dos consumidores (n.º 3 do artigo 26.º da LDC).

Realmente, para evitar danos de maior monta, admite-se o emprego de sanções antes ou no decurso de dado processo administrativo (§ 2.º do artigo 26.º da LDC). São vários os modos dispostos contra comportamentos ilícitos, censuráveis, embora não tenham suficiente gravidade para revistirem a qualificação de crimes. Aquelas instâncias administrativas podem sancionar com medidas de natureza pecuniária (multa), sem prejuízo de outras penalidades sobre o bem ou serviço exposto no mercado (apresar o produto ou torná-lo sem préstimo), admitindo-se, em alguns casos, a aplicação de penas, mesmo a título cumulativo, como por exemplo, a interdição do exercício de actividade mercantil (n.º 1 do artigo 26.º).

Como vimos, as referidas instituições públicas também praticam actos de carácter preventivo em defesa coerente e correcta dos direitos dos consumidores. Tais procedimentos afiguram-se um meio próprio quando estão em causa acções ou omissões contrárias às normas protectivas. Serve então de exemplo o encerramento de estabelecimento comercial por motivos de índole sanitária. Porém, alguns dispositivos legais de protecção do consumidor cominam com sanções penais (n.º 1 do artigo 26.º da LDC), segundo as previsões constantes na Lei das Infracções Contra a Economia, conjugadas com o Código Penal. Neste campo, é relevante a imputação do crime de desobediência ao fornecedor que nega prestar informação de interesse do consumidor a entidade pública competente (§ 2.º do artigo 25.º da LDC)[414]. Outras normas de cariz penal estão previstas no respectivo Código, como já afirmámos neste estudo.

---

para instruir ao processos sobre as infracções económicas e contra a saúde pública, conforme dispõe o artigo 59.º da Lei n.º 6/99, de 8 de Setembro (DR n.º 36, I Série) – Lei das Infracções contra a Economia, parcialmente revogada pela Lei n.º 13/03, de 10 de Junho (DR, n.º 45, I Série).

[414] A determinação legal prevista no n.º 1 do artigo 37.º da Lei n.º 6/99, de 8 de Setembro – Lei Das Infracções contra a Economia (ora parcialmente revogada), estatuía a pena de prisão até 6 meses e multa até 90 dias. Hoje, por força da al. e), do artigo 1.º da Lei n.º 13/03, de 10 de Junho, a pena é concordante com o previsto na lei penal.

Em resumo, a precípua missão das designadas autoridades visa, no domínio eminentemente administrativo, fazer respeitar as prescrições estabelecidas para a manutenção do bem-estar comunitário.

3. A tutela dos interesses individuais e colectivos

A partir da disciplina processual comum, o regime estabelecido na LDC apresenta-se distribuído em duas esferas distintas: a individual e a colectiva (§ 1.º do artigo 27.º).

Assim, no plano civil, prevêem-se acções: anulatórias, especialmente contra cláusulas abusivas (§ 3.º do artigo 16.º da LDC); cominatórias, para cumprimento de certa obrigação; e indemnizatórias, destinadas a reparar danos perpetrados pelos fornecedores (§ 2.º do artigo 27.º, combinado com os números 1 e 2 do artigo 10.º, ambos da LDC).

Por conseguinte, o consumidor ferido nos seus direitos (configurada uma relação de consumo como causadora do dano), tem justa causa para exigir o ressarcimento dos prejuízos, segundo a responsabilidade decorrente do próprio direito violado. A prova por parte do consumidor é desnecessária. Nesta medida, somente importa a conduta considerada danosa do fornecedor no mercado. Todavia, este critério legal não preclude a faculdade do fornecedor reagir e provar que da sua actividade não resultou prejuízo para o consumidor. Mas isso está inteiramente a seu cargo.

Agora, nos vários domínios em que se desdobra a temática de consumo, consagra-se a defesa de direitos e interesses colectivos. São transindividuais, de natureza indivisível, cuja titularidade é atribuída a um grupo de pessoas ligadas entre si, por exemplo, os adquirentes de produtos defeituosos do mesmo fornecedor ou os condóminos de um prédio.

Neste contexto, pode-se afirmar que, na própria essência das relações jurídicas de consumo, os direitos tutelados, mesmo dirigidos à protecção individual, têm sempre dimensão colectiva.

De facto, este novo sistema reconhece a conjugação de interesses vários nas relações de consumo. Para o efeito, o seu âmbito de actuação tutela a defesa dos interesses colectivos ou difusos e interesses individuais homogéneos (al. d) do artigo 28.º da LDC).

Quanto aos primeiros (interesses colectivos), os mesmos ocorrem em virtude de lesão ou ameaça de ofensa a um grupo de consumidores determinado ou determinável, ligados entre si, por exemplo, em razão do aumento das propinas escolares.

Por outro lado, o sentido amplo ou metaindividual dos interesses difusos envolve um número indeterminado de consumidores, unidos por circunstâncias fácticas, ocasionalmente vítimas de um mesmo produto ou serviço nocivo (publicidade enganosa, produtos com vícios de qualidade ou quantidade, rotulagem irregular, entre outros).

Já os interesses individuais homogéneos decorrem da sua origem comum. Caracterizam-se pela união de diferentes pessoas face a um interesse que as aproxima. Ou seja, o facto causador de danos individuais alcança um grupo elevado de consumidores dispersos na sociedade, a necessitarem de reparação civil, a qual pode ser processada por via da acção colectiva, embora o interesse seja individualizado e divisível na sua origem. A conexão somente advém do acontecimento ser comum a todos os afectados pelo comportamento ilícito, fundando-se aqui o interesse individual homogéneo. Como exemplo, oferece-se o caso das pessoas lesadas nos contratos de adesão com cláusulas abusivas, ou os segurados que se vêem impedidos, pela seguradora de pensões, de receber os seus créditos.

Em suma, a LDC preocupa-se com a universalidade de pessoas que, de alguma forma, estão vinculadas ao produto ou serviço, assente no interesse voltado à prevenção geral para benefício de toda a comunidade consumidora. A acção competente capaz de propiciar a efectiva tutela pode ser intentada pelas entidades competentes, como já assinalámos (artigo 28.º da LDC).

4. Entidades legitimadas para a defesa do consumidor

I. No domínio da defesa do consumidor, a lei prevê um conjunto de entidades, algumas delas condicionadas pelas suas competências, para agirem quando a ofensa apresenta carácter colectivo, ou melhor dito, relativo a todos, comum. No plano privado, são as associações de consumidores devidamente reconhecidas no mínimo há mais de um ano; no âmbito estatal, o Ministério Público e o Instituto Nacional de Defesa do Consumidor (INADEC), conforme alíneas b), c) e d) do artigo 28.º da LDC.

O Ministério Público é uma instituição essencial à função judiciária do Estado. Compõe-se de magistrados, junto de cada tribunal, investidos em promover o cumprimento da lei, exercer a acção penal, representar o

Estado e outros interesses atribuídos por lei (alíneas a), c) d) e t) do artigo 2.º da Lei n.º 5/90, de 7 de Abril de 1990, DR n.º 18, I Série).

No rol dos últimos, tem legítima competência em qualquer jurisdição para defesa dos interesses individuais homogéneos e interesses colectivos ou difusos (artigo 34.º da LDC). Ou seja, atribui-se-lhe legitimidade para intervir no campo da protecção dos consumidores sem restrições e representá-los em Juízo. Para tanto, é suficiente a manifestação da vontade dos interessados directos no sentido de serem ressarcidos. Suscitada a demanda, não se exige o pagamento das despesas processuais.

Por sua vez, as associações de consumidores são entes representativos, sem finalidades lucrativas, de dimensão nacional ou local, constituídas para fins de interesse geral ou restrito (n.º 3 do artigo 31.º da LDC). Os seus objectivos incidem na defesa extrajudicial e em juízo dos direitos de seus filiados, bem como dos consumidores na generalidade (al. b) do artigo 32.º da LDC).

Tais associações desenvolvem acções de carácter preventivo e repressivo, além de exercerem actividades de esclarecimento ao público, controlo da publicidade, regulação de preços e pesquisas no mercado. Também se obrigam a prestar conselhos aos consumidores no respeitante às técnicas de aquisição de produtos ou serviços, dentre outras finalidades.

O eixo do regime privado de defesa dos consumidores encontra-se nestas associações, que actuam sem prejuízo das acções individuais dos interessados, no intuito de fazer valer os correspondentes direitos dos destinatários finais em geral.

Os seus programas de defesa são levados a cabo com o amparo do Estado, em especial do Instituto Nacional de Defesa do Consumidor[415]. Por outro lado, a actuação daquelas entidades associativas em Tribunal está automaticamente isenta de custas. Outorgam-se-lhes ainda benefícios fiscais, de conformidade com as suas finalidades de ordem colectiva.

À luz do regime legal, as associações de consumidores estão legitimadas para estabelecer acordos com as instituições congéneres de fornecedores ou sindicatos de categorias económicas ligadas às relações de consumo (artigo 33.º da LDC). Revelam-se, assim, procedimentos fundados na colaboração e no diálogo entre organizações distintas, para a defesa dos interesses comuns.

---

[415] Cfr. n.º 1 do artigo 3.º do anexo ao Decreto n.º 9/03, de 3 de Março, do Conselho de Ministros.

II. Por fim, falaremos do Instituto Nacional de Defesa do Consumidor (INADEC). É um organismo autónomo da Administração Pública[416], a quem está atribuída legitimidade processual em defesa dos interesses colectivos e difusos dos consumidores[417] (al. a) do n.º 2 do artigo 35.º da LDC).

Nos seus poderes de actuação em matéria de protecção do consumidor, enquanto órgão da administração pública, o INADEC obriga-se a fomentar centros de arbitragem para resolver litígios de consumo (artigo 27.º da LDC). Trata-se de mecanismos integrados no sistema protectivo com procedimentos simplificados, visando a composição extrajudicial de divergências havidas sobre questões de importância menor, sem deixar, porém, de dar resposta à defesa de todos os interesses dos consumidores. O INADEC concretiza o direito dos consumidores, através de mecanismos de obtenção de tutela antecipada, a título preventivo, contra práticas lesivas aos consumidores (al. b) do n.º 2 do artigo 35.º da LDC). Compete também a esta entidade desenvolver matérias educativas e de informação ao consumidor, base de prevenção de conflitos. Em face disso, o INADEC pode regular situações despidas de adequada resposta no ordenamento jurídico (§ 1.º do artigo 25.º da LDC), no sentido de impedir acções prejudiciais nas relações de consumo. Assim, perante hipóteses não estatuídas, pode o INADEC procurar soluções que se apresentem viáveis e legais para o caso concreto, naturalmente dentro do espírito do nosso sistema jurídico. Finalmente, somos também de admitir a possibilidade desta instituição realizar pesquisas, inquéritos, tomar informações sobre exactas realidades (sobretudo de segurança e ambientais), necessários ao desenvolvimento da sua actividade. As conclusões obtidas devem ser comunicadas, tudo no sentido de explorar o potencial crítico da sociedade.

---

[416] Cfr. n.º 1 do anexo ao Decreto n.º 5/03, de 3 de Março, DR n.º 17, I Série do Conselho de Ministros.

[417] A doutrina desdobra-se no uso dos termos "direitos" ou "interesses colectivos" e difusos. O nosso legislador adoptou a palavra *interesses*, mas Kazuo Watanabe considera-os do mesmo significado. Para outros aprofundamentos, *apud* Marcelo de Campo Mendes Pereira, *Problemas da Eventual Concomitância entre Acções Colectivas e Acções Individuais*, Revista de Direito do Consumidor, 48, Editora Revista dos Tribunais, Ano 12, Outubro-Dezembro de 2003, pp. 211-212.

5. O recurso aos tribunais

O sistema de protecção instituído compõe-se de um complexo normativo especial. Neste, define-se um regime próprio para a defesa do consumidor.

A nota principal, a par da enunciação objectiva dos comportamentos que a LDC rejeita e sanciona, encontra-se na regulamentação processual. Aí se legitimam as entidades de representação e as de defesa a agirem judicialmente em benefício do consumidor.

Cabe a estas instituições e ao consumidor, singularmente considerado, a iniciativa de accionar os mecanismos judiciais, quando por tais meios pretendem fazer valer um direito.

Os consumidores, no propósito de procurarem em juízo a satisfação dos seus interesses e direitos, isto é, a indemnização por perdas e danos ou a condenação do fornecedor por factos ilícitos, gozam sempre do direito de isenção de todas as despesas judiciais (artigo 29.º da LDC), como já observámos. A excepção funda-se na má-fé. Os actos daqui decorrentes são vistos quando não haja razão para a pessoa desconhecer o facto. Tal comportamento é indicativo de que o consumidor mediano[418] agiu com perversidade, ou melhor, contra a lei.

Por outro lado, fruto da sociedade de massa, é conferida às entidades públicas e privadas, já referidas, a legitimidade de acesso aos tribunais segundo procedimentos específicos para a defesa do consumidor.

De facto, estipula a LDC que o rol de legitimados pode intentar acção colectiva (§ 1.º do artigo 27.º e 28.º da LDC), sem prejuízo da iniciativa do lesado para resolver os eventuais conflitos de consumo. A intervenção directa daqueles assenta em facto ou interesse de proveito geral imposto por necessidade de ordem pública. Neste contexto, o interesse colectivo absorve o individual; embora este não feneça, passa a ter menor importância e expressão social.

Em razão disto, as já assinaladas entidades podem intentar acções inibitórias (artigos 19.º e 20.º da LCGC), de indemnização e outras, nos termos da lei (§ 2.º do artigo 27.º da LDC). Sobre as primeiras, importa

---

[418] Aquele consumidor atento e sobre quem pesa o dever de esclarecimento, conforme Acórdão do Tribunal de Justiça da Comunidade; cfr. José de Oliveira Ascensão, *Concorrência Desleal*, Almedina, 2002, p. 517.

aclarar que: "O objecto de tutela da acção inibitória não é o cliente singular do utilizador, mas antes o tráfico jurídico em si próprio, que se pretende ver expurgado de cláusulas tidas como iníquas"[419].

Na verdade, as acções inibitórias, de acordo com o critério do interesse público, são em sua própria essência uma lide colectiva. Neste sentido, significa o direito de invocar em juízo não só factos ou condutas perturbadoras de relações jurídicas de consumo, mas também os que firam interesses difusos e individuais homogéneos. Em tal caso, utiliza-se a espécie de acção condizente com o interesse a proteger. Assim, entende-se que a violação das normas protectivas tanto dá causa a procedimento civil como penal.

A acção inibitória, em sede da LCGC, dispõe no sentido de proibir cláusulas abusivas nos contratos de adesão. No chamamento ao processo pode-se demandar, de maneira geral, todos os proponentes das mesmas cláusulas contratuais gerais, independentemente da competência do tribunal (§ 2.º do artigo 30.º da LCGC). Ora, as duas leis podem ser conjugadas no interesse de tutelar interesses de esfera do consumidor. Daqui resulta a aplicação deste dispositivo às relações de consumo.

Por sua vez, no pólo passivo, os citados gozam da faculdade de requerer a intervenção nos autos de terceiro como seu litisconsorte, porquanto a LDC tem como pronto objectivo a justa resolução do problema posto em juízo.

A lei especial dá poderes a qualquer tribunal de primeira instância para conhecer da acção inibitória, mas coloca uma restrição: deve existir a mínima conexão entre a cláusula abusiva empregue e a área jurisdicional (artigo 21.º da LDC). Julgamos haver contradição com o § 2.º do artigo 30.º da LCGC (acima evidenciado). Neste, a competência da circunscrição judiciária não é discutida em momento algum.

Quanto a nós, entendemos que nada se opõe à aplicação deste último preceito nas relações jurídicas de consumo. O fundamento para sustentar esta posição apoia-se no interesse de minorar prejuízos e incómodos ao consumidor, sendo de afastar aquele impedimento de ordem processual. Aliás, por via desta opção, o consumidor fica mais protegido dos abusos que o fornecedor queira praticar. Da mesma maneira, também se

---

[419] Cfr. Almeno de Sá, *Cláusulas Contratuais Gerais, A Directiva Sobre Cláusulas Abusivas*, Almedina, 1999, p. 45.

compreende a intenção do legislador facilitar a propositura desta espécie de acções declarativas, sob a forma sumária (n.º 1 do artigo 22.º da LCGC), tudo em benefício de uma maior celeridade. Impõe-se, assim, um processo expedito. Significa isto dizer que os actos judiciais exigem a devida brevidade. A lide pode prolongar-se em tribunal superior (Tribunal Supremo), conforme dispõe o n.º 2 da referida norma.

Como já vimos, o Estado garante a assistência judiciária gratuita face às circunstâncias de cariz social e de interesse público. Fundado nisto, o pronunciamento judicial no sentido de vedar as cláusulas gerais ilícitas deve ser publicitado de maneira a conhecer-se a exacta e pormenorizada proibição (artigo 23.º da LCGC), a fim de dar satisfação imediata aos interesses de todos os consumidores. Com vista ao efectivo respeito pelo decretado, compete ao Ministro da Justiça assegurar o registo das cláusulas proibidas por via judicial (artigo 28.º da LCGC).

CAPÍTULO VIII
O DIREITO DO CONSUMIDOR COMO RAMO DISTINTO E AUTÓNOMO

1. Questão prévia: Direito do consumidor ou Direito do consumo

I. Como prelúdio, discorre-se sobre as controvérsias geradas em torno deste problema, que afinal não constitui preocupação básica.

Em razão do afirmado, achamos necessário fazer tímidos comentários, pois, mais importante se torna proteger o consumidor contra abusos e lesões, em virtude do poder cada vez maior do fornecedor.

Visto isto, passamos a examinar o tema. A doutrina tradicional divide-se entre a terminologia Direito do Consumidor e Direito do Consumo.

Por um lado, temos quem defenda a expressão Direito do Consumidor, porque "...não é o *consumo*, enquanto tal, que é visado pelas regras que constituem este novo ramo do direito"[420,421].

Isto deve-se, sobretudo, às circunstâncias das normas aplicáveis cumprirem a função de directriz (norma objectivo), sendo dotadas de carácter obrigacional para os fornecedores em sede de finalidade protectiva dos consumidores.

Por outro lado, Luís Manuel Teles Menezes Leitão denomina o fenómeno de Direito do Consumo, cujas regras visam disciplinar "...os

---

[420] António Pinto Monteiro, *Sobre o Direito do Consumidor em Portugal*, Centro De Direito Do Consumo, FDUC, n.º 4, Coimbra, 2002, p. 121.

[421] Em nosso sentir, o empenho nesta tomada de posição visa demonstrar que o vocábulo *consumo* tem uma interpretação dirigida à destruição ou gasto pelo uso de um bem, meio de extinguir as coisas consumíveis. Ora, a aquisição de um crédito bancário não configura a extinção do produto; porém, é de aceitar que o consumidor (segundo a definição) de crédito é destinatário final.

actos de consumo, relações jurídicas existentes entre um consumidor e um profissional..."[422, 423].

Neste caso, levam-se em conta as especiais relações submetidas ao regime do sistema de protecção, a fim de se conhecerem os factos constitutivos do seu objecto. Desta ordenação qualifica-se o pólo consumidor.

Numa referência a Norbert Reich, "Consumo é uma noção transportada da economia. Consumir vem do latim *consummare* e significa acabar, completar: o consumo completa o processo económico, é o termo do ciclo económico"[424].

Daí firma-se o entendimento da inaplicabilidade da noção económica de consumo, em vista da ciência jurídica, porquanto poderia apresentar-se "...como simples facto jurídico, para o qual a vontade e a relação jurídica não seriam relevantes"[425].

Realmente, o vínculo jurídico de consumo fixa a manifestação de produzir efeitos exteriores que geram direitos e obrigações no espaço negocial, não sendo redutível a meros factos jurídicos.

Nesta linha de pensamento, António Pinto Monteiro sustenta a utilização da terminologia Direito do Consumidor, porque "Verdadeiramente do que se trata é de disciplinar a *produção* e a *distribuição* de bens, assim como a *prestação de* serviços, *tendo em conta a defesa do consumidor*..."[426]. Por consequência, há-de-se entender que o regime jurídico-legal não está dirigido ao leque de actividades da empresa, mas à identificada relação desta com o consumidor final.

Em contraponto, argumenta-se existir uma carga subjectivista na terminologia adoptada, sabendo-se que esta disciplina, apesar de proteger o consumidor, se apresenta conexa com o outro pólo da relação de consumo[427].

---

[422] Cfr. *O Direito do Consumo: Autonomização e Configuração Dogmática*, EIDC, Volume I, Instituto de Direito do Consumo, FDUL, Almedina, p. 24.

[423] Calais-Auloy diz-nos que "O acto de consumo é o acto jurídico (*um contrato quase sempre*) que permite obter um bem ou um serviço, em vista da satisfação duma necessidade pessoal ou familiar..."; apud Carlos Ferreira de Almeida, *Os Direitos dos Consumidores*, ob. cit., p. 212 nota 35.

[424] Apud Jorge Pegado Liz, *Introdução ao Direito e à Prática de Consumo*, ob. cit., p. 202 nota 405.

[425] Cfr. Carlos Ferreira de Almeida, *Os Direitos dos Consumidores*, ob. cit., p. 212.

[426] *Sobre o Direito do Consumidor em Portugal*, ob. cit., p. 121.

[427] Pedro Romano Martinez, *Anteprojecto do Código do Consumidor, Contratos em Especial*, EIDC, Volume III, Instituto de Direito do Consumo, FDUL, Almedina, pp. 58-89.

Por outras palavras, é necessário cobrir todos os ângulos do problema, por este não estar limitado ao adquirente final. De facto, é um ponto de vista quase irresistível.

A LDC visa, justamente, conferir harmonia e estabilidade às partes no vínculo de consumo. Porém, o fornecedor jamais encontra naquele instrumento jurídico o respaldo necessário à efectivação dos seus direitos (como acontece, por exemplo, com o empregador no Direito do Trabalho).

Com efeito, o único escopo da lei especial é dar força e importância àquele sujeito particularmente vulnerável nas relações de consumo perante as contingências negociais.

II. Diante desta complexidade, como foi pertinentemente observado, não é pacífica quer uma quer outra terminologia, apesar do campo de incidência da LDC se limitar apenas a um conjunto de regras protectivas do destinatário final[428]. O Estado angolano optou pela denominação Direito do Consumidor, tal como a União Europeia e países mais evoluídos nesta matéria[429]. É, contudo, importante sublinhar que, inúmeras vezes, o legislador angolano intervém no mercado (paralelo, por exemplo) com medidas aparentemente contrárias aos direitos tutelados na lei do consumidor, no intuito de salvaguardar o interesse social. Portanto, distancia-se da imediata protecção especial e faz prevalecer posições de outra ordem de benefícios societários.

Porém, não se nega, e temos de concordar, que o regime legal parte da definição do principal actor (consumidor) cuidando da sua defesa em todo o plano normativo. Daí admitir-se a terminologia Direito do Consumidor.

---

[428] Repare-se que o Anteprojecto do Código do Consumidor português não limita o seu âmbito de aplicação ao destinatário final, alargando-o a outros sujeitos e relações jurídicas; cfr. António Pinto Monteiro, *Sobre o Direito do Consumidor em Portugal e o Anteprojecto do Código do Consumidor*, EIDC, Volume III, Instituto de Direito do Consumo, FDUL, Almedina, 2006, pp. 47-48.

[429] Para conferir esta afirmação, veja-se António Pinto Monteiro, *Sobre o Direito do Consumidor em Portugal*, ob. cit., p. 122. Outros subsídios do mesmo autor sobre a denominação podem ser consultados no seguinte trabalho: *Sobre o Direito do Consumidor em Portugal e o Anteprojecto do Código do Consumidor*, EIDC, Volume III, Instituto de Direito do Consumo, FDUL, Almedina, 2006, p. 39,

2. O direito do consumidor como ramo autónomo

I. A nossa lei do consumidor surge com um regime estruturado em consonância com avanços obtidos no exterior, o qual se baseia na técnica de protecção do sujeito vulnerável nas relações de consumo.

Na ruptura com a estrutura tradicional, o sistema define princípios, conceitos e regras próprias, conferindo carácter especial à tutela jurídica do consumidor.

Todavia, com a entrada em vigor deste sistema protectivo em vários países, passaram-se a questionar os propósitos de uma solução codificadora para estas matérias; haja em vista a existência do Código Civil e do Código Comercial[430].

As interrogações em torno da viabilidade ou não da autonomia desta nova disciplina face ao Direito Civil é campo para diferenciadas interpretações, desde logo porque os aspectos normativos incentivam a evolução de divergências doutrinárias.

Neste particular debate, há quem aponte razões justificativas na "*...imensa legislação avulsa...*"[431], destinada a reger as assinaladas relações, motivo de evidente instabilidade e difícil aplicação às controvertidas questões advindas desta novel realidade.

Contudo, não é preciso fértil imaginação para constatar que o nosso ordenamento jurídico não está ainda composto do emaranhado de leis específicas destinadas às relações de consumo. Porém, isto não impede uma digressão sobre a matéria, especialmente porque o corpo normativo existente está incompleto, à luz das nossas já descritas explicações.

Na verdade, apesar das normas especiais se aplicarem às hipóteses para as quais não estavam expressamente previstas, é sempre possível publicar novos textos normativos em face das presentes circunstâncias.

À vista disto, e na esteira da evolução do direito comparado, sustenta-se ser inadequado conter as exigências de tutela do consumidor

---

[430] Para as nossas finalidades, relativamente à aproximação do Direito do Consumidor ao Direito Comercial, cfr. Jorge Pegado Liz, *Introdução ao Direito e à Política do Consumo...*, ob. cit., pp. 274-275.

[431] Cfr. António Pinto Monteiro, *Sobre o Direito do Consumidor em Portugal*, Sub Judice, Justiça e Sociedade, n.º 24, Janeiro/Março, 2003, p. 8; António Pinto Monteiro, *Comunicação e Defesa do Consumidor*, Conclusões do Congresso, "Comunicação e Defesa do Consumidor", Instituto Jurídico do Consumidor, FDUC, 1996, p. 491.

num código. Ou seja, a busca do justo equilíbrio não propicia a codificação desta matéria, pois o consumo não é acto exclusivo de alguns, mas de toda a sociedade, indistintamente. Falamos da experiência portuguesa sobre a autonomização deste novo Direito.

Alguns autores lusos contrariam esta opção, "...pois não há na realidade sequer nenhuma disciplina *específica* das relações com consumidores..."[432]. Por isso, inexiste a necessidade de centrar o tratamento desta temática de modo a qualificar os consumidores finais como "...uma classe particular de pessoas"[433], porquanto resume-se a uma posição jurídico-social já reconhecida na lei.

Nesta perspectiva de tensão entre doutrinadores, Luís Menezes Leitão invoca o especial negócio jurídico para legitimar a "...autonomia dogmática" do Direito do Consumidor[434]. Assim, a causa determinante da sua posição é analisada no plano do vínculo negocial, de ordem a diminuir a importância do sujeito da relação jurídica (consumidor) como principal elemento diferenciador.

Este ponto de vista, em nosso sentir, transporta a incidência do Direito do Consumidor para uma perspectiva económica.

Mas as relações de consumo são de Direito Civil. Bem por isso, somos de acentuar que o ponto de partida da disciplina deve emergir do pólo mais frágil do conflito de consumo, essência de toda a produção normativa. Esta relação jurídica é que está em causa, sem negar, como é evidente, a obediência à *finalidade* do consumo.

De qualquer forma, o enquadramento destas questões tem sido matéria para sustentar a necessidade de um código, tendo em vista eliminar os constrangimentos de uma legislação fragmentada; também se diz que a actual era concorre para a descodificação (no sentido de volumosas obras)[435]. Contudo, em sede do Anteprojecto do Código do Consumidor português, Oliveira Ascensão coloca objecções a tal pensamento e considera

---

[432] Cfr. J. Oliveira Ascensão, *O Anteprojecto do Código do Consumidor e a Publicidade, cit.*, p. 12.

[433] João Calvão da Silva, *Compra e Venda de Coisas Defeituosas, Conformidade e Segurança*, 4ª Edição, Almedina, 2006, p. 119.

[434] *O Direito do Consumo: Autonomização e Configuração Dogmática..., ob. cit.*, p. 24.

[435] Cfr. António Pinto Monteiro, *Sobre o Direito do Consumidor em Portugal e o Anteprojecto do Código do Consumidor, ob. cit.*, p. 50.

não ser este "...o caminho a seguir..."[436]. O renomado Mestre assenta a crítica na sua compreensão em torno do Direito Civil, que se aplica em carácter de generalidade a todas as relações jurídicas, não sendo sustentável compor um ramo de Direito à luz do enfraquecimento do direito comum[437].

Uma segunda opinião contemporizadora deste debate aplaude a adopção de um código para o consumidor, mas defende uma elaboração temática centrada propriamente no consumidor[438].

II. Em nosso juízo, o sistema de protecção do consumidor antes de ser uma legislação destinada exclusivamente às relações de consumo[439], é, na verdade, um complexo protectivo que encontra larga invocação no regime civil.

Por ser assim, o Direito do Consumidor não é distinto da actividade civil comum. Notoriamente, os seus institutos são redutíveis ao quadro dogmático do Direito Civil, por força da sua natureza ou da função que desempenham. Não se pode deixar de reconhecer que o fim da LDC é tutelar de maneira especial as pessoas mais vulneráveis, sob o forte argumento de se conferir protecção mais eficaz e justa. Porém, as suas normas imperativas não se destinam a uma categoria social determinada, mas sim a pessoas enquanto tais. Se "todos somos consumidores", a ninguém deve ser dado tratamento diferente.

Ora, revestir de autonomia, rumo à codificação, este novo ramo de Direito, dada a sua peculiaridade, não representa a absorção de matérias distintas em sua originalidade, face às regras cuja aplicação se limita directamente às relações de consumo.

Decerto, um código específico existe, justamente, para atender a certas particularidades que envolvam reconhecidos fundamentos de difícil harmonização com a área jurídica do qual se destaca.

---

[436] *O Anteprojecto do Código do Consumidor e a Publicidade*, EIDC, Volume III, Instituto de Direito do Consumo, FDUL, Almedina, 2006, p. 12.

[437] Cfr. José de Oliveira Ascensão, *ob. cit.*, p. 30.

[438] Sustenta esta corrente, Adelaide Menezes leitão, *A Publicidade no Anteprojecto do Código do Consumidor*, EIDC, Volume III, Instituto de Direito do Consumo, FDUL, Almedina, 2006, P. 139.

[439] Não é o caso do Anteprojecto do Código do Consumidor português; cfr., para outras análises, António Pinto Monteiro, *Sobre o Direito do Consumidor em Portugal e o Anteprojecto do Código do Consumidor*, *ob. cit.*, pp. 47-48 e José de Oliveira Ascensão, *O Anteprojecto do Código do Consumidor e a Publicidade*, *ob. cit.*, p. 31.

No entanto, para o que se aborda nesta etapa, reconhece-se não estar o Código Civil, atento à sua função exclusivamente individualista, compatível com o Estado Social[440]. Este tutela hoje, explicitamente, direitos económicos na Constituição. Na verdade, a actividade económica (incluídas as relações de consumo) está submetida à primazia da justiça social e a ordem jurídica deve harmonizar-se com os princípios adoptados na lei fundamental. Certamente, é por inspiração de princípios de Direito Social que se mitigam direitos privados por excelência.

Logo, a instabilidade gerada em torno do Direito Civil é indiscutível, pois os valores sociais dominantes na época e espaço da sua publicação alteraram-se. Uma inovada forma de pensar foi assimilada pela Constituição, estabelecendo, inegavelmente, uma ruptura com o paradigma do nosso Direito Civil.

Sem dúvida, as contingências actuais reclamam um Código Civil que discipline melhor as situações de forma consentânea com os ideais modernos de Direito.

Pretendem-se assim, regras civis actualizadas, que reflictam as novas tendências e sejam a expressão real da vontade colectiva, face ao forte desequilíbrio existente na sociedade actual.

Em vista disto, as valorações específicas da área do Direito do Consumidor contribuem para este desiderato: humanizar o Código Civil.

A introdução de normas de consumo na lei civil influirá em vários pontos fundamentais da sua teoria geral. Reconhece-se, assim, a emergência de reflectir sobre a "bondade" do "*dolus bonus*", enquanto valoração específica. Este princípio tem a propriedade de viciar o negócio jurídico de consumo, a ponto de o tornar nulo. Porém, o regime civil (n.º 2 do artigo 253.º do Código Civil) prefigura o seu resultado como lícito.

Igualmente se afirma que a LDC avança mais decididamente na direcção da boa fé objectiva. O Código Civil indica, por exemplo, nos artigos 227.º e 762.º n.º 2 as regras da boa fé. Contudo, não é tão claro no seu alcance objectivamente considerado. Mas, é consabido que em

---

[440] A Lei Constitucional angolana está permeada de preceitos que emanam do Estado Social, a começar pelo seu preâmbulo, onde está consignado o Estado democrático, destinado a assegurar o exercício dos direitos sociais e individuais. Os primeiros dirigem-se a toda a sociedade, indistintamente, tais como os direitos à educação, saúde, trabalho, segurança, previdência social, lazer, assistência à infância, aos desamparados, à maternidade e outros dispositivos que poderiam ser citados.

qualquer negócio jurídico tal princípio deve estar presente, seja no plano da sua existência seja no da sua validade. A boa fé transcende a composição de interesses privados e a ampliação dos seus horizontes decorre do que objectivamente é demonstrado.

Outra manifestação legal a merecer reparo encontra-se no n.º 1 do artigo 224.º do Código Civil. Imperativamente, a regra atribui efeitos à declaração feita a outrem, caso este a receba ou seja de seu conhecimento. Exige somente a recepção. Este preceito, em sede de negócios de consumo, acarreta enormes dissabores ao consumidor. Servem como exemplo os actuais métodos de venda sumamente agressivos (vendas especiais, publicidade domiciliária, envio de produtos não encomendados). São modalidades que se apoiam exclusivamente na vontade do fornecedor. Daí, a inaplicabilidade da norma nos vínculos de consumo.

III. Após isto, somos de opinar que o Direito do Consumidor é uma parcela do Direito das Obrigações. Sob esse ponto de vista, entendemos que se deve proceder a ajustes na matéria civil. Logo, propõe-se que o princípio geral da relatividade dos contratos instituído no artigo 406.º números 1 e 2 do Código Civil seja revisto: o consenso das partes aqui imposto para alterar os negócios jurídicos é alheio à tutela da parte vulnerável nas relações de consumo.

Nesta perspectiva, o esquema civil vigente deve conceber a possibilidade de revisão dos contratos tornados excessivamente onerosos para o consumidor, atento à evolução da economia em geral. Mais ainda: é indispensável que a lei civil adopte a responsabilidade objectiva do fornecedor como regra geral nos negócios jurídicos de consumo (nomeadamente na venda de coisas defeituosas, conforme artigos 913.º e seguintes). O conceito de consumidor, bem como a precariedade e as lacunas de informação àquele sujeito relativamente aos produtos, também pode ser prevista naquele ramo do Direito.

Atente-se que as mudanças no Código Civil devem permitir uma legislação geral para as relações negociais e outra, especial, de âmbito mais restrito, para os consumidores finais.

Estas opções não reflectem um recuo. Ademais, já o dissemos com antecedência: a função exclusivamente individualista do contrato no Código Civil é incompatível com o Estado Providência, face à sua ordem económica constitucional. Realmente, existe nos dias de hoje uma nova conotação social das relações no mundo jurídico e o Código Civil não pode alhear-se, pois, diversas causas concorrem no Direito contemporâneo para assegurar o equilíbrio nos vínculos negociais. Todavia, isso não pode levar a desacreditar a lei civil. Mas, sempre é possível defender que os princípios da protecção do consumidor podem ser colhidos no Código Civil, quais sejam, a vulnerabilidade do destinatário final, a boa fé, a equidade material entre consumidores e fornecedores, o dever de informar, a responsabilidade solidária dos fornecedores, a responsabilidade objectiva, a interpretação favorável ao consumidor, da modificação das prestações desproporcionais; tudo para a harmonia nas relações de consumo. Em suma, pensamos poder dizer que a lei civil tem condições para inserir a protecção do consumidor.

Efectivamente, nos dias que correm, estamos confrontados com relações jurídicas possuidoras, por natureza, de um conteúdo sobre o qual o legislador lança maior protecção; porém, devem ser entendidas como de Direito Civil. Nestes termos, as suas criações e ajustes, apesar de serem um claro desafio, devem ter como inspiração a obra alemã[441] ou, em alternativa (especialmente no caso angolano), versar um regime normativo somente preocupado com a defesa dos interesses dos consumidores.

Em conclusão, a disciplina da protecção do consumidor assenta numa nova tendência de solidariedade no direito privado face aos dogmas individuais, sendo lícito aproveitar esta oportunidade para ajustar o Código Civil aos ventos da contemporaneidade.

---

[441] Vem a lume a transformação operada no BGB alemão e o encaixe das matérias sobre o consumidor na Parte Geral e nas Obrigações; cfr., para outros aprofundamentos, Cláudia Lima Marques, *Contratos no Código de Defesa do Consumidor*, ob. cit., pp. 684 ss., António Pinto Monteiro, *Sobre o Direito do Consumidor em Portugal e o Anteprojecto do Código do Consumidor*, ob. cit., p. 49 e José de Oliveira Ascensão, *O Anteprojecto do Código do Consumidor e a Publicidade*, ob. cit., p. 11.

CAPÍTULO IX
CONCLUSÕES

1. – A esparsa disciplina normativa imposta ao vendedor no Período Antigo favorecia de maneira indirecta o cliente.

2. – Porém, somente com o surgimento da Revolução Industrial se publicaram os primeiros textos legais de protecção ao público em geral contra os vícios dos bens, inicialmente nos EUA e, um pouco mais tarde, na Europa.

3. – O crescimento da chamada produção em massa ganhou enormes proporções depois da II Guerra Mundial. A partir dos anos sessenta consagrou-se o movimento em defesa do consumidor nos EUA e na Europa industrializada, ao qual Kennedy se solidarizou, por meio de mensagem de especial conteúdo dirigida ao Congresso norte-americano em 1962.

4. – A Carta do Consumidor, aprovada em 17 de Maio de 1973, pela Assembleia Consultiva do Conselho Europeu, serviu de inspiração para futuros programas comunitários em diferentes aspectos de protecção do consumidor. No âmbito das Nações Unidas, a verdadeira origem do reconhecimento dos direitos básicos do consumidor foi a Resolução n.º 39/248, de 9 de Abril de 1985, instrumento de ordem universal, com orientações precisas sobre a matéria.

5. – Contudo, muitos Estados, mais ou menos avançados tecnologicamente, já resguardavam os interesses do consumidor, mediante disposições constitucionais.

6. – As medidas estatais para limitar os poderes dos fornecedores em Angola, com refracção na vida do cidadão comum, observam-se no período anterior à Independência Nacional. Assim, isoladamente

destacam-se certas previsões normativas no Código Civil, no Código Penal e em alguma legislação avulsa, destinadas a regular a vida económica em geral.

7. – Depois de 1975 e até 1984 não se produziu legislação significativa que proporcionasse aos consumidores adequada protecção no mercado; as normas publicadas eram consentâneas com preceitos constitucionais voltados para a economia centralizada.

8. – Nos dez anos seguintes, renasceram os propósitos de um sistema normativo alicerçado na economia de mercado; no final desse interregno de tempo já se encontram tímidas regras destinadas a proteger o consumidor.

9. – Decorrente disso, o quadro jurídico angolano fez ingressar pela primeira vez o termo *consumidor* através da Lei Geral da Electricidade, reconhecendo-lhe direitos na relação com o fornecedor (aqui restringimos ao destinatário final). Mais tarde, a Lei Geral da Publicidade tornou expressamente proibidas as condutas atentatórias à vida e saúde daquele interveniente.

A par disso, criou-se o Instituto Nacional de Defesa do Consumidor, órgão especializado da administração pública, destinado a promover políticas protectivas do adquirente final. Depois, reconheceram-se um punhado de associações para aqueles fins.

10. – No ano de 2003, foram editadas a Lei das Cláusulas Gerais dos Contratos e, meses depois, a Lei de Defesa do Consumidor.

11. – A imediata influência sobre todo o campo negocial apresentou-se evidenciada nestes dois instrumentos legais. A sua função directa visou diminuir o notável desequilíbrio nas relações de consumo, segundo princípios, regras e conceitos apropriados.

12. – Em razão disso, a LDC interfere na actuação do fornecedor para restaurar a harmonia rompida e sanar deficiências e irregularidades nos vínculos negociais de consumo.

13. – A disparidade de forças no mercado é evidente, sendo necessário preservar o equilíbrio para que o fornecedor não se locuplete às custas da vulnerabilidade do consumidor.

14. – A vulnerabilidade representa o parâmetro valorativo a observar na relação jurídica de consumo, em virtude do domínio especializado

do fornecedor face à debilidade negocial da pessoa qualificada de destinatário final do produto ou serviço.

15. – Logo, não se confunde esta protecção especial com os interesses de pessoas em posição de hipossuficiência. Estes não estão subtraídos da aplicação da LDC como pessoas vinculadas ao negócio de consumo, mas a falta de paridade não corresponde à protecção de classes sócio-economicamente débeis. Assim, a hipossuficiência remete-se para o estado da pessoa sem recursos financeiros.

16. – O Anteprojecto da Constituição angolana prescreve normas indispensáveis para assegurar os direitos dos consumidores à protecção de sua saúde, segurança e interesses económicos. Consagradas pela primeira vez como direitos fundamentais, os seus efeitos exigirão maior harmonia legislativa nestas matérias.

17. – O sujeito de direito amparado pela LDC é o destinatário final de bens ou serviços; ou seja, o elo final da cadeia produtiva. O legislador, no seu preciso critério, aceita a pessoa jurídica como consumidora quando age no atendimento de uma necessidade própria, sem fins comerciais ou profissionais. Exclui o trabalhador, mas absorve o utente de serviços públicos.

18. – Neste passo, a doutrina divide-se. Os denominados finalistas afastam do conceito de consumidor os profissionais que estabelecem relações de consumo fora de sua área de actividade. Nesta órbita, a inaplicabilidade da LDC é excessivamente alargada àqueles sem conhecimentos específicos do bem ou serviço adquirido. Por outro lado, os maximalistas consideram consumidora qualquer pessoa que retire o bem ou serviço do circuito económico, independentemente do destino dado. Em nosso sentir, os maximalistas esboçam uma posição que afasta os fundamentos principiológicos da figura do consumidor. Contudo, admitimos a protecção da lei aos adquirentes de bens ou serviços fora da sua principal especialidade.

19. – A noção de consumidor é relacional. Consiste no necessário vínculo com o fornecedor de bens ou serviços que, no quotidiano, persegue intento lucrativo. Sob este nexo é que se destaca a relação jurídica de consumo. Para tanto, a posição do fornecedor não o obriga a empreender a actividade a título principal. É suficiente a habitualidade e o fornecimento do bem mediante remuneração.

20. – Em direito comparado não existem critérios uniformes para a definição de consumidor. Em geral, é considerado o adquirente do bem ou serviço para uso próprio, individual, familiar ou doméstico. Excepcionalmente, o legislador italiano afasta do conceito as pessoas colectivas; porém, a doutrina entende proteger todos os vulneráveis que concluam um negócio de consumo. Semelhante exclusão observa-se na lei civil alemã, suscitando divergências por parte dos doutrinadores germânicos

21. – Outro caso é do legislador belga, que admite ser uma operação de consumo a venda de um bem em segunda mão. Constata-se ainda no regime jurídico português e em geral nos países da União Europeia, a aplicabilidade da lei especial a profissionais fora do desempenho da sua específica actividade ou profissão.

22. – No Brasil, tal como em Angola, a nota tipificadora do consumidor é o destinatário final.

23. – Por outro lado, são legítimos destinatários finais, para além das pessoas jurídicas nas situações de consumo acima identificadas, aqueles que têm a posse ou utilizam de modo final um bem ou serviço sem vínculo directo com o fornecedor. Neste sentido, são designados de consumidores equiparados, a par da colectividade indeterminada de pessoas vítimas do produto.

24. – Em suma, no Direito angolano, a LDC tutela as pessoas físicas e jurídicas que adquirem bens ou serviços como destinatários finais. Assim sendo, pouco importa agir com o eventual fim de venda em segunda mão. Contudo, o sistema protectivo não beneficia o adquirente do bem ou serviço com objectivo de o repassar. Por outro lado, esta restrição coloca-se igualmente aos que empregam o bem ou serviço de maneira indirecta no processo produtivo. Para o legislador, consumo é o uso imediato final do produto. De contrário, não é consumo em sentido jurídico.

25. – Por fornecedor tem-se a mais ampla faixa de pessoas reconhecidas pelo Direito, locais ou estrangeiras, e mesmo os entes despersonalizados, que de facto exerçam actividades admitidas como de consumo.

26. – A relação de consumo é o vínculo jurídico estabelecido entre o fornecedor e o consumidor (pólos de relação) sobre o qual incide a LDC.

27. – Em Angola, vigoram regimes legais apropriados para disciplinar o exercício da actividade mercantil rural, do comércio precário e urbano. No entanto, o mercado carece ainda de uma forte acção organizativa, sobretudo, pelo impacto negativo causado pelo mercado informal, que cria riscos para a saúde e segurança dos consumidores, apesar das medidas legislativas visarem a integração destes operadores na economia formal.

28. – O Estado angolano tomou a iniciativa de desenvolver acções concorrentes com o sector privado, particularmente no respeitante à distribuição de bens alimentares essenciais. Este modelo de actuação tem subjacente o assegurar de bens de primeira necessidade aos consumidores finais, face ao preponderante domínio de práticas mercantis desequilibradas e abusivas praticadas pelos fornecedores.
À parte todas estas razões, surgem os riscos de sujeitar o sector empresarial privado a um concorrente poderoso, por um lado, e, por outro, tido como mais sério, o consumidor tem diminutas possibilidades de reacção quando se afectam os seus direitos, devido ao evidente poder da máquina estatal.

29. – O legislador angolano não regula detalhadamente as formas de contratos à distância. A aproximação deve ser feita mediante o emprego das normas da LDC e da LCGC, apesar de se identificar esta espécie de negócio na Lei das Actividades Comerciais.

30. – A LDC constitui poderosa ferramenta na construção da cidadania angolana. Em sua importância estratégica serve de alicerce para o desenvolvimento espiral dos conhecimentos do público consumidor, no sentido de melhor proteger os seus direitos civis. O exercício da cidadania activa modifica o mercado de consumo e as mentalidades dos fornecedores e supera os atávicos comportamentos de ver o consumidor como um parceiro ignorante e passivo.

31. – A situação de flagrante vulnerabilidade do consumidor em relação ao fornecedor tornou necessária a implementação de medidas

legais, de ordem a configurar um instrumento basilar: o direito à informação do consumidor. Concebido de maneira implícita na Lei Constitucional, impõe-se como prioritário nas relações de consumo e consubstancia-se na informação adequada, suficiente e veraz sobre os produtos colocados no mercado, para que o consumidor exerça o seu direito de escolha. A informação com lacunas significativas torna responsável o fornecedor pelo uso e utilização do bem ou serviço.

32. – Em face disto, exige-se que os recipientes, embalagens, envoltórios ou invólucros de determinado produto apresentem informação correspondente com a qualidade, quantidade e outras grandezas obrigatórias por lei. Deste modo, o dever de informar é um pilar eficaz do sistema de protecção.

33. – No âmbito formativo e de educação do consumidor, obrigam-se as entidades vocacionadas para a sua defesa a promover acções, através dos órgãos de comunicação social, destinadas a divulgar matérias de interesse público, realizar trabalho cívico e de sensibilização dos consumidores no concernente ao consumo de produtos que periguem as suas vidas. Cabe-lhes também dar a conhecer os direitos e deveres dos consumidores nas relações com os fornecedores.

34. – A publicidade é um instrumento de informação das características do produto, bem como um meio de incitamento e persuasão ao consumo. A LDC veda a divulgação publicitária enganosa, com vista a impedir a indução em erro do consumidor, por via de indicações falsas, abusivas ou mesmo por omissão, dada a sua manifesta potencialidade de produzir efeitos prejudiciais. A protecção garantida pela Lei da Publicidade incorpora princípios gerais a serem observados no conteúdo publicitário. O regime legal define ainda critérios respeitantes à publicidade comparativa, de forma a regular os bens e serviços divulgados por um concorrente.

35. – No mercado de consumo existe um esquema contratual, cujo conteúdo normativo pré-elaborado está composto de uma série de condições gerais, formuladas de modo geral, uniforme e abstracto. Por seu turno, o consumidor é levado simplesmente a aderir.
Em razão disso, o legislador adoptou medidas específicas para equilibrar os interesses em causa e estabeleceu proibições que, a não serem respeitadas, dão causa à nulidade da matéria controvertida.

36. – A predisposição unilateral do contrato por uma das partes facilita a existência de cláusulas que atentam contra a boa-fé e colocam o consumidor em posição desfavorável. Trata-se de cláusulas abusivas, previstas no regime protectivo, que são fundamento de nulidade.

37. – A produção em massa gera o fabrico de produtos defeituosos ou viciados. Decorrente disso, a sua utilização não oferece a segurança e utilidade legitimamente esperadas pelos consumidores. Assim, em busca da efectiva tutela dos seus direitos, imputa-se responsabilidade ao fornecedor pelo facto e pelos vícios do produto ou serviço, independentemente da sua conduta, em virtude do objecto da relação jurídica. Nesta hipótese, é irrelevante a culpa decorrente da lesão ou ameaça do direito face à responsabilidade de natureza objectiva, prevista na lei especial. Exclui-se expressamente a possibilidade de se considerar o produto defeituoso pelo facto de surgir no mercado outro mais aperfeiçoado.

38. – Diante da configuração contratual podem existir termos de prestação de garantia, complementares à legal, que devem ser conferidos pelo fornecedor. Consubstanciam-se em documento redigido de maneira adequada e esclarecedora, para dar segurança ao consumidor de que o fornecedor se compromete a reparar ou mesmo trocar o bem defeituoso por vício oculto ou de fabrico.

39. – A LDC dá amparo legal ao consumidor, no caso da relação de consumo ter sido realizada fora do estabelecimento comercial, mediante o poder de se arrepender do negócio, independentemente de justificar o motivo e desde que seja dentro do prazo de sete dias úteis a contar do recebimento do produto. O direito de arrependimento pode também ser previsto quando a informação prestada pelo fornecedor não se coadune com o produto ou serviço. O mesmo diploma legal proíbe o arrependimento unilateral do fornecedor.

40. – O ónus da prova cabe exclusivamente ao responsável pela informação ou mensagem publicitária, não sendo de admitir a sua inversão em prejuízo do consumidor.

41. – A lei especial legitima órgãos públicos e associações para assumirem papel relevante em acções administrativas, cíveis e penais tendentes à tutela de interesses individuais e colectivos dos consumidores.

Incumbe ainda a lei que as autoridades competentes sancionem o fornecedor com medidas administrativas de natureza pecuniária e apliquem sanções acessórias se forem devidas.

Os consumidores directamente lesados ou os entes competentes podem fazer uso de acções inibitórias junto aos tribunais, a fim de obterem indemnização por danos ou para fazerem cessar práticas que atentem contra os direitos dos consumidores. Para tanto, beneficiam da isenção de despesas judiciais. Em razão da economia de tempo, é possível resolver pequenos conflitos recorrendo à mediação.

42. – O sistema define princípios, conceitos e regras próprias que têm sugerido, a alguns autores no exterior, controvérsias sobre a denominação Direito do consumidor ou Direito do Consumo.

    Na ruptura com a estruturação tradicional, o regime normativo da lei especial confere carácter próprio ao principal actor (o consumidor) no cenário económico e toda a matéria gravita em torno da sua defesa. Assim, somos de entender que a terminologia Direito do Consumidor encontra maior compreensão em seu próprio contexto.

43. – Por outro lado, levanta-se a questão da tutela do consumidor ser delineada num Código ou inseridas as suas normas no Direito Comum. Em nosso sentir, o Direito do Consumidor deve ser compreendido num âmbito maior, o do Direito Civil, pelo que o complexo normativo especial, agora ou mais tarde, deve integrá-lo.

    Em resultado disso, até as querelas em torno da terminologia terão o seu fim.

ANEXO

LEI N.º 15/03
DE 22 DE JULHO

O actual quadro económico do País, com a já implementada economia de mercado e a previsível circulação de mercadoria, bens, servicos, pessoas e capitais, provoca alterações profundas na economia e sociedade angolana, com reflexos óbvios na situação dos consumidores.

O estabelecimento de uma política dinâmica que promova os interesses dos consumidores no mercado visa, sobretudo, fomentar uma política de reacção que busca proteger os interesses dos consumidores e oferecer vias de recurso para reparar os abusos e práticas prejudicais, garantindo que os produtores, os distribuidores e todos quantos participem no processo de produção e distribuição de bens e servicos cumpram as leis e as normas obrigatórias vigentes.

A criação no nosso País de um sistema de protecção do consumidor em que se especifique as responsabilidades dos fornecedores para assegurar que os bens e serviços satisfaçam os requisitos normais de consumo, durabilidade, utilização e fiabilidade e sejam aptos para o fim a que se destinam, bem como contribuir para a eliminação da negligência na gestão, ajuda as empresas a serem mais eficientes e competitivas quanto à qualidade e preços dos bens e serviços e torna possível que os consumidores obtenham o máximo benefício dos seus recursos económicos.

Nestes termos, ao abrigo do disposto na alínea do artigo 88.º da Lei Constitutional, a Assembleia Nacional aprova o seguinte:

LEI DE DEFESA DO CONSUMIDOR

CAPÍTULO I
Princípios Gerais

ARTIGO 1.º
(Objecto)

A presente lei estabelete os princípios gerais da política de defesa do consumidor.

ARTIGO 2.º
(Dever geral de protecção)

1. Ao Estado incumbe proteger o consumidor, apoiar a constituição e o funcionamento das associações de consumidores, bem como a execução do disposto na presente lei.
2. A incumbência geral do Estado na protecção dos consumidores pressupõe a intervenção legislativa e regulamentar adequada em todos os domínios envolvidos.

ARTIGO 3.º
(Definições e Âmbito)

1. *Consumidor* é toda pessoa física ou jurídica a quem sejam fornecidos bens e serviços ou transmitidos quaisquer direitos e que os utiliza como destinatário final, por quem exerce uma actividade económica que vise a obtenção de lucros.
2. *Fornecedor* é toda a pessoa física ou jurídica, pública ou privada, nacional ou estrangeira, bem como os entes despersonalizados que desenvolvem actividades de produção, montagem, criação, construção, transportação, importação, exportação, distribuição ou comercialização de bens ou prestação de serviços.
3. *Bem* é qualquer objecto de consumo ou um meio de produção, móvel ou imóvel, material on imaterial.
4. *Serviço* é qualquer actividade fornecida no mercado de consumo, mediante remuneração, inclusive às de natureza bancária, financeira, crédito e securitária, excepto as decorrentes das relações de carácter laboral.
5. *Uso normal ou razoavelmente previsível* é toda a utilização que se mostra adequada à natureza ou características do bem ou que respeita às indicações ou modos de uso aconselhados, de forma clara e evidente pelo produtor.
6. Consideram-se incluídos no âmbito da presente lei os bens e serviços fornecidos e prestados por organismos da administração publica, por pessoas colectivas públicas, por empresas de capitais públicos ou detidos maioritariamente pelo Estado e por empresas concessionárias de serviços públicos.

CAPÍTULO II
Direttos do Consumidor

ARTIGO 4.º
(Direitos do consumidor)

1. O consumidor tem direito:
a) a qualidade dos bens e serviços;
b) a protecção da vida, saúde e segurança física contra os riscos provocados por práticas no fornecimento de bens e serviços considerados perigosos ou nocivos;
c) a informação e divulgação sobre o consumo adequado dos bens e serviços, asseguramento à liberdade de escolha e a igualdade nas contratações:
d) a protecção dos interesses económicos e contra a publicidade enganosa e abusiva;
e) a efectiva prevenção e reparação dos danos patrimoniais e morais, individuais, homogéneos, colectivos e difusos;
f) a protecção jurídica, administrativa, técnica e a facilitação da defesa dos seus direitos em juízo.

2. Os direitos previstos nesta lei não excluem outros decorrentes de tratados ou convenções internacionais de que a República de Angola seja signatária da legislação interna ordinária, de regulamentos aprovados pelas autoridades administrativas competentes, bem como dos que derivam dos princípios gerais do direito, analogia e equidade.

ARTIGO 5.º
(Qualidade dos produtos e serviços)

1. Os bens e serviços destinados ao consumo devem ser aptos a satisfazer os fins a que se destinam e produzir os efeitos que lhes atribuem, segundo as normas legalmente estabelecidas ou, na ausência delas, de modo adequado às legítimas expectativas do consumidor.

2. Sem prejuízo do estabelecimento de prazos mais favoráveis por convenção das partes ou pelos usos, o fornecedor de bens móveis não consumíveis está obrigado a garantir o seu bom estado e o seu bom funcionamento por período nunca inferior a um ano.

3. O consumidor tem direito a uma garantia mínima de cinco anos para os imóveis.

4. O decurso do prazo de garantia suspende-se durante o período de tempo em que o consumidor se achar privado do uso dos bens em virtude das operações de reparação resultantes de defeitos originários.

ARTIGO 6.º
(Protecção à saúde e à segurança física)

1. Os bens e serviços colocados no mercado de consumo não acarretarão riscos à saúde ou segurança dos consumidores, excepto os considerados normais e previsíveis em decorrência da sua natureza e fruição, obrigando-se os fornecedores, em qualquer hipótese, a dar as informações necessárias e adequadas a seu respeito.
2. É proibido o fornecimento de produtos ou serviços que, em condições de uso normal ou previsível, incluindo a duração, impliquem os riscos incompatíveis com a sua utilização, não aceitáveis em termos de protecção à saúde e à segurança física das pessoas.
3. Os serviços da administração pública que, no exercício das suas funções, tenham conhecimento da existência de produtos ou serviços proibidos, nos termos do número anterior, devem notificar tal facto às entidades competentes para a fiscalização do mercado.
4. Os organismos competentes da administração pública devem mandar apreender, retirar do mercado ou interditar os produtos e prestação de serviços que impliquem perigo para a saúde pública ou que não obedeçam os requisitos técnicos e utilitários, legalmente exigidos.
5. O fornecedor de bens ou serviços que posteriormente a sua introdução no mercado ou a sua prestação, tiver conhecimento da periculosidade que apresentam, deve comunicar o facto imediatamente às autoridades competentes e aos consumidores, mediante avisos nos meios de comunicação social.

ARTIGO 7.º
(Formação e educação)

1. Ao Estado incumbe a promoção de uma política educativa para os consumidores, através da inserção nos programas e nas actividades escolares, bem como nas acções de educação permanente de matérias relacionadas com o consumo e os direitos dos consumidores, usando, designadamente, os meios tecnológicos próprios de uma sociedade de informação.
2. Ao Estado incumbe desenvolver acções e adoptar medidas tendentes à formação e à educação do consumidor, designadamente, através de:
   a) concretização no sistema educativo, em particular no ensino dos II e III níveis, de programas de actividades de educação para o consumo;

b) apoio às iniciativas que neste domínio sejam promovidas pelas associações de consumidores;
c) promoção de acções de educação permanente, de formação e sensibilização para os consumidores em geral;
d) promoção de uma política nacional de formação de formadores e de tecnicos especializados na área do consumo.

3. Os programas de carácter educativo difundidos no serviço público de rádio e de televisão devem integrar espaços destinados à educação e formação do consumidor.

ARTIGO 8.º
(Informação em geral)

Ao Estado incumbe desenvolver acções e adoptar medidas tendentes à informação em geral do consumidor, designadamente, através de:
a) apoio às acções de informação promovidas pelas associações de consumidores;
b) criação de serviços de informação ao consumidor junto das administrações municipais;
c) constituição de conselhos de consumo;
d) criação de bases de dados e arquivos digitais acessíveis de âmbito nacional, no domínio do direito do consumo, destinado a difundir informação geral e específica.

ARTIGO 9.º
(Informação em particular)

1. O fornecedor obriga-se a informar de forma clara e adequada o consumidor sobre os diferentes bens e serviços com especificação correcta de quantidade, características, composição, qualidade e preço, bem como sobre os riscos que apresentem.
2. Quando se verifique falta de informação, informação insuficiente, ilegível ou ambígua que comprometa a utilização adequada do bem ou do serviço, o consumidor goza do direito de retratação do contrato relativo à sua aquisição ou prestação, no prazo de sete dias úteis a contar da data de recepção do produto ou da data de celebração do contrato de prestação de serviços.
3. O fornecedor de produtos ou de serviços que viole o dever de informar responde pelos danos que causar ao consumidor, sendo solidariamente respon-

sáveis os demais intervenientes na cadeia da produção à distribuição, que hajam igualmente violado o dever de informação.

4. O dever de informar não pode ser denegado ou condicionado por invocação de segredo de fabrico não tutelado na lei, nem pode prejudicar o regime juridico das cláusulas contratuais gerais ou outra legislação mais favorável para o consumidor,

CAPÍTULO III
Prevenção e Reparação dos Danos

ARTIGO 10.º
(Direito à reparação dos danos)

1. O vendedor, o produtor, o construtor, nacional ou estrangeiro e o importador respondem, independentemente da existência de culpa, pela reparação dos danos causados aos consumidores por defeitos decorrentes do projecto, fabricação, construção, montagem, manipulação, apresentação ou acondicionamento de seus bens, bem como por informações insuficientes ou inadequadas sobre sua utilização e riscos, excepto quando provar que não colocou o bem no mercado ou que, embora haja colocado o bem no mercado, o defeito não existe ou haja culpa exclusiva do consumidor ou de terceiro,

2. O fornecedor de serviços responde, independentemente da existência de culpa, pela reparação dos danos causados aos consumidores por defeitos relativos à prestação de serviços, bem como por informação insuficientes ou inadequadas sobre sua fruição e riscos, excepto quando provar que, tendo prestado o serviço o defeito não existe ou haja culpa exclusiva do consumidor ou de terceiro.

§ 1.º — O bem é defeituoso quando não oferece a segurança que dele legitimamente se espera, levando em consideração as circunstâncias relevantes, nomeadamente, as da sua apresentação, o uso e os riscos quo razoavelmente dele se esperam e a época em que foi colocado em circulação.

§ 2.º — O bem não é considerado defeituoso pelo facto de outro de melhor qualidade ter sido colocado no mercado.

§ 3.º — Sempre que o construtor, o produtor ou o importador não puderem ser identificados, o comerciante ou vendedor é igualmente responsável.

§ 4.º — O serviço é defeituoso quando não fornece a segurança que o consumidor dele pode esperar, levando-se em consideração as circunstâncias relevantes, nomeadamente, o modo de seu funcionamento, o resultado e os riscos que razoavelmente dele se esperam e a época em que foi fornecido.

ARTIGO 11.º
(Responsabilidnde por vício do bem)

1. Os fornecedores de bens de consumo duradouros e não duradouros respondem solidariamente pelos vícios de qualidade ou quantidade que os tornem impróprios ou inadequados ao consumo a que se destinam ou lhes diminuam o valor, assim como por aqueles decorrentes da disparidade em relação às indicações constantes do recipiente, da embalagem, rotulagem ou mensagem publicitária, respeitadas as variações decorrentes de sua natureza, podendo o consumidor exigir a substituição das partes viciadas.
2. Não sendo o vício sanado no prazo máximo de 30 dias, pode o consumidor exigir, alternativamente e à sua escolha, a substituição do bem por outro da mesma espécie, em perfeitas condições de uso, a restituição imediata da quantia paga, sem prejuízo de eventuais perdas e danos, ou a redução proporcional do preço, ou ainda a complementação do peso ou da medida.
3. O consumidor pode fazer uso imediato das alternativas do número anterior deste artigo, sempre que, em razão da extensão do vício, a substituição das partes viciadas puder comprometer a qualidade ou características do bem, diminuir-lhe o valor ou se se tratar de bem essencial.

§ Único: — São impróprios ao uso e ao consumo os bens:
1.º cujos prazos de validade estejam vencidos;
2.º deteriorados, alterados, adulterados, avariados, falsificados, corrompidos, fraudados, nocivos à vida ou à saúde, perigosos ou ainda aqueles em desacordo com as normas regulamentares de fabricação, distribuição ou apresentação:
3.º que, por qualquer motivo, se revelem inadequados ao fim a que se destinam.

ARTIGO 12.º
(Responsabilidade por vício do serviço)

1. O prestador de serviços responde pelos vícios de qualidade que os tornem impróprios ao consumo ou lhes diminuam o valor, assim como por aqueles decorrentes da disparidade com as indicações constantes da oferta ou mensagem publicitária, podendo o consumidor exigir alternativamente e a sua escolha:
   a) a reexecução dos serviços, sem custo adicional e quando cabível;
   b) a restituição imediata da quantia paga, sem prejuízo de eventuais perdas e danos;
   c) a redução proporcional do preço.

2. No fornecimento de serviços que tenham por objecto a reparação de qualquer bem considera-se implícita a obrigação do fornecedor de empregar componentes de reposição originais adequados e novos, ou que mantenham as especificações técnicas do fabricante, salvo, quanto a estes últimos, autorização em contrário do consumidor.

3. Os órgãos públicos, por si ou suas empresas concessionárias ou sob qualquer forma de empreendimento, são obrigados a fornecer serviços adequados, eficientes, seguros e, quanto aos essenciais, contínuos.

§ 1.º — A reexecução dos serviços pode ser confiada a terceiros devidamente capacitados, por conta e risco do fornecedor.

§ 2.º — São impróprios os serviços que se mostrem inadequados para os fins que razoavelmente deles se esperam, bem como aqueles que não atendam as normas regulamentares de prestabilidade.

§ 3.º — Nos casos de incumprimento, total ou parcial, das obrigações referidas no n.º 3 deste artigo, são as pessoas jurídicas compelidas a cumpri-las e a reparar os danos causados, na forma prevista nesta lei.

ARTIGO 13.º
(Caducidade e prescrição)

1. O direito de reclamar pelos vícios aparentes ou de fácil constatação caduca em:
   a) 30 dias, tratando-se de fornecimento de serviço e de bens não duradouros;
   b) 90 dias, tratando-se de fornecimento de serviços e de bens duradouros.

2. Prescreve em cinco anos a pretensão à reparação pelos danos causados previstos no artigo 9.º desta lei, iniciando-se a contagem do prazo a partir do conhecimento do dano e de sua autoria.

§ Único — Inicia-se a contagem do prazo de caducidade a partir da entrega efectiva do bem ou do termo da execução dos serviços.

ARTIGO 14.º
(Desconsideração da personalidade jurídica)

1. O juiz pode desconsiderar a personalidade jurídica da sociedade quando, em detrimento do consumidor, houver abuso de direito, excesso de poder, infracção da lei, facto ou acto ilícito e violação dos estatutos ou contrato social.

2. A desconsideração também é efectivada quando houver falência, estado de insolvência, encerramento ou inactividade da pessoa jurídica provocados por má administração.

3. Pode ainda ser desconsiderada a pessoa jurídica, sempre que sua personalidade for, de alguma forma, obstáculo a ressarcimento de prejuízos causados aos consumidores.

CAPÍTULO IV
Protecção Contratual

ARTIGO 15.º
(Protecção dos interesses económicos)

1. O consumidor tem direito à protecção dos seus interesses económicos, impondo-se nas relações de consumo a igualdade material dos intervenientes, a lealdade e a boa fé, nos preliminares, na formação e ainda na vigência dos contratos.

2. Os contratos que regulam as relações de consumo não obrigam os consumidores, se não lhes for dada a oportunidade de tomar conhecimento prévio de seu conteúdo, ou se os respectivos instrumentos forem redigidos de modo a dificultar a compreensão de seu sentido e alcance.

3. As cláusulas contratuais são interpretadas de maneira mais favorável ao consumidor.

4. O consumidor não fica obrigado ao pagamento de bens ou serviços que não tenha prévia ou expressamente encomendado ou solicitado ou que não constitua cumprimento de contrato válido, não lhe cabendo, do mesmo modo, o encargo da sua devolução ou compensação, nem a responsabilidade pelo risco de perecimento ou deterioração da coisa.

5. O consumidor pode desistir do contrato, no prazo de sete dias úteis a contar da data de recepção do bem ou serviço, sempre que a contratação de fornecimento de bens ou serviços ocorrer fora do estabelecimento comercial, por meio de correspondência ou outros equivalentes.

§ 1.º — Se o consumidor exercitar o direito de retratação previsto neste artigo, os valores eventualmente pagos, a qualquer título, durante o período de reflexão, são devolvidos de imediato e monetariamente actualizados.

§ 2.º — Ao Governo incumbe adoptar medidas adequadas a assegurar o equilíbrio das relações jurídicas que tenham por objecto bens e serviços essenciais, designadamente, água, energia eléctrica, gás, telecomunicações e transportes públicos.

ARTIGO 16.º
(Cláusulas abusivas)

São nulas de pleno direito, entre outras, as cláusulas contratuais relativas ao fornecimento de produtos e serviços que:

a) impossibilitem, exonerem ou atenuem a responsabilidade do fornecedor por vícios de qualquer natureza dos bens e serviços ou impliquem renúncia ou disposição de direitos;
b) subtraiam ao consumidor a opção de reembolso da quantia já paga, nos casos previstos nesta lei;
c) transfiram responsabilidades a terceiros;
d) estabeleçam obrigações consideradas iníquas e abusivas que coloquem o consumidor em desvantagem exagerada ou sejam incompatíveis com a boa fé e a equidade;
e) estabeleçam inversão do ónus da prova em prejuízo do consumidor;
f) determinem a utilização compulsória de arbitragem;
g) imponham representante para concluir ou realizar outro negócio jurídico pelo consumidor;
h) deixem ao fornecedor a opção de concluir ou não o contrato, embora obrigando o consumidor;
i) permitam ao fornecedor, directa ou indirectamente, variação do preço de maneira unilateral;
j) autorizem o fornecedor a cancelar o contrato unilateralmente, sem que igual direito seja conferido ao consumidor;
k) autorizem o fornecedor a modificar unilateralmente o conteúdo ou a qualidade do contrato, após sua celebração;
l) infrinjam ou possibilitem a violação de normas ambientais e de standardização;
m) estejam em desacordo com o sistema de indemnização por benfeitorias necessárias.

§ 1.º — Presume-se exagerada, entre outros casos, a vantagem que:
1. ofende os princípios fundamentais do sistema jurídico;
2. restringe direitos ou obrigações fundamentais inerentes à natureza do contrato, de modo a ameaçar seu objecto ou equilíbrio contratual;
3. mostra-se excessivamente onerosa para o consumidor, considerando-se a natureza e conteúdo do contrato, o interesse das partes e outras circunstâncias peculiares ao caso.

§ 2.º — A nulidade da cláusula contratual abusiva não invalida o contrato, excepto quando de sua ausência, apesar dos esforços de integração, decorrer ónus excessivo a qualquer das partes.

§ 3.º — É facultado a qualquer consumidor ou entidade que o represente requerer ao Ministérios Público que ajuíze a competente acção para ser declarada a nulidade da cláusula contratual que contrarie o disposto nesta lei ou, de qualquer forma, não assegure o justo equilíbrio entre direitos e obrigações das partes.

ARTIGO 17.º
(Outorga de crédito)

No fornecimento de bens ou serviços que envolva a outorga de crédito ou concessão de financiamentos ao consumidor, o fornecedor deve, entre outros requisitos, informá-lo prévia e adequadamente sobre:

a) preço do bem ou serviço em moeda corrente nacional;
b) montante dos juros de mora e de taxa efectiva anual de juros;
c) acréscimos legalmente previstos;
d) número e periodicidade das prestações;
e) soma total a pagar, com e sem financiamento.

§ 1.º — As multas de mora decorrentes do incumprimento de obrigações no seu termo não podem ser superiores a 2% do valor da prestação.

§ 2.º — É assegurada ao consumidor a liquidação antecipada do débito, total ou parcialmente, mediante redução proporcional dos juros e demais acréscimos.

ARTIGO 18.º
(Pagamento em prestações)

Nos contratos de compra e venda de móveis ou imóveis mediante pagamento em prestação, bem como nas alienações fiduciárias em garantia, consideram-se nulas de pleno direito as cláusulas que estabeleçam a perda total das prestações pagas em benefício do credor que, em razão do incumprimento, pleitear a resolução do contrato e a retomada do bem alienado.

ARTIGO 19.º
(Contratos de adesão)

Contrato de adesão é aquele cujas cláusulas tenham sido aprovadas pela autoridade competente ou estabelecidas unilateralmente pelo fornecedor de bens ou serviços, sem que o consumidor possa discutir ou modificar substancialmente o seu conteúdo.

§ 1.º — A inserção de cláusulas no formulário não desfigura a natureza de adesão do contrato.

§ 2.º — Nos contratos de adesão admite-se cláusula resolutiva, desde que alternativa, cabendo a escolha ao consumidor.

§ 3.º — Os contratos de adesão escritos são redigidos em termos claros e com caracteres ostensivos e legíveis, de modo a facilitar sua compreensão pelo consumidor.

§ 4.º — As cláusulas que implicarem limitação de direito do consumidor deverão ser redigidas com destaque, permitindo sua imediata e fácil compreensão.

CAPÍTULO V
Práticas Comerciais

ARTIGO 20.º
(Oferta de produtos e serviços)

1. Toda a informação ou publicidade, suficientemente precisa, veiculada por qualquer forma ou meio de comunicação com relação a bens e serviços oferecidos ou apresentados, obriga o fornecedor que a fizer veicular ou dela se utilizar e integra o contrato que vier a ser celebrado.

2. A oferta e apresentação de bens ou serviços devem assegurar informações correctas, claras, precisas, ostensivas e em língua portuguesa sobre suas características, qualidade, quantidade, composição, preço, garantia, prazos de validade e origem, entre outros dados, bem como sobre os riscos que apresentam à saúde e segurança dos consumidores.

3. O consumidor tem direito à assistência após a venda, devendo ser assegurada a oferta de peças e acessórios, pelo período de duração média normal dos bens fornecidos.

ARTIGO 21.º
(Publicidade)

1. A publicidade deve ser lícita, inequivocamente identificada e respeitar a verdade e os direitos do consumidor.

2. As informações concretas e objectivas contidas nas mensagens publicitárias de determinado bem, serviço ou direito, consideram-se integradas no conteúdo dos contratos que se venham a celebrar após a sua emissão, tendo-se por não escritas as cláusulas contratuais em contrário.

3. É proibida toda publicidade enganosa ou abusiva.

§ 1.º — É enganosa qualquer modalidade de informação ou comunicação de carácter publicitário, inteira ou parcialmente falsa ou capaz de induzir em erro o consumidor a respeito da natureza, características, qualidade, quantidade, propriedades, origem, preço e quaisquer outros dados sobre bens e serviços.

§ 2.º — É abusiva, dentre outras, a publicidade discriminatória de qualquer natureza que incite a violência, explore o medo ou a superstição, se aproveite da deficiência de julgamento e experiência da criança, desrespeita valores ambientais, ou que seja capaz de induzir o consumidor a comportar-se de forma prejudicial ou perigosa à sua saúde ou segurança.

§ 3.º — Para efeitos desta lei, a publicidade é enganosa por omissão quando deixar de informar sobre dado essencial do bem ou serviço.

ARTIGO 22.º
(Práticas abusivas)

1. É vedado ao fornecedor de bens ou serviços, dentre outras práticas abusivas:
   a) condicionar o fornecimento de bem ou de serviço ao fornecimento de outro bem ou serviço, bem como sem justa causa, a limites quantitativos;
   b) recusar atendimento às demandas dos consumidores, na exacta medida de suas disponibilidades de *stock* e ainda, de conformidade com os usos e costumes;
   c) enviar ou entregar ao consumidor, sem solicitação prévia, qualquer bem ou fornecer qualquer servico;
   d) prevalecer-se da fraqueza ou ignorância do consumidor, tendo em vista sua idade, saúde, conhecimento ou condição social, para impor-lhe seus bens ou serviços;
   e) executar serviços sem a prévia elaboração de orçamento e autorização expressa do consumidor, excepto as decorrentes de práticas anteriores entre as partes;
   f) repassar informação depreciativa, referente a acto praticado pelo consumidor no exercício de seus direitos;
   g) colocar no mercado de consumo qualquer bem ou serviço em desacordo com as normas expedidas pelos órgãos oficiais competentes ou se normas específicas não existirem, pelo Instituto Angolano de Normação e Qualidade – IANORQ;
   h) recusar a venda de bens ou a prestação de serviços, directamente a quem se disponha a adquiri-los mediante pronto pagamento, excepto os casos de intermediação regulados em leis especiais;

i) elevar sem justa causa os preços de bens e serviços;
j) deixar de estipular prazo para o cumprimento de sua obrigação ou deixar a fixação de seu termo inicial a seu exclusivo critério.

2. Os serviços prestados e os bens remetidos ou entregues ao consumidor, na hipótese prevista na alínea *c*), equiparam-se as amostras grátis, não existindo obrigação de pagamento.

ARTIGO 23.º
(Obrigatoriedade de orçamento)

O fornecedor de serviço é obrigado a entregar ao consumidor orçamento prévio discriminando o valor da mão-de-obra, dos materiais e equipamentos a serem empregues, as condições de pagamento, bem como as datas de início e termo dos serviços.

§ 1.º — Salvo estipulação em contrário, o valor orçado tem validade pelo prazo de 10 dias, contado de seu recebimento pelo consumidor.

§ 2.º — Uma vez aprovado pelo consumidor o orçamento obriga os contraentes e somente pode ser alterado mediante livre negociação das partes.

§ 3.º — O consumidor não responde por quaisquer ónus ou acréscimo decorrentes da contratação de serviços de terceiros, não previstos no orçamento prévio.

ARTIGO 24.º
(Cobrança de dívidas)

1. Na cobrança de débitos, o consumidor inadimplemente não é exposto a ridículo, nem é submetido a qualquer tipo de constrangimento ou ameaça.

2. O consumidor cobrado em quantia indevida tem direito a repetição do indébito, por valor igual ao dobro do que pagou em excesso, acrescido de correcção monetária e juros legais, salvo hipótese de engano justificável.

CAPÍTULO VI
Sanções Administrativas

ARTIGO 25.º
(Actuação de administração)

Ao Estado incumbe e nas suas áreas de actuação administrativa emitir normas relativas à produção, industrialização, distribuição e consumo de bens e serviços.

§ 1.º — Os organismos da administração pública que intervêm na protecção dos direitos dos consumidores fiscalizam e controlam a produção, industrialização, distribuição, a publicidade de bens e de serviços e o mercado de consumo, no interesse da preservação da vida, da saúde, da segurança, da informação e do bem-estar do consumidor, baixando as normas que se fizerem necessárias.

§ 2.º — As entidades referidas no 1.º parágrafo podem expedir notificações aos fornecedores para que, sob pena de desobediência, prestem informações sobre questões de interesse do consumidor, resguardado o segredo industrial.

ARTIGO 26.º
(Sanções)

1. As infracções das normas de defesa dos consumidores ficam sujeitas, conforme o caso e sem prejuízo das sanções de natureza civil, penal e das definidas em normas específicas, às seguintes sanções administrativas:

   a) multa;
   b) apreensão do bem;
   c) inutilização do bem;
   d) proibição de fabricação do bem;
   e) suspensão de fornecimento de bens ou serviços;
   f) suspensão temporária de actividade;
   g) revogação de concessão ou permissão de uso;
   h) interdição, total ou parcial, de estabelecimento, de obra ou de actividade.

2. A pena de multa, graduada de acordo com a gravidade da infracção, a vantagem auferida e a condição económica do fornecedor, é aplicada mediante procedimento administrativo, revertendo os valores à entidade administrativa de protecção ao consumidor.

3. As penas de apreensão, de inutilização de bens, de proibição de fabricação de bens, de suspensão do fornecimento de bens ou serviço, de revogação da concessão ou permissão de uso são aplicadas pela administração, mediante procedimento administrativo, assegurada ampla defesa, quando forem constatados vícios de quantidade ou qualidade por inadequação ou insegurança do bem ou serviço.

§ 1.º — A multa é em montante não inferior a 2000 e não superior a 3 500 UCF (Unidade de Correcção Fiscal) ou índice equivalente que venha a substituí-lo.

§ 2.º — As sanções previstas neste artigo são aplicadas pela autoridade administrativa, no âmbito de sua atribuição, podendo ser aplicadas cumulativamente, inclusive por medida cautelar antecedente ou incidente de procedimento administrativo.

§ 3.º — Pendendo acção judicial na qual se discuta a imposição de penalidade administrativa, não há reincidência até o trânsito em julgado da sentença.

CAPÍTULO VII
Da Defesa do Consumidor em Juízo

ARTIGO 27.º
(Protecção jurídica)

Ao órgão da administração pública incumbe, especificamente destinado à defesa dos interesses e direitos protegidos por esta lei, promover a criação e apoiar centros de arbitragem com o objectivo de dirimir os conflitos de consumo.

§ 1.º — A defesa dos interesses e direitos dos consumidares pode ser exercida em juízo, individualmente ou a título colectivo.

§ 2.º — Para a defesa dos direitos e interesses protegidos por esta lei, são admissíveis todas as espécies de acções capazes de propiciar sua adequada e efectiva tutela.

ARTIGO 28.º
(Legitimidade activa)

Têm legitimidade para intentar as acções previstas no 2.º paragrafo do artigo anterior:
  a) os consumidores directamente lesados;

b) as associações de consumidores legalmente constituídas há pelo menos um ano;
c) o Ministério Público;
d) o Instituto Nacional de Defesa do Consumidor, quando estejam em causa interesses individuais homogéneos, colectivos ou difusos.

ARTIGO 29.º
(Facilitação judicial)

Nas acções de defesa dos direitos e interesses protegidos por esta lei não há pagamento de custas, emolumentos, honorários e quaisquer outras despesas, nem condenação do autor ou autores, salvo comprovada má fé.

§ 1.º — Em caso de litigância de má fé, o autor ou autores e todos os demais responsáveis pela propositura da acção são solidariamente condenados em honorários advocatícios e ao décuplo das custas, sem prejuízo da responsabilidade por perdas e danos.

§ 2.º — No caso da acção ser julgada improcedente, o autor ou autores intervenientes são condenados em montante, a fixar pelo juiz, entre 1/10 e a totalidade das custas que normalmente seriam devidas, tendo em conta a sua situação económica e a razão formal ou substantiva da improcedência.

ARTIGO 30.º
(Nulidade)

1. Sem prejuízo do regime das cláusulas contratuais gerais, é nula qualquer convenção ou disposição contratual que exclua ou restrinja os direitos atribuídos pela presente lei.
2. A nulidade referida no número anterior apenas pode ser invocada pelo consumidor ou seus representantes.
3. O consumidor pode optar pela manutenção do contrato quando algumas das suas cláusulas forem nulas nos termos do n.º 1.

CAPÍTULO VIII
Instituições de Promoção e Tutela dos Direitos do Consumidor

ARTIGO 31.º
(Associações de consumidores)

1. As associaçõs de consumidores são associações dotadas de personalidade jurídica, sem fins lucrativos e com o objectivo principal de proteger os direitos e os interesses dos consumidores em geral ou dos consumidores seus associados.

2. As associações de consumidores podem ser de âmbito nacional ou local, consoante a área a que circunscrevem a sua acção e tenham, pelo menos, 3000 ou 500 associados, respectivamente.

3. As associações de consumidores podem ser ainda de interesse genérico ou de interesse específico.

§ 1.º — São de interesse generico as associações de consumidores cujo fim estatutário seja a tutela dos direitos dos consumidores em geral e cujos órgãos sejam livremente eleitos pelo voto universal e secreto de todos os seus associados.

§ 2.º — São de interesse específico as demais associações de consumidores de produtos e serviços determinados, cujos órgãos sejam livremente eleitos pelo voto universal e secreto de todos os seus associados.

ARTIGO 32.º
(Direitos das associações de consumidores)

1. As associações de consumidores gozam dos seguintes direitos:
   a) ao estatuto de parceiro social em matérias que digam respeito a política de consumidores, nomeadamente, traduzido na indicação de representantes para órgãos de consulta ou concertação que se ocupem da matéria;
   b) direito a solicitar, junto das autoridades administrativas ou judiciais competentes, a apreensão a retirada de bens do mercado ou a interdição de serviços lesivos dos direitos e interesses dos consumidores;
   c) direito a corrigir e a responder ao conteúdo de mensagens publicitárias relativas a bens e serviços postos no mercado, bem como a requerer, junto das autoridades competentes, que seja retirada do mercado publicidade enganosa ou abusiva;

d) direito a consultar os processos e demais elementos existentes nas repartições e serviços públicos da administração central, regional ou local que contenham dados sobre as características de bens e serviços de consumo e de divulgar as informações necessárias à tutela dos interesses dos consumidores;
e) direito a serem esclarecidas sobre a formação dos preços de bens e serviços, sempre que solicitem;
f) direito de participar nos processos de regulação de preços de fornecimento de bens e de prestações de serviços essenciais, nomeadamente nos domínios da água, energia, gás, transportes e telecomunicações e a solicitar os esclarecimentos sobre as tarifas praticadas e a qualidade dos serviços, por forma a poderem pronunciar-se sobre elas;
g) direito a solicitar aos laboratórios oficiais a realização de análises sobre a composição ou sobre o estado de conservação e demais características dos bens destinados ao consumo público e de tornarem públicos os correspondentes resultados, devendo o serviço ser prestado segundo tarifa que não ultrapasse o preço de custo;
h) direito à presunção de boa fé das informações por elas prestadas;
l) direito à acção colectiva;
j) direito de queixa e denúncia, bem como direito de se constituírem como assistentes em sede de processo penal e a acompanharem o processo contra-ordenacional, quando o requeiram, apresentando memoriais, pareceres técnicos, sugestões de exames ou outras diligências de prova até que o processo esteja pronto para decisão final;
k) direito a receber apoio do Estado, através da administração central e local, para a prossecução dos seus fins, nomeadamente, no exercício da sua actividade no domínio da formação, informação e representação dos consumidores;
l) direito à isenção do pagamento de custas e preparos;
m) direito a benefícios fiscais idênticos aos concedidos ou a conceder às instituições particulares de solidariedade social.

2. Os direitos previstos nas alíneas *a)* e *b)* do número anterior são exclusivamente conferidos às associações de consumidores de âmbito nacional e de interesse genérico.

3. O direito previsto na alínea *f)* do n.º 1 é conferido às associações de interesse genérico ou de interesse específico quando esse interesse esteja directamente relacionado com o bem ou serviço que é objecto da regulação de preços e, para os de natureza não regional ou local, exclusivamente conferido a associações de âmbito nacional.

ARTIGO 36.º
(Acordos de boa conduta)

1. As associações de consumidores podem negociar com os profissionais ou as suas organizações representativas acordos de boa conduta, destinados a reger as relações entre uns e outros.
2. Os acordos referidos no número anterior não podem contrariar os preceitos imperativos da lei, designadamente, os da lei da concorrência, nem conter disposições menos favoráveis aos consumidores do que as legalmente previstas.
3. Os acordos de boa conduta celebrados beneficiam todos os consumidores, sejam ou não membros das associaçõees intervenientes.
4. Os acordos atrás referidos devem ser objecto de divulgação, nomeadamente, através da afixação nos estabelecimentos comerciais, sem prejuízo da utilização de outros meios informativos mais circunstanciados.

ARTIGO 34.º
(Ministério Público)

Ao Ministerio Público incumbe também a defesa dos consumidores, no âmbito da presente lei e no quadro das respectivas competências, intervindo em acções administrativas e cíveis tendentes à tutela dos interesses individuais homogéneos, bem como de interesses colectivos ou difusos dos consumidores.

ARTIGO 35.º
(Instituto Nacional de Defesa do Consumidor)

1. O Instituto Nacional de Defesa do Consumidor é um instituto público destinado a promover a política de salvaguarda dos direitos dos consumidores, bem como a coordenar e executar as medidas tendentes a sua protecção, informação e educação e de apoio às organizações de consumidores.
2. Para a prossecução das suas atribuições, o Instituto Nacional de Defesa do Consumidor é considerado autoridade pública e goza dos seguintes poderes:
   a) solicitar e obter dos fornecedores de bens e prestadores de serviços, mediante pedido fundamentado, as informações, os elementos e os interesses colectivos e difusos dos consumidores;
   b) ordenar medidas cautelares de cessação, suspensão ou interdição de fornecimentos de bens ou prestações de serviços que, independentemente de prova de uma perda ou um prejuízo real, pelo seu objecto, forma ou fim, acarretem ou possam acarretar riscos para a saúde, a segurança e os interesses económicos dos consumidores.

ARTIGO 36.º
(Conselho Nacional do Consumo)

1. O Conselho Nacional do Consumo é um órgão independente de consulta e acção pedagógica e preventiva, exercendo a sua acção em todas as matérias relacionadas com o interesse dos consumidores.

2. São, nomeadamente, funções do Conselho:
   a) pronunciar-se sobre as questões relacionadas com o consumo que sejam submetidas a sua apreciação pelo Governo, pelo Instituto Nacional de Defesa do Consumidor, pelas associações de consumidores ou por entidades nele representadas;
   b) emitir parecer prévio sobre iniciativas legislativas relevantes em matéria de consumo;
   c) estudar e propor ao Governo a definição das grandes linhas políticas e estratégicas gerais sectoriais de acção na área do consumo;
   d) dar parecer sobre o relatório e o plano de actividades anuais do Instituto Nacional de Defesa do Consumidor;
   e) aprovar recomendações a entidades públicas ou privadas ou aos consumidores sobre temas, actuações ou situações de interesse para a tutela dos direitos do consumidor.

3. O Governo, através do Instituto Nacional de Defesa do Consumidor, presta ao Conselho o apoio administrativo, técnico e logístico necessário.

4. Ao Governo incumbe, mediante diploma próprio, regulamentar o funcionamento, a composição e o modo de designação dos membros do Conselho Nacional do Consumo, devendo em todo o caso ser assegurada uma representação dos consumidores não inferior a 50% da totalidade dos membros do Conselho.

CAPÍTULO IX
Disposições Finais

ARTIGO 37.º
(Profissões liberais)

O regime de responsabilidade por serviços prestados por profissionais liberais é regulado em leis próprias.

ARTIGO 38.º
(Vigência)

Os regulamentos necessários à execução da presente lei são publicados no prazo de 180 dias após a sua entrada em vigor.

ARTIGO 39.º
(Entrada em vigor)

A presente lei entra em vigor à data da sua publicação.

Vista e aprovada pela Assembleia Nacional, em Luanda, aos 27 de Fevereiro de 2003.

O Presidente da Assembleia Nacional, *Roberto António Victor Francisco de Almeida.*

Promulgada em 3 de Abril de 2003.

Publique-se.

O Presidente da República, JOSÉ EDUARDO DOS SANTOS.

BIBLIOGRAFIA

Albano, Manuel e outros – *Agentes do Comércio Informal*, INAPEM, Actualidade, Informação Trimestral n.º 8 – Julho a Setembro 2005.

Almeida, Carlos Ferreira de – *Os Direitos dos Consumidores*, Livraria Almedina, Coimbra – 1982.
– *Contratos I, Conceitos, Fontes, Formação*, 3ª Edição, Almedina 1955--2005.
– *Direito do Consumo*, Almedina, 1955-2005.
– *Negócio Jurídico do Consumo*, BMJ, n.º 347, Junho, 1995.
– *Qualidade do Objecto Contratual*, EDC, Centro de Direito do Consumo, FDUC, n.º 7, 2005.

Almeida, Luís Cláudio Carvalho de – *Papel do Ministério Público na Defesa no Consumidor. Em busca de eficácia social das normas de protecção do consumidor*, Colecção José do Patrocínio, Volume III, Edição Faculdade de Direito de Campos, 2006.

Almeida, Teresa – *Lei de Defesa do Consumidor Anotada*, 2ª Edição, Revista e Actualizada, Dezembro 2001.

Alves, João – *Direito dos Consumidores, Textos e Peças Processuais*, Coimbra Editora, 2006.

Andrade, André Gustavo C. de – *A Inversão do Ónus da Prova no Código de Defesa do Consumidor – O momento em que se opera a inversão e outras questões*, Revista de Direito do Consumidor, 48, Editora Revista dos Tribunais, Ano 12, Outubro/Dezembro 2003.

Andrade, José Carlos Vieira de – *Os Direitos dos Consumidores como Direitos Fundamentais na Constituição Portuguesa de 1976*, EDC, Publicação do Centro de Direito do Consumo, Faculdade de Direito, Universidade de Coimbra n.º 5, Coimbra, 2003.

Ascensão, José de Oliveira – *Cláusulas Contratuais, Cláusulas Abusivas e Boa- -Fé*, Separata da Revista da Ordem de Advogados, ano 60, II, Lisboa, 2000.
– *Concorrência Desleal*, Almedina, 2002.
– *Direito Civil – Teoria Geral*, Volume III, *Relações e Situações Jurídicas*, Coimbra Editora, 2002.

- *O Anteprojecto do Código do Consumidor e a Publicidade*, EIDC, Volume III, Instituto de Direito do Consumidor, FDUL, Almedina, 2006.
- *O Direito, Introdução e Teoria Geral, Uma Perspectiva Luso-Brasileira*, Almedina, Coimbra.
- *Contratação Electrónica, Direito da Sociedade da Informação*, Associação Portuguesa do Direito Intelectual, Volume IV, Coimbra Editora, 2003.

Auloy, Jean Calais / Steinmetz, Franz – *Droit de la Consommation*, Dalloz, 5.ª edição, 2000.

Barral, Immaculada – *El Sistema Dual de Responsabilidad por Produtos y Servicios en el Derecho de Consumo Español*, EDC, FDUC, Centro de Directo do Consumo n.º 7, 2005.

Braga, Paula – *Área cultivada aumentou em 2004/2005, Angola> Portugal Negócios*, Câmara de Comércio e Industria, Portugal – Angola, Revista n.º 65, Editando, Edição e Comunicação L.da, Janeiro de 2006.

Belmonte, Cláudio Petrini – *A Redução do Negócio Jurídico e a Protecção dos Consumidores – Uma Perspectiva Luso-Brasileira*, Boletim da Faculdade de Direito Stvdia Ivridica 74, Universidade de Coimbra, Coimbra Editora

Bittar, Carlos Alberto – *Direitos do Consumidor*, São Paulo, Forense Universitária, 1991.

Cardoso, Gomes – *Política e sistemas de abastecimentos e distribuição de bens de consumo*, Cadernos ABC – Comercial – 1.º Encontro Nacional Sobre o Comércio em Angola, Direcção Nacional do Comércio Interno, Ano I, n.º 2, Novembro 2000.

Cardoso, Gomes e outros – *A Contribuição do Comércio na Reconstrução e Desenvolvimento de Angola, em Tempo de Paz*, Resultados do VI Seminário Nacional Sobre a Organização, Técnicas de Comércio e de Prestação de Serviços Mercantis, Publicação ABC Comercial e Associados, Lda., Ano III, n.º 9, 2003.

- *Principais Metamorfoses do Comércio em Angola, 31 anos de metamorfoses e evolução*, Publicações ABC Comercial e Associados, Lda..
- *Sobre a Evolução do Cadastro Comercial e da Prestação de Serviços Mercantis em Angola*, Cadernos "ABC Comercial", Editados pela Direcção Nacional do Comércio Interno, Ano II, n.º 4, Agosto 2001.
- *Rede de Negociações (Agentes Económicos do Sector Formal e Informal (Vendedores nos Mercados), Evolução do Cadastro Comercial e de Prestação de Serviços Mercantis em Angola*, Cadernos ABC Comercial, Editados pela Direcção Nacional do Comércio Interno, Ano II, n.º 4, Setembro, 2001.
- *Licenciamento da Actividade Comercial e de Prestação de Serviços Mercantis, Manual do Comerciante*, Publicação ABC Comercial, 2000.

- *Caracterização e perspectivas do Comércio Informal, Comércio em Angola, 31 anos de Metamorfoses e Evolução*, Publicação abc Comercial e Associados, Lda., 2006.
- *Política Comercial de Angola*, IX Seminário Nacional do Comércio, Cadernos "ABC Comercial" Ano VI, n.º 17, 2006.

Canotilho, José Joaquim Gomes – *Direito Constitucional*, 4ª Edição, Almedina, Coimbra 1987.

Carvalho, Jorge Morais/ Gouveia, Maria França – *Conflitos de Consumo*, Almedina, 2006.

Cas, Gerard / Ferrier, Didier – *Traité de Droit de la Consommation*, Presses Universitaire de France, 1986.

Chaves, Rui Moreira – *Regime Jurídico da Publicidade*, Almedina, 1955-2005

Cordeiro, António Menezes – *O Anteprojecto de Código do Consumidor*, O Direito, Ano 138.º (2006), IV, Almedina.
- *Tratado de Direito Civil Português, Parte Geral*, Tomo I, 2ª Edição, Almedina, Coimbra, 2000.
- *Do Abuso do Direito: Estado das Questões e Perspectivas*, Revista da Ordem dos Advogados, Ano 65, Lisboa, Setembro, 2005.
- *Manual de Direito Comercial*, I volume, Almedina, Coimbra, 2003.
- *Da Boa Fé no Direito Civil*, Coimbra, Almedina, 1997.

Correia, Miguel Pupo – *Contratos à Distância: Uma Fase na Evolução da Defesa do Consumidor na Sociedade de Informação?* EDC, Centro de Direito do Consumo, n.º 4, Coimbra, 2002.

Costa, Almeida / Cordeiro, Menezes – *Cláusulas Contratuais Gerais, Anotação ao DL n.º 446/85*, Coimbra, 1986.

Costa, Judith Martins – *Os Campos Normativos da Boa Fé Objectiva: As Três Perspectivas do Direito Privado Brasileiro*, EDC, FDUC Publicação do Centro de Direito do Consumo, n.º 6, Coimbra 2004.

Costa, Mário Júlio de Almeida – *Direito das Obrigações*, Coimbra, 1991.

Dray, Guilherme Machado – *Venda com Redução de Preços*, EIDC, Volume I, Instituto de Direito do Consumo, FDUL, Almedina, 2002.

Duarte, Paulo – *A Posição Jurídica do Consumidor na Compra e Venda Financiada: Confronto entre o Regime em Vigor (RJCC) e o Anteprojecto do Código do Consumidor*, EDC, Centro de Direito do Consumo FDUC, N.º 7, 2005.
- *O Conceito Jurídico de Consumidor Segundo o Artigo 2.º/1 da Lei de Defesa do Consumidor*, BFDUC, 75, 1999.

Fachin, Luís Edson – *Novo Código Civil Brasileiro e o Código de Defesa do Consumidor: Um Approach de suas Relações Jurídicas*, EDC, n.º 7, Centro de Direito do Consumo, 2005.

Federighi, Suzana Maria Pimenta Catta Petra – *Publicidade Abusiva, Incitação à Violência*, Editora Juarez de Oliveira, 1999.

Feijó, Carlos Maria – *Novo Direito da Economia de Angola* – Legislação Básica, Almedina, 2005.
- *Problemas Actuais de Direito Público Angolano. Contributos para a sua Compreensão*, Principia, Publicações Universitárias e Científicas, 1ª Edição, Outubro, 2001.

Fernandes, António Lemos Monteiro – *Direito do Trabalho – I – Introdução. Relações Individuais de Trabalho*, 6ª Edição, Almedina, Coimbra, 1987.

Fontes, Almeida – *A situação em Angola*, Figuras & Negócios, Angola, ano 7, n.º 61, 2006.

Filomeno, José Geraldo Brito – *Manual dos Direitos do Consumidor*, 6ª Edição, S. Paulo, Atlas, 2003.

Freitas, Tiago Machado de – *A Extensão do Conceito de Consumidor em Face dos Diferentes Sistemas de Protecção Adotados por Brasil e Portugal*, EDC, Centro de Direito do Consumo, Faculdade de Direito, Universidade de Coimbra, n.º 5, Coimbra, 2003.

Froufe, Pedro Madeira – *A Noção do consumidor a Crédito, à Luz do Ordenamento Comunitário e Português (Algumas Notas Críticas)*, Scientia Iuridica, Revista de Direito Comparado Português e Brasileiro, Universidade do Minho, Tomo XLVIII, Janeiro/Junho, 1999.

Garcia, Gema A. Botana – *Noción de Consumidor en el Derecho Comparado*, RPDC, n.º 12 Dezembro de 1977.

Gomes, Carla Amado – *Os Novos Trabalhos do Estado: A Administração Pública e a Defesa do Consumidor*, EIDC, Volume I, Instituto de Direito do Consumo, Faculdade de Direito, Universidade de Coimbra, Almedina, 2002.

Guerreiro, Manuela Sousa – *Portugal – Angola, Apostas Fortes*, Angola> Portugal Negócios, Câmara de Comércio e Industria, Portugal – Angola, Revista n.º 66, Editando, Edição e Comunicação L.da, Março, 2006.

Grinover, Ada Pellegrini – *O Código de Defesa do Consumidor no Sistema Sócio-Económico Brasileiro*, Revista da Faculdade de Direito, Universidade De S. Paulo, V. 91, 1996.

Guedes, Armando Marques – *Sociedade Civil e Estado em Angola, O Estado e a Sociedade Civil Sobreviverão um ao Outro?* Almedina, 1955 – 2005.

Marques, João – *Situação Actual*, Jornal de Angola, 3 de Outubro de 2007, Ano XXXI, n.º 10, 896.

Júdice, José Miguel – *Uma Reflexão Sobre o Direito do Consumo*, EDC, Centro de Direito do Consumo, FDUC, n.º 4, Coimbra, 2002.

Júnior, Ruy Rosado Aguiar – *O Novo Código Civil e o Código de Defesa do Consumidor – Pontos de Convergência*, Revista de Direito do Consumidor, 48, Editora Revista dos Tribunais, ano 12, Outubro – Dezembro de 2003.

Klausner, Eduardo António – *Direitos do Consumidor no Mercosul e na União Europeia*, Acesso e Efectividade, Curitiba, Juruá Editora, 2006.

Larcher, Sara – *Contratos celebrados através da internet: Garantias dos consumidores contra vícios na compra e venda de bens de consumo*, EIDC, volume II, Instituto de Direito do Consumo, Faculdade de Direito da Universidade de Lisboa, Almedina, 2005.

Larenz, Karl – *Metodologia da Ciência do Direito*, Tradução de José Lamego, Lisboa, Fundação Calouste Gulbenkian, 1997.

Laurentino, Sandrina – *Os Destinatários da Legislação do Consumidor*, EDC, Publicações do Centro de Direito do Consumo, FDUC, n.º 2, Coimbra, 2000.

Leitão, Adelaide Menezes – *A Publicidade no Anteprojecto do Código do Consumidor*, EIDC, Volume III, Instituto de Direito do Consumo, FDUL, Almedina, 2006.

– *Tutela do Consumo e Procedimento Administrativo*, EIDC, Volume II, Instituto de Direito do Consumo, Faculdade de Direito, Universidade de Lisboa, Almedina, 2005.

Leitão, Luís Manuel Teles de Menezes – *Caveat Venditor? A Directiva 1999/ /44/CE do Conselho e do Parlamento Europeu Sobre a Venda de Bens de Consumo e Garantias Associadas e Suas Implicações no Regime Jurídico da Compra e Venda*, Estudos em Homenagem ao Professor Inocêncio Galvão Telles, Volume I, Direito Privado e Vária, Separata, Almedina.

– *O Direito do Consumo: Autonomização e Configuração Dogmática*, EIDC, Volume I, Instituto de Direito do Consumo, Faculdade de Direito, Universidade de Lisboa, Almedina, 2002.

– *A Protecção do Consumidor Contra as Práticas Comerciais Desleais e Agressivas*, O Direito, Anos 134.º– 135.º (2002-2003).

Liz, Jorge Pegado – *Introdução ao Direito e à Política de Consumo*, Notícias Editorial, 1999.

– *Qualidade, Segurança e Responsabilidade Social*, RPDC, Junho, 1997, n.º 10.

– *Conflitos de Consumo. Uma Perspectiva Comunitária de Defesa dos Consumidores*, Prémio Jacques Delors, Melhor Estudo Académico Sobre Temas Comunitários, Centro de Informação Jacques Delors, Lisboa, 1998.

Lôbo, Paulo Luiz Netto – *A Informação como Direito Fundamental do Consumidor*, EDC, FDUC, Publicação do Centro de Direito do Consumo, N.º 3, Coimbra, 2001

Lopes, José Mouraz – *O Estado do Direito do Consumidor*, Sub Judice, Justiça e Sociedade, n.º 24, Janeiro/Março, 2003.

Lourenço, Eduardo – *Dever de Informar e Ser Informado*, Comunicação e Defesa do Consumidor, Faculdade de Direito, Instituto Jurídico da Comunicação, Universidade de Coimbra, 1996.

Marques, Cláudia Lima – *Contratos no Código de Defesa do Consumidor, O Novo Regime das Relações Contratuais*, 5ª Edição, revista, actualizada e ampliada, Editora Revista dos Tribunais, 2006.
Martinez, Pedro Romano – *Cumprimento Defeituoso, em Especial na Compra e Venda e na Empreitada*, Colecção Teses, Almedina, 2001.
 – *Anteprojecto do Código do Consumidor, Contratos em Especial*, EIDC, Volume III, Instituto de Direito do Consumo, FDUL, Almedina.
 – *Empreitada de Bens de Consumo. A Transposição da Directiva n.º 1999//44/CE pelo Decreto-Lei n.º 67/2003*, EIDC, Volume II, Instituto de Direito do Consumo, FDUL, Almedina, 2005.
Martins, Ana M. Guerra – *Direito Comunitário do Consumo*, EIDC, Volume I, Instituto de Direito do Consumo, Faculdade de Direito, Universidade Lisboa, Almedina, 2002.
Mendes, Joaquim Ideias – *Educação para o Associativismo*, RPDC, N.º 42, Junho de 2005.
Monteiro, António Pinto – *A Protecção do Consumidor de Serviços Públicos Essenciais*, EDC, FDUC, Publicação do Centro de Direito do Consumo, n.º 2, Coimbra, 2000.
 – *Comunicação e Defesa do Consumidor*, Conclusões do Congresso, Comunicação e Defesa do Consumidor, Instituto Jurídico da Comunicação, Faculdade de Direito, Universidade de Coimbra, 1996.
 – *Sobre o Direito do Consumidor em Portugal*, Sub Judice, Justiça e Sociedade, n.º 24, Janeiro/Março 2003.
 – *Sobre o Direito do Consumidor em Portugal*, EDC, N.º 4, Centro de Direito do Consumo, Coimbra, 2002.
 – *Sobre o Direito do Consumidor em Portugal e o Anteprojecto do Código do Consumidor*, EIDC, Volume III, Instituto de Direito do Consumo, FDUL, Almedina, 2006.
Morais, Fernando de Gravato – *Contratos de Crédito ao Consumo*, Almedina, 2007.
Oliveira, Elsa Dias – *Práticas Comerciais Proibidas*, EIDC, Volume III, Instituto de Direito do Consumo, Faculdade de Direito, Universidade de Lisboa, Almedina, 2006.
Oliveira, Elsa Dias de – *A Protecção dos Consumidores nos Contratos Celebrados Através da Internet*, Contributo para uma análise numa perspectiva material e internacionalprivativista, Almedina, 2002.
Pereira, Alexandre Dias – *Os Pactos Atributivos de Jurisdição nos Contratos Electrónicos de Consumo*, EDC, Centro de Direito do Consumo, Faculdade de Direito da Universidade de Coimbra, n.º 3, 2001.
 – *Publicidade Comparativa e Práticas Comerciais Desleais*, EDC, Centro de Direito do Consumo, n.º 7, 2005.

Pereira, Cláudio Castello de Campos – *A Inversão do Ónus da Prova Como Instrumento de Efectividade na Prestação da Tutela Jurisdicional dos Interesses dos Consumidores* – Revista da Faculdade de Direito USP, São Paulo, Volume 97, 2002.

Pereira, Marcelo de Campos Mendes – *Problemas da Eventual Concomitância entre Acções Colectivas e Acções Individuais*, Revista de Direito do Consumidor, 48, Editora Revista dos Tribunais, Ano 12, Outubro/Dezembro de 2003.

Pinheiro, Luís de Lima – *Direito Aplicável aos Contratos com Consumidores*, EIDC, Volume I, Instituto de Direito do Consumo, Almedina.

Política Comercial de Angola, IX Seminário Nacional do Comércio em Angola, de 19/05/06.

Protecção do Consumidor – Publicação do Instituto Nacional da Defesa do Consumidor, "INADEC", República de Angola, 2006.

Regueira, Alberto – *Defender a Concorrência para Proteger o Consumidor*, Mesa Redonda, A Concorrência e os Consumidores, Série "Estudos e Documentos", Conselho Económico e Social, Lisboa, 2001.

Ribeiro, Joaquim de Sousa – *O Princípio da Transparência no Direito Europeu dos Contratos*, EDC, Centro de Direito do Consumo, FDUC, n.º 4, Coimbra, 2002.

Rodrigues, Cunha – *Informática e Reserva da Vida Privada*, Comunicação e Defesa do Consumidor, Instituto Jurídico da Comunicação, FDUC, 1996
– *As Novas Fronteiras dos Problemas de Consumo*, EDC, FDUC Publicação do Centro de Direito do Consumo, n.º 1, Coimbra, 1999.

Sá, Almeno de – *Cláusulas Contratuais Gerais e Directiva Sobre Cláusulas Abusivas*, 2ª Edição, Revista e Aumentada, Almedina.

Silva, João Calvão da – *Compra e Venda de Coisas Defeituosas, Conformidade e Segurança*, 4ª Edição Revista e Aumentada, Almedina, 2006.
– *Responsabilidade Civil do Produtor*, Colecção Teses, Almedina, Coimbra, 1999.

Silva, Lídia Margarida Bandeira Nabais da – *A Responsabilidade Civil do Produtor pelos Danos Causados por Produtos Defeituosos*, Universidade de Lisboa, Faculdade de Direito, 1998/1999.

Simão, José Fernando – *Vícios do Produto no Novo Código Civil e no Código de Defesa do Consumidor, Responsabilidade Civil*, S. Paulo, Editora Atlas S.A., 2003.

Tadeu, Silney Alves – *Sugestões a um Direito do Consumidor Unitário*, Revista de Direito do Consumidor, 48 – Ano 12, Outubro/Dezembro de 2003, Editora Revista dos Tribunais, Instituto Brasileiro de Política e Direito do Consumidor.

Telles, Galvão – *Manual dos Contratos em Geral, Refundido e Actualizado*, Coimbra Editora, 2002.

Tenreiro, Mário Paulo – *O Regime Comunitário da Publicidade Enganosa*, Comunicação e Defesa do Consumidor, Instituto Jurídico da Comunicação, FDUC, 1996.

Torrano, Enrique Rubio – *Contratación a Distancia y Protección de los Consumidors en el Derecho Comunitario; en Particular, el Desistimiento Negocial del Consumidor*, EDC, Centro de Direito do Consumo, n.º 4, Coimbra, 2002.

Vasconcelos, Joana – *Emissão de Cartões de Crédito*, EDC, Volume I, Instituto de Direito do Consumidor, FDUL, Almedina, 2002.

Vicente, Dário Moura – *A Competência Judiciária em Matéria de Conflitos de Consumo nas Convenções de Bruxelas e Lugano: regime vigente e perspectivas de reforma*, EIDC, FDUL, Volume I, Almedina, 2002.

– *Arbitragem de Conflitos de Consumo: Da Lei n.º 31/86 ao Anteprojecto de Código do Consumidor*, EIDC, Volume III, Instituto de Direito do Consumo, Faculdade de Direito, Universidade de Lisboa, Almedina, 2006.

ÍNDICE GERAL

PREFÁCIO 7

ABREVIATURAS 11

CAPÍTULO I
INTRODUÇÃO

1. Considerações iniciais 13
2. Objectivos a alcançar 13
3. Divisão do tema 14

CAPÍTULO II
BREVES NOTAS HISTÓRICAS DA DEFESA DO CONSUMIDOR

1. Aspectos gerais 17
2. Antecedentes históricos do direito do consumidor 18
   2.1. Nos Estados Unidos 18
   2.2. Na Europa 20
   2.3. A expansão histórica depois de 1945 22
   2.4. As décadas seguintes 24
3. Angola – evolução histórica 33
   3.1. Antes de 11 de novembro de 1975 33
   3.2. Após a independência nacional 35

CAPÍTULO III
O ESTADO E A DEFESA DO CONSUMIDOR

1. Breve relato 41

1.1. A nova realidade da protecção do consumidor angolano 43
1.2. A relevância social da protecção do consumidor 44
2. A defesa do consumidor no anteprojecto da Constituição 49
   2.1. Reflexos futuros 53
3. A tríade: consumidor, fornecedor e relação de consumo 54
   A) *Critério conceitual de consumidor* 55
   B) *A noção de consumidor no Direito Comparado* 67
   C) *O conceito de consumidor equiparado* 78
   D) *A posição do direito angolano sobre a noção de consumidor* 81
   E) *O fornecedor* 83
   F) *Relação jurídica de consumo* 84

CAPÍTULO IV
A LDC – USOS E HÁBITOS SOCIAIS EM ANGOLA

1. Primeiras considerações 87
2. Comércio precário 88
3. Mercados rurais 91
4. Mercados urbanos 94
5. O concurso estatal na distribuição de bens essenciais 96
6. O consumidor em matéria de contratos à distância 99
7. A protecção do consumidor na construção da cidadania 103

CAPÍTULO V
A INFORMAÇÃO AO CONSUMIDOR. A PUBLICIDADE

1. Breves notas 107
2. O direito do consumidor à informação 108
3. O dever de informar 113
4. A formação e educação para o consumo 119
5. A publicidade 121
6. A publicidade nociva: enganosa ou abusiva 128

CAPÍTULO VI
A PROTECÇÃO CONTRATUAL

1. Considerações gerais 135
2. Contratos pré-redigidos 136

3. As cláusulas abusivas 142
4. A responsabilidade do fornecedor 147
5. A garantia 154
6. O direito de arrependimento 156
7. A inversão do ónus da prova 158

CAPÍTULO VII
OS LITÍGIOS DE CONSUMO

1. Aspectos breves 161
2. A tutela administrativa 161
3. A tutela dos interesses individuais e colectivos 163
4. Entidades legitimadas para a defesa do consumidor 164
5. O recurso aos tribunais 167

CAPÍTULO VIII
O DIREITO DO CONSUMIDOR COMO RAMO DISTINTO E AUTÓNOMO

1. Questão prévia: direito do consumidor ou direito do consumo 171
2. O direito do consumidor como ramo autónomo 174

CAPÍTULO IX
CONCLUSÕES

CONCLUSÕES 181

ANEXO

LEI DE DEFESA DO CONSUMIDOR (Lei n.º 15/03, de 22 de Julho)   191

BIBLIOGRAFIA 213

ÍNDICE GERAL 221